# Transporte ferroviario de mercancías

Ignacio Sanz
Íñigo de Peñaranda
Joan Carles Enguix
Jordi Mas

*Coordinador*

Miguel Ángel Dombriz

*Con la colaboración de:*

www.logisnet.com

*Colección:* Biblioteca de Logística
*Director:* David Soler

Transporte ferroviario de mercancías
1.ª edición, 2013
2.ª edición, 2020



*Edita:* Marge Books
València, 558 – 08026 Barcelona
Tel. +34 931 429 486 - marge@margebooks.com
www.margebooks.com

*Gestión editorial:* Adrià Gibernau
*Compaginación:* Mercedes Lara
*Impresión:* Safekat, SL (Madrid)

ISBN edición impresa: 978-84-17903-62-6
ISBN edición digital: 978-84-17903-63-3
Depósito Legal: B 13089-2020



*Agradecimientos*
A Javier López Ortega por su colaboración
en la selección y aportación de fotografías para
la edición de este libro

*Procedencia de las ilustraciones*
Acciona Rail, 217
Adif. Gabinete de Presidencia y Comunicación.
    Archivo fotográfico de Adif, 49, 70, 86, 90,
    91b, 100, 111, 147
Administração do Porto de Sines, 32
Aena, 212
Alfil Logistics, 91a, 210
Ambafrance, 182
Archivo Marge Books, 24,30,35, 36, 38, 65,71, 73
Autoridad Portuaria de la Bahía de Algeciras, 213
Autoridad Portuaria de Bilbao, 169
Autoridad Portuaria de Gijón, 26
Autoridad Portuaria de Vigo, 40
Bombardier, 161
CAF, 164
Cimalsa, 211
Comsa Rail Transport, 122, 158, 205
Creative Commons (by-sa), 159
CyLog, 215
Doug Wertman, C. Commons cc-by, 179
FGC, 28, 53, 229, 231
Hans-Peter Scholz, C. Commons by-sa, 156
Hupac, 117, 187
Ignacio Sanz, 99, 105
Itf.sas, 193
Javier López Ortega, 34, 56, 61, 80, 87, 116, 141,
    166, 167, 199, 218, 220
J.C. Enguix, 181
Jordi Rallo, Ferropedia, C. Commons cc-by-sa, 143
K Zippel, C. Commons cc by-sa, 41
Kockums Industrier, 88, 184
Kohlin.com, 185
Kone Cranes, 203
Lorry Rail, 226
Metrans, 120
Norfolk & Southern Railroad Co., 59
Network Rail, 150
Norfolk Southern, 153
Numak, 29
Railway Technical Web Pages, 55
Renault, 44
Renfe, 177
Tsisa, 77
Vossloh España, SA, 142, 155
Wallenius Wilhelmsen Logistics, 42
Wascosa, 178

El papel empleado en este libro no ha sido blanqueado con cloro elemental ($CI_2$).

# Índice

# Prólogo

La formación es un instrumento fundamental en el desarrollo económico y social de cualquier país, y la logística es una herramienta clave para promover el desarrollo económico de la península Ibérica. En consecuencia, tenemos la obligación de dar la bienvenida a todas las iniciativas para mejorar la formación en el ámbito logístico, y en particular a la publicación de libros de divulgación como el que nos ocupa.

Tenemos dos opciones para valorar la posición geográfica de la península Ibérica y de su fachada mediterránea. La primera y tradicional es pensar que ocupamos el extremo suroccidental de Europa y que nuestra posición es excéntrica en relación con el núcleo principal de actividad económica, con lo que se ha venido en denominar la «banana azul» europea que va de Londres a Milán. La segunda, menos extendida, relacionada con los flujos del comercio mundial, sitúa la fachada mediterránea en el centro de un gran corredor de comercio entre Europa y Extremo Oriente por el que circulan veinte millones de contenedores llenos cada año, de los que actualmente entre el 75 y el 80 % «tocan tierra» por los puertos atlánticos y el resto por los puertos mediterráneos.

La posición geográfica, que es inmodificable, ofrece una oportunidad para revertir este reparto. De hecho, llegar a los puertos atlánticos después de atravesar el canal de Suez requiere de 6-7 días más de navegación que alcanzar los puertos de la fachada mediterránea, y a pesar de ello el reparto es claramente favorable a los puertos atlánticos. Hay varios condicionantes que explican este resultado, entre otros la capacidad comercial, la agilidad en las gestiones aduaneras y la tradición de un frente marítimo atlántico en el que se asientan puertos que han ocupado los primeros lugares del escalafón mundial en tráfico de mercancías hasta hace pocos años. En todos ellos tendrán que mejorar los puertos mediterráneos para ser más competitivos.

Pero hay un ámbito crucial para que los puertos mediterráneos avancen: los servicios ferroviarios que los conectan con el centro de Europa. Una vez superado el aislamiento ferroviario peninsular por razón del diferente ancho de vía, en unos casos porque se han construido líneas de ancho internacional y en otros casos gracias a la técnica del «tercer carril», y una vez que el «corredor mediterráneo» se ha incorporado a la red prioritaria para la Unión Europea (la TransEuropean Network TEN-T), los servicios ferroviarios tienen que desempeñar un papel protagonista en la mejora de la competitividad de los puertos peninsulares.

Hasta hace poco, ha sido habitual utilizar un enfoque unimodal de la logística. Las empresas de transporte que operan mayoritariamente en un modo conocen poco los otros dos. Ha habido poca permeabilidad entre los diferentes modos de transporte. La especialización necesaria para ser competitivos ha impedido una visión holística de la logística y ha dado lugar a compartimentos estancos en la manera de afrontar las soluciones de las cadenas de suministro y de comercialización.

Un enfoque distinto es el que se propone en este libro, en el que autores con especialización diferente, en unos casos claramente logística y en otros específicamente ferroviaria, ponen a disposición del lector sus conocimientos para abrir nuevas perspectivas. Este libro viene a cubrir un ámbito, el de los servicios ferroviarios vistos desde una visión global de la cadena logística, en el que no han proliferado las publicaciones en castellano, y es en mi opinión una buena herramienta para mejorar la competitividad de la actividad logística en nuestro país y así contribuir a recuperar el camino de su desarrollo económico.

Enric Ticó i Buxados
*Presidente de Centrals i Infraestructures per a la Mobilitat*
*i les Activitats Logístiques, SA (Cimalsa)*
*Presidente de Feteia*

# Transporte ferroviario de mercancías

# Introducción

**Razones para escribir este libro**

Vivimos tiempos de cambio. Debemos afrontar, por un lado, una crisis económica profunda de la que solo será posible salir con incrementos de la competitividad de la economía productiva y con la apertura de nuevos mercados; por el otro, una creciente exigencia de sostenibilidad ambiental para las actividades económicas. Sin embargo, esas necesarias transformaciones a menudo no se reflejan en la organización de la cadena logística de transporte, basada casi exclusivamente en el transporte marítimo para el comercio transcontinental y en la carretera para el comercio continental. En muchas regiones económicas, el transporte ferroviario no se ha situado todavía en una posición razonable. En el caso de España, la cuota de mercado del ferrocarril en el transporte de mercancías sigue una línea descendente, al contrario de lo que sucede en el resto de Europa. Entre las razones que dan origen a esta situación destacan, entre otras:

- El diferente ancho de vía entre la península Ibérica y el resto de Europa, que dificulta el establecimiento de servicios ferroviarios eficientes.
- La falta de estandarización de los sistemas ferroviarios en cuanto a señalización, electrificación, gálibo, etc.
- Una orientación de la actividad basada en la competencia con el transporte por carretera.
- La escasa orientación al cliente de las empresas ferroviarias.

- La insuficiente divulgación de las potencialidades de los servicios ferroviarios de mercancías.
- El escaso conocimiento del ferrocarril entre los responsables de logística de las empresas y, en general, entre los profesionales del sector logístico.

Ampliar este conocimiento y divulgar la potencialidad de los servicios ferroviarios de mercancías en la organización de la actividad logística son los principales objetivos de este libro.

Después del período de crecimiento económico de los primeros años del siglo XXI, que permitió modernizar las estructuras económicas de España y situar al país entre las economías más avanzadas, desde 2008 se entró en una profunda crisis económica y financiera. Numerosos expertos afirman que, para transformar esta situación y ofrecer alternativas de desarrollo, es necesario aumentar las exportaciones incrementando la productividad y la competitividad de las estructuras económicas.

No es nuestro cometido analizar cuáles han sido las causas del cambio de ciclo económico, pero si la salida de la crisis guarda relación con la reducción de los costes productivos y el aumento de la rentabilidad global, la logística se sitúa en el centro de la atención para el desarrollo de la economía española y, muy especialmente, de los recursos logísticos que permiten desplazar cargas a grandes distancias con costes moderados y estables, y con un impacto ambiental reducido. El ferrocarril es uno de estos medios de transporte (el otro es el transporte marítimo), aunque hasta el momento solo desempeñe un papel marginal en la organización de la cadena logística y no se vislumbre un cambio de tendencia, a pesar de algunos esfuerzos significativos, como el proyecto del corredor mediterráneo que unirá Algeciras, en la provincia de Cádiz, con el punto fronterizo de Portbou, en Girona, y su inclusión en la red de infraestructuras prioritarias a escala europea.

Por otro lado, las inversiones realizadas en los puertos del arco mediterráneo, junto a la posición geográfica de la península Ibérica, situada cerca de uno de los corredores mundiales de mayor tráfico de contenedores, el que une Extremo Oriente con Europa, permiten prever que la actividad logística peninsular se incrementará de manera significativa en un futuro cercano. Hasta ahora, los puertos atlánticos, más eficientes y con mejores conexiones terrestres con la «banana central» de Europa que los puertos mediterráneos, han atraído la mayor parte de la mercancía movida entre Extremo Oriente y Europa, en una proporción de 3 a 1. Este desequilibrio congestiona las infraestructuras de transporte que unen el norte con el centro de Europa, y tiene una significativa repercusión en los costes del comercio mundial. Los cuatro o cinco días de navegación adicionales que necesitan los grandes buques portacontenedores para llegar a los puertos atlánticos conllevan un fuerte incremento del coste de inventario de las mercancías que transportan. El hecho de que estos buques sean cada vez mayores –los actuales superan ampliamente los 15.000 TEU[1] de capacidad y pronto rebasarán los 20.000–, permitirá ganar relevancia económica a este coste de inventario de las mercancías transportadas, con lo que los puertos que se encuentren cercanos a la ruta de los grandes portacontenedores, el *blue-belt,* obtendrán ventaja competitiva para atraer tráficos y ampliar su área de influencia terrestre, su *hinterland,* con la condición de que las conexiones con su traspaís sean eficientes y competitivas, especialmente las conexiones ferroviarias.

En este contexto económico, adquieren protagonismo los servicios ferroviarios de mercancías para balancear este tráfico entre Oriente y Europa. Una vez modernizadas las terminales portuarias mediterráneas, las conexiones ferroviarias son el elemento que se debe mejorar para situarlas en condiciones de competir por esos tráficos. Cercano ya el día en que se conectará la red ferroviaria ibérica con la red europea, una vez superada la dificultad del diferente ancho de vía, habrá que prestar atención a otras barreras técnicas que aún deben superarse y a los servicios ferroviarios que habría que implantar. En este sentido, este libro identifica dichas barreras, ofrece caminos para superarlas y pone sobre el tablero los elementos que limitan la eficiencia de los servicios ferroviarios de mercancías.

El concepto de intermodalidad o comodalidad se está abriendo paso en la organización logística de la economía globalizada. Un medio de transporte por sí solo no puede dar respuesta eficiente al conjunto de necesidades de la logística de una empresa. La necesidad de transportar mercancías cada vez a mayor distancia y con elevadas exigencias en cuanto a precio, tiempo de transporte y fiabilidad, comporta soluciones logísticas en las que estén presentes diferentes modos de transporte.

Aunque el transporte marítimo es imprescindible en la logística transcontinental, se tiene que complementar, en la inmensa mayoría de las situaciones, con un medio terrestre que realice el primer y el último eslabón de la cadena, ya que las instalaciones de las empresas remitentes o destinatarias no se encuentran, por lo general, en el interior de un puerto. La organización de la actividad económica necesita cadenas logísticas complejas en las que distintos modos de transporte deben prestar servicio en los eslabones para los que están mejor preparados. Los servicios ferroviarios pueden desempeñar un papel fundamental en esa logística intermodal, mientras cumplan dos condiciones, a saber, que los trasbordos entre modos se realicen de manera eficiente en las estaciones intermodales y que el ferrocarril no se vea penalizado con infraestructuras no adaptadas al transporte de mercancías ni con operativas poco estandarizadas entre los diferentes países.

---

[1] Unidad de medida para contenedores que equivale a 20 pies (6,10 m), del inglés *twenty foot equivalent units.* Las capacidades globales de buques o terminales de contenedores se realizan mediante el TEU.

Este libro pretende aportar a los responsables de logística de las empresas las claves para conocer en profundidad los factores de eficiencia de los servicios ferroviarios, en qué condiciones se deben incorporar sus prestaciones y cuáles son los elementos que inciden en sus costes y en su operatividad. También tiene el objetivo de ofrecer una herramienta para profesores y alumnos de cursos y seminarios especializados en logística, con la descripción de las principales características del material móvil, la tipología de las cargas, los elementos de manutención de las unidades de carga y otros aspectos técnicos de interés didáctico y profesional.

Por otro lado, pretende servir a quienes tienen responsabilidad en la proyectación y construcción de infraestructuras logísticas y, especialmente, en la gestión de infraestructuras y servicios ferroviarios, aportando los parámetros básicos para que el ferrocarril pueda ofrecer todas sus potencialidades en la cadena de transporte. Durante demasiado tiempo, las infraestructuras ferroviarias se han proyectado, construido y gestionado olvidando el transporte de mercancías, y este hecho ha provocado, y provocará durante mucho tiempo todavía, que el ferrocarril tenga dificultades para desarrollar todo su potencial de eficiencia y no esté en condiciones de desempeñar el papel que debería de acuerdo con la lógica económica y medioambiental.

En este contexto, caracterizado por la necesidad de que las empresas amplíen sus mercados y se orienten a la exportación, y por la voluntad de que el frente portuario mediterráneo sea capaz de competir con el frente portuario atlántico, el transporte ferroviario de mercancías en la península Ibérica debe afrontar algunos retos que este libro se propone identificar, además de aportar algunas orientaciones para superarlos.

**Los cinco retos**

El primer reto es que el transporte ferroviario de mercancías esté presente en las políticas de las administraciones públicas. Parece como si las administraciones competentes relegaran y aplazaran las inversiones en infraestructura ferroviaria asociadas con el transporte de mercancías, frente a las relacionadas con el transporte de viajeros. Se debería trasladar al conjunto de la sociedad y, en particular, a los responsables políticos que deciden las inversiones públicas, el convencimiento de que el transporte de mercancías es una de las bases del desarrollo económico. Esta afirmación de Perogrullo ha sido olvidada en los sucesivos planes y programas de inversión pública. La excepción que confirma la regla es la definición de la red TEN-T (TransEuropean Network) por parte de la Unión Europea, en la que las relaciones económicas están presentes en la priorización de las inversiones y las actividades logísticas tienen el reflejo correspondiente con la inclusión de los principales puertos en la mencionada red TEN-T.

El segundo es que la logística ferroviaria esté presente en las decisiones de diseño de las infraestructuras ferroviarias. En las últimas décadas, en España se ha dedicado mucha atención a la alta velocidad de viajeros con la construcción de una extensa red ferroviaria de alta velocidad, y muchas infraestructuras se han construido con parámetros destinados a poder ofrecer buenos servicios en esta modalidad. Sin embargo, para el transporte de mercancías no se ha seguido ese mismo criterio de construir infraestructuras capaces de admitir servicios de mercancías eficientes y competitivos. Algunos parámetros de diseño de la infraestructura tienen poca incidencia en los servicios de viajeros (por ejemplo, la pendiente máxima) y, en cambio, limitan la eficiencia de los servicios de mercancías. Se encuentran rampas de 18º % en infraestructuras construidas en el siglo XXI, rampas que limitan la capacidad de arrastre de las locomotoras y consecuentemente la longitud de los trenes, parámetro básico en el coste unitario del transporte de mercancías.

El tercero es que en la logística ferroviaria las empresas operen con orientación al servicio al cliente, con estructuras dedicadas a perseguir la máxima eficiencia de los medios de producción y a ejercer una actividad comercial donde la logística, las necesidades y las expectativas de los clientes sean la máxima prioridad. Tradicionalmente, las empresas ferroviarias han tenido una actividad comercial escasa, se han limitado a poner en marcha servicios y a esperar que los clientes fueran a contratarlos. Uno de los objetivos de este libro es descubrir un lenguaje con el que las empresas que ofrecen servicios ferroviarios de mercancías y sus clientes puedan establecer un diálogo provechoso para ambas partes. Por este motivo, la divulgación de los principales aspectos técnicos y económicos del transporte ferroviario de mercancías ha sido una de las principales motivaciones de los autores.

El cuarto consiste en proponer un camino para que los responsables del transporte ferroviario de mercancías tengan mayor posibilidad de plantear modelos de negocio integradores. La aproximación tradicional del sector ferroviario a los servicios de mercancías ha sido: «Vamos a intentar captar una parte de la actividad logística, en la que el ferrocarril puede ser eficiente, compitiendo con el transporte por carretera». Solo una estructura empresarial muy activa comercialmente podría competir con las empresas de carretera, que dedican grandes esfuerzos a producir con el mínimo coste y a optimizar sus recorridos buscando cargas de retorno. Una aproximación alternativa es que el transporte ferroviario realice solamente transporte, que se integre en las cadenas logísticas encargándose de aquellos eslabones en los que puede ofrecer mejores condiciones que el transporte por carretera. Es decir, conseguir que los clientes de los servicios ferroviarios sean las empresas de operaciones logísticas y las de transporte por carretera, y dejar que estas lleven a cabo la tarea para la que están mejor preparados, es decir, ocupar los medios de transporte que gestionan en los viajes de ida y en los de vuelta.

Y el quinto y último reto, aunque no el menos importante, es plantear un camino que permita a los servicios ferroviarios superar las ineficiencias de su escasa estandarización a escala supranacional. En la escala nacional, los sistemas ferroviarios están estandarizados, pero cuando se intenta superar las fronteras nacionales en ferrocarril las dificultades derivadas de estándares diferentes son numerosas. Y a pesar de ello, el mercado económico es de escala europea y, consecuentemente, el mercado logístico también lo es. En el caso de la península Ibérica, el ancho de vía distinto al del resto de Europa ha sido la primera barrera que ha dado lugar al aislamiento ferroviario y que ha originado técnicas de transporte específicas, como el eje de ancho variable o el cambio de ejes de los vagones. Superada parcialmente esta barrera con la vía de tres carriles y con la primera línea de ancho europeo, en el año 2013, aparecen las que son comunes a la mayoría de fronteras europeas: diferentes sistemas de señalización, sistemas de electrificación con distintos voltajes, procesos de homologación del material móvil para cada país largos y costosos, maquinistas que tienen que hablar idiomas diferentes y seguir procesos de formación específicos, gálibos distintos, etc. Todas estas diferencias convierten en poco eficiente el sistema ferroviario cuando se trata de dar soluciones logísticas de escala europea.

Si conseguimos que este libro aporte alguna luz para superar estos cinco retos, habremos contribuido a mejorar la competitividad de los servicios ferroviarios y con ella a incrementar la competitividad de la economía, objetivo prioritario y necesario en la actualidad y en el futuro.


## Guía sobre los parámetros del transporte ferroviario de mercancías

Una de los fines de este libro es poner a disposición de un público amplio información relevante sobre los parámetros que influyen en el precio y la calidad de los servicios ferroviarios de mercancías y en cómo estos inciden en los tres elementos clave de los servicios de transporte: precio, tiempo de viaje y fiabilidad.

Con esta información, el lector estará en condiciones de formarse un criterio claro sobre qué puede esperar y qué no debe esperar de un servicio ferroviario de mercancías, y cómo puede actuar para obtener el máximo rendimiento de este tipo de servicio.

También se pretende divulgar los elementos técnicos y económicos que caracterizan el transporte ferroviario de mercancías y proponer un sistema de integración de este en la cadena logística. El lector dispondrá de información y guías para profundizar sobre qué eslabones de la cadena logística son susceptibles de ser asumidos por un servicio ferroviario y cuáles no lo serán en ningún caso, y sobre cómo debe enfocar su actividad para optimizar el conjunto de las cadenas logísticas que tengan un eslabón ferroviario.

Para lograr este objetivo, el lector deberá familiarizarse con algunos conceptos propios de la gestión ferroviaria, e incluso cambiar algunas de las dimensiones a las que está acostumbrado. El ejemplo más claro es la pendiente máxima del trazado en planta de una línea ferroviaria, parámetro que incide directamente en el coste de producción unitario del transporte por ferrocarril de una unidad de transporte intermodal (UTI), ya que limita el número de dichas unidades que puede transportar un tren. La manera más popular, y la que se utiliza en las carreteras, de expresar las pendientes es el porcentaje, es decir, las unidades de longitud que sube o baja la vía por cada cien unidades de longitud recorridas en planta. En el argot ferroviario, la pendiente siempre se expresa en milésimas (una pendiente tiene $n$ milésimas, y eso significa que la vía sube o baja $n$ metros en un kilómetro) y, por tanto, es una décima parte de la manera más común de expresarlo.

Este libro también pretende aportar algunos parámetros para evaluar el impacto ambiental de la logística de las empresas. Conocer las emisiones de gases de efecto invernadero o de los contaminantes de la atmósfera y ser capaz de prever su incidencia ayudará a los responsables de las empresas a orientar sus decisiones logísticas teniendo presente uno de los factores que más influirán en un futuro cercano.


## A quién va dirigido el libro

Este libro se dirige fundamentalmente a responsables de logística en las empresas y a docentes y alumnos de estudios especializados en logística.

Quienes ostentan la responsabilidad de la logística en las empresas cargadoras de mercancías encontrarán respuesta en sus páginas a la pregunta de qué papel y en qué condiciones pueden contar con el ferrocarril para determinados eslabones de su cadena logística. Con ello estarán más capacitados para conocer los principales parámetros que inciden en la competitividad del transporte ferroviario de mercancías y las oportunidades para este servicio en su organización logística.

También pretende ser una herramienta para docentes y estudiantes de cursos especializados en logística, a quienes aportará las principales características del transporte ferroviario de mercancías que les permitan después en su desarrollo profesional aprovechar cuanto les ofrece este medio de transporte, prever la evolución de los factores que influyen en la actividad logística y ser capaces de anticiparse a las situaciones cambiantes.

En este sentido, las amenazas que se ciernen sobre otros medios de transporte pueden ser una oportunidad para el servicio ferroviario, y el lector debería estar en condiciones de identificar tanto las amenazas como las oportunidades de integrar los servicios ferroviarios en una cadena logística.

## La estructura del libro

Esta obra se estructura en cuatro grandes apartados:

- Inserción de los servicios ferroviarios en la logística de las empresas.
- Aspectos técnicos de los servicios ferroviarios de mercancías.
- Aspectos económicos de los servicios ferroviarios de mercancías.
- Perspectivas de futuro.

El primer apartado está dedicado a analizar cómo se pueden integrar los servicios ferroviarios en la logística de las empresas. En él se describen los cambios que tienen que realizar las empresas en su organización logística para poder dar cabida al ferrocarril, y las adaptaciones necesarias para hacer posible dicha integración. En sentido contrario, también se describen las condiciones económicas para que el ferrocarril pueda integrarse en soluciones logísticas eficientes y sostenibles. El análisis se presenta por sectores económicos y para cada sector se detallan las condiciones que hacen posible la integración.

El segundo apartado permitirá al lector familiarizarse con los principales elementos técnicos del servicio ferroviario. Se ha dividido a su vez en tres capítulos.

El primer capítulo está dedicado a la infraestructura ferroviaria, el camino que utilizan los trenes para desplazarse. En él se encontrará información sobre el trazado de las líneas ferroviarias en planta y en perfil, los elementos que configuran la resistencia portante de la infraestructura, los gálibos estático y dinámico, el ancho de vía, la electrificación, la señalización y las comunicaciones. Se analiza la incidencia que tiene cada uno de estos elementos en el transporte ferroviario de mercancías, desde el punto de vista de la calidad del servicio y desde el de su influencia en la eficiencia económica. Como ejemplo de ello, en el caso del transporte de mercancías el trazado en planta tiene poca incidencia (siempre que se superen unos radios de curvatura mínimos), al contrario de lo que ocurre en el transporte de viajeros, donde incide de forma sustantiva en la velocidad máxima de los convoyes; en cambio el perfil longitudinal, y más concretamente la rampa máxima, limita la capacidad de transporte de una locomotora e incide directamente en el coste unitario del transporte de mercancías.

En el segundo, el lector encontrará información sobre cómo son y cómo funcionan las terminales ferroviarias de mercancías, tanto desde el punto de vista de las instalaciones que necesitan como desde el de los medios de manutención necesarios para realizar el trasbordo de las mercancías, con especial énfasis en las terminales intermodales. Es decir, en aquellas terminales que sirven para transbordar UTI del ferrocarril a la carretera y viceversa. Este énfasis se debe a que los autores consideran que estas terminales tienen que jugar un papel relevante en el cambio de la organización logística de las empresas.

En el tercer capítulo de este apartado, el lector encontrará información relativa al material móvil ferroviario: las locomotoras, con sus principales características técnicas y económicas, y los diferentes tipos de vagones. Como en el caso de las terminales, el énfasis se pone en aquellos vagones que sirven para el transporte intermodal, aunque se incluyen también los tipos de vagón específicos (tolvas, portavehículos, etc.).

El tercer gran apartado se refiere a los aspectos económicos de los servicios ferroviarios de mercancías y se ha dividido en dos capítulos.

El primer capítulo está dedicado a los costes de operación de estos servicios. En él se revisan todos los costes que conlleva la operación de un servicio ferroviario de mercancías, desde el peaje por el uso de la infraestructura ferroviaria hasta el coste de personal de conducción de los trenes. Además, se propone un conjunto de criterios para distribuir los costes entre la producción, conjunto que a su vez servirá de guía para poner precio a la venta de servicios ferroviarios de mercancías.

El segundo está dedicado a la comercialización del servicio ferroviario de mercancías y su integración en la cadena logística.

Para acabar, los autores describen las perspectivas de futuro cercano en los servicios ferroviarios y cómo incidirán estos cambios en la asignación de nuevas funciones en la organización de la cadena logística a las empresas ferroviarias.

## La selección de los autores

La selección de autores ha respondido a un criterio de complementariedad y de experiencias en diferentes ámbitos profesionales, poco habitual en la literatura técnica.

Por un lado, ha participado un experto en logística que puede aportar una visión del servicio ferroviario desde el punto de vista del servicio logístico a las empresas. En esta categoría se encuentra Jordi Mas, con una prolongada experiencia en el sector logístico, que aporta una visión relacionada con la economía de la empresa y de los servicios logísticos, y responde a cómo pueden los servicios ferroviarios insertarse en esos servicios logísticos y en qué condiciones el ferrocarril puede tener éxito como prestador de los mismos.

Por el otro, cuenta con un conjunto de expertos ferroviarios. En esta categoría se encuentran Ignacio Sanz, Íñigo de Peñaranda y Joan Carles Enguix, cada uno de ellos con una prolongada experiencia en su ámbito.

Por último, quien suscribe estas líneas ha actuado como coordinador; sin que disponga de una dilatada experiencia logística ni profundos conocimientos ferroviarios, se trata de dos ámbitos que me son profesionalmente próximos. Si por alguna razón recibí el encargo de coordinar esta edición es porque tengo la capacidad de imaginar situaciones diferentes de la habitual y de combinar las experiencias de los autores para obtener un resultado que satisfaga el deseo de conocimiento de los lectores.

Confío en que esta combinación de experiencias haya resultado en un buen producto y que la lectura del libro permita al lector aproximarse al papel que puede desempeñar el ferrocarril en la logística del siglo XXI.

Miguel Ángel Dombriz

JORDI MAS

# Capítulo 1

# Los servicios ferroviarios en la logística de las empresas

## 1   Evolución de la logística

En sus inicios, la logística empresarial se basaba en poder disponer de un producto determinado en un lugar preciso, en el momento oportuno y al mejor coste posible. En la actualidad, estas actividades han sido totalmente redefinidas hasta convertirse en un proceso.

Esta evolución se inició hacia 1950, una década considerada como la de conceptualización de la logística. Se desarrolló el análisis del coste total de las operaciones logísticas, se inició el enfoque de sistemas en el análisis de las interrelaciones del sistema logístico, se empezó a tener en cuenta la atención a los canales de distribución y, sobre todo, al servicio al consumidor final con el mínimo coste.

La puesta a prueba del concepto de logística comenzó en la década de 1960, momento en que se empezaron a utilizar sistemas de medición de los procesos, lo que fomentó su optimización.

En la década de 1970 se dio un cambio total de prioridades. La crisis energética impulsó mejoras en los procesos de transporte y de almacenamiento. Determinadas empresas implantaron pequeños cambios en su logística preocupadas por el impacto medioambiental, aunque sin grandes avances en este campo. Se dio una fuerte orientación hacia la administración de materiales ante la incertidumbre en la obtención de materias primas, para lo que se empezó a utilizar la informática, que terminó impulsando el desarrollo de diferentes modelos logísticos.

El verdadero impacto tecnológico se vivió en la década de 1980 y fomentó la descentralización y el intercambio de información, lo que aproximó las empresas a sus clientes.

Se iniciaron varias liberalizaciones del sector del transporte, orientadas a incrementar la productividad gracias a una mejor coordinación de la distribución, la manufactura y los abastecimientos. Además, la revolución de las tecnologías de la comunicación y la implantación del código de barras impulsaron la coordinación e integración de los diferentes elementos del sistema logístico.

En la década de 1990, los ciclos de producción se acortaron debido a la influencia del modelo *justo a tiempo,* que se había implantado en la automoción durante la década anterior. También se incrementó la competitividad en todas sus dimensiones, lo que presionó sobre los márgenes de utilidad.

Desde ese momento, la logística se define como el conjunto de medios y métodos para llevar a término la organización de una empresa, o de un servicio, especialmente de distribución.

En el siglo XXI, es posible mejorar esta definición incorporando pequeños matices y entender la logística como el conjunto de medios y métodos necesarios para llevar a término la organización de una empresa, o de un servicio, especialmente de distribución o aprovisionamiento, de forma óptima y lo más sostenible posible.

## 2   Los modos logísticos de las empresas

Evidentemente, los modos logísticos utilizados por las empresas dependen del tipo de mercancía que deben transportar, tanto en el aprovisionamiento como en la distribu-

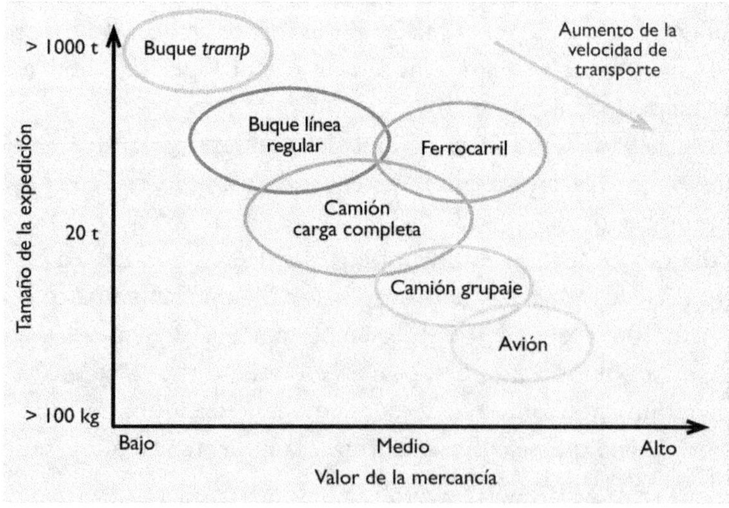


*Figura 1. Relación entre los diferentes medios de transporte según la velocidad en la que operan, el volumen de la expedición que se ha de transportar y el valor de la mercancía.*

ción a sus clientes, así como de la distancia existente entre los puntos de origen y de destino, la urgencia de la entrega y las posibilidades geográficas.

Por este motivo estudiaremos los distintos modos logísticos según la naturaleza de la mercancía que se ha de transportar con objeto de evaluar su idoneidad. Dejaremos de lado el transporte aéreo de mercancías, dedicado a productos que precisan de gran rapidez en la entrega y con larga distancia de trayecto.

## 2.1    *Graneles sólidos no ADR*

Identificamos como graneles sólidos no ADR (siglas de *articles dangeroux de route)* a todo tipo de granel de cualquier composición que no está identificado como mercancía peligrosa en mayor o menor grado, según el Acuerdo Europeo relativo al Transporte Internacional de Mercancías Peligrosas por Carretera.

A pesar de que ADR es un reglamento para el transporte por carretera, tendremos en cuenta la clasificación que utiliza, ya que, seguramente, es la más conocida por el lector. En este grupo podemos encontrar:

- Granos (trigo, maíz, arroz, cebada, avena, centeno, sorgo, soja, legumbres, etc.).
- Mineral de hierro (minerales ferrosos y no ferrosos, aleaciones ferrosas, arrabio, chatarra, etc.).
- Bauxita.
- Madera.
- Cemento.
- Productos secos (para animales o humanos: alfalfa, cítricos, alimento para ganado, harina, azúcar, semillas, etc.).
- Graneles de minas (arena y grava, cobre, hierro, sal, etc.).

- **Modo marítimo**
  Es el método más utilizado por las empresas de granel, siempre y cuando el tiempo de tránsito no sea importante para la empresa receptora, debido a la no limitación de carga y a su bajo coste de transporte.

  La mayoría de puertos comerciales disponen de zonas acondicionadas para la carga de granel, si bien existen puertos con una alta especialización en el granel, lo que los hace más aconsejables para este tipo de tráficos.

  Los puertos disponen de zonas acondicionadas para depositar cada tipo de granel y, por medio de diferentes sistemas, estos son depositados en los buques graneleros *(bulk carriers),* si bien para pequeños volúmenes es posible la carga en contenedor especializado con el mismo tratamiento que un contenedor convencional.

*Figura 2. Operaciones de descarga de un buque granelero en la terminal de EBHI en el puerto de Gijón.*

En la actualidad, el buque granelero más grande del mundo es el *MS Vale Brasil*, con 400.000 t de peso muerto, que transporta mineral de hierro de Brasil a Asia pasando por el cabo de Buena Esperanza.

Desde el punto de vista logístico, la principal dificultad de las empresas que utilizan el modo marítimo es que precisan de un modo alternativo, camión o ferrocarril, para poder llegar al puerto.

- **Modo carretera**

Sin lugar a dudas es el modo más utilizado en el transporte continental, incluso para grandes volúmenes.

Este modo es el más rápido y aconsejable para pequeños volúmenes y cortas distancias, si bien presenta varios inconvenientes:

- *Viajes de retorno vacíos.* El modo carretera, normalmente, compensa sus posibles ineficiencias de coste con los viajes de retorno, pero con los graneles es más que complicado.

  Difícilmente se pueden encontrar graneles para el viaje de vuelta y que, además, sean compatibles con el granel transportado en la ida. En caso de localizar alguno requerirá la limpieza de la caja del camión, lo que encarecerá la operación.

– *Limitación de peso.* En España, el peso neto máximo transportable es de 25 t, lo que limita la capacidad de transporte.[1]

– *Incrementos de coste por gasoil, peajes, ecotasas, etc.* Hasta el año 2012, este modo tan solo tenía como elementos disfuncionales de su coste, siempre al alza, el precio del combustible y los peajes. A partir del 2013, la tendencia es pagar el coste que suponen las emisiones de $CO_2$, hasta el momento no repercutidas al sector.

A pesar de todo ello, cuando el punto de origen y el de entrega no se encuentran cercanos a una terminal ferroviaria o un puerto, este modo es indispensable.

El tipo de vehículo habitual para graneles es la denominada bañera, que puede ser de hierro o de aluminio (menos pesada). No es descartable que este modo empiece a utilizar el contenedor granelero *(dry bulk container)* para los cortos recorridos desde terminales ferroviarias.

- **Modo ferroviario**
Gran parte de las mercancías transportadas por ferrocarril son graneles sólidos no ADR.

La posibilidad de transportar grandes cantidades de graneles en cada vagón facilita las operaciones de transporte, aunque se debe analizar cada uno de los casos de manera particular, teniendo en cuenta la distancia de las terminales a los puntos de origen y de destino, así como el tipo de mercancía, sobre todo su densidad.

Los vehículos más utilizados son los vagones tolva, cerrados (para cereales) o abiertos (para minerales), con una gran capacidad de transporte en toneladas.

El parque de vagones tolva, en el caso de España, puede transportar entre 63 t y 75 t, ya que son vagones de tres ejes, aunque existen vagones de más ejes, en Europa y América, con capacidades superiores.

La carga de estos vagones se efectúa por la parte superior y la descarga puede ser lateral o, normalmente, por la parte inferior, sobre un depósito subterráneo especialmente adaptado en cada una de las terminales.

Si se requiere un traslado adicional de la mercancía mediante transporte rodado, debido a la distancia entre la terminal y el origen o el destino, la manipulación puede encarecer notablemente el servicio.

---

[1] En Cataluña, a finales de 2012 se firmó un decreto que permite la carga de 4 t adicionales.

*Figura 3. Transporte de graneles en vagones tolva cerrados operado por FGC.*

En el supuesto de que los puntos de origen o de destino no dispongan de terminales adaptadas para transportar graneles, es aconsejable utilizar el contenedor granelero. Esta opción también resulta aconsejable si la composición del tren no se utiliza cada día, sino durante el tiempo necesario para la amortización de los vagones tolva, ya que estos solo son operativos con este tipo de mercancía.

Los graneles transportados con contenedor permiten la carga de 29 t netas por contenedor de 40', las cuales se pueden transportar sin problema hasta el punto deseado por medio de un camión plataforma.

Según la densidad del producto que deba transportarse, es importante tener en cuenta la existencia de los vagones de media altura *(half height)*, los cuales, para el viaje de retorno, se podrán remontar y permitirán la carga de contenedores con otros tipos de mercancía, lo que ayudará a optimizar el servicio ferroviario.

En cuanto a las distancias cortas, deben estudiarse las frecuencias necesarias para poder optimizar la composición utilizada y disminuir la repercusión en la mercancía de la amortización de la locomotora y los vagones.

En general, el transporte de los graneles es altamente aconsejable que se realice en ferrocarril, debido a la gran estabilidad de costes que aporta y a su gran capacidad de carga.

## 2.2 *Graneles líquidos no ADR*

Los graneles líquidos no ADR son todos de origen orgánico y, normalmente, de consumo humano, más el agua. Aceites, jugos, leche, vinos y agua centrarían la mayor parte de los graneles líquidos de este apartado.

* **Modo marítimo**

   Por lo general no se utiliza el modo marítimo para estos graneles. Solo se alcanza unos volúmenes significativos en los casos de transporte de agua durante períodos de sequía.

   En el modo marítimo, las empresas productoras no transportan sus productos a granel, sino en contenedores o cubas.

   Este modo permite las largas distancias con un bajo coste, aunque se ha tener en cuenta el tiempo de tránsito, ya que es bastante más elevado con respecto a la carretera y el ferrocarril. Entre los modelos de recipientes utilizados para transportar estas mercancías se encuentran los representados en la figura 4.

   Este tipo de recipientes tiene la desventaja de que debe retornar al punto de origen, con lo que es conveniente tener en cuenta otras alternativas, como las

*Figura 4.*
*Recipientes sobre palés*
*metálicos para el*
*transporte de líquidos.*

bolsas flexibles tipo flexitanque que se instalan en contenedores secos convencionales de 20'. Pueden almacenar hasta 24.000 l de productos alimenticios o no alimenticios y se desechan una vez vaciadas. El contenedor no retorna y sigue el ciclo habitual de las navieras.

- **Modo carretera**

  Es el más utilizado por las empresas exportadoras e importadoras, en la mayoría de los casos empleando pequeños contenedores como los de la figura 4.

  La ventaja de utilizar este tipo de contenedor es que el camión que lo transporta podrá retornar con mercancía convencional, pero siempre quedará un residuo, el contenedor, el cual, o vuelve vacío, lo que conlleva un incremento de coste logístico, o bien es repercutido al cliente, con lo que pierde competitividad.

  La empresa transportista de carretera puede utilizar cualquier tipo de camión, dependiendo de la necesidad de su cliente en el momento de la carga, según si esta es trasera (existen muelles de carga en origen y destino) o lateral (no existen muelles de carga).

  Los volúmenes de exportación o importación respecto a un punto concreto suelen ser bajos, con lo que el camión, teóricamente, gana competitividad.

  No se deben obviar los peligros en coste que supone el transporte por carretera, ya que estos, al incrementarse mes a mes o año a año (según el acuerdo con la empresa de transporte), harán perder competitividad a la empresa cargadora.

*Figura 5. Bolsa flexible tipo flexitanque instalada en un contenedor seco convencional de 20'.*

En algunos sectores, como el lechero, es muy común emplear las cubas, las cuales tienen una vital importancia en la recogida capilar, si bien no son adecuadas en largas distancias debido a la falta de retorno.

- **Modo ferroviario**

  No se utiliza habitualmente para este tipo de transportes, pero sí para producto acabado, embotellado o empaquetado, listo para el consumo final.

  El modo ferroviario no podrá competir nunca para los servicios de capilaridad, especialmente si esta se produce para radios inferiores a los 300 km y si se carece de terminales ferroviarias.

  La opción más adecuada para utilizar este modo vuelve a ser el contenedor adaptado con bolsas flexibles, por lo que se refiere a graneles no embotellados o empaquetados, lo que permite transportar a largas distancias la mercancía hasta el centro de embotellado y retornar con otras mercancías.

  Debido al incremento previsto de los costes del transporte rodado, esta opción puede permitir mantener a las empresas los costes logísticos a largo plazo. Trabajando conjuntamente con una operadora ferroviaria, se pueden transportar pequeños volúmenes a la mayoría de destinos.

## 2.3　*Mercancías peligrosas*

En este concepto se agrupan todos los graneles sólidos o líquidos, tengan mayor o menor peligrosidad. Puede tratarse de residuos nucleares, productos inflamables o explosivos, materias que pueden sufrir inflamación espontánea, peróxidos orgánicos, materias comburentes, tóxicas, infecciosas, corrosivas, etc.

Estas mercancías están clasificadas en el Convenio ADR para el transporte terrestre, que se actualiza periódicamente y donde se identifica el trato que debe dispensarse a cada una de ellas en cuanto a manipulación y transporte.

Se ha tener en cuenta que, a pesar de que estén precintadas y protegidas, existen mercancías peligrosas que nunca se deben transportar al lado de otras porque pueden interaccionar peligrosamente. Por tanto, se requiere la máxima prevención y control, sea cual sea el modo de transporte que se utilice, sobre todo durante los procesos de carga, descarga y almacenaje.

A escala internacional, los reglamentos fundamentales sobre mercancías peligrosas según el modo de transporte son:

- *Marítimo:* IMDG (Código Marítimo Internacional de Mercancías Peligrosas).
- *Carretera:* ADR (Acuerdo Europeo relativo al Transporte Internacional de Mercancías Peligrosas por Carretera).

– *Ferrocarril:* RID (Convenio sobre el transporte internacional por ferrocarril de mercancías peligrosas que se encuentra en el Cotif (Convenio sobre el Transporte Internacional por Ferrocarril).

- **Modo marítimo**

  El transporte de mercancías peligrosas en bultos mediante cualquier tipo de buque se debe realizar, en todos los casos, de acuerdo con el Código IMDG, excepto el equipo y las provisiones.

  La normativa IMDG obliga a disponer de un plano detallado de la ubicación de la carga peligrosa en el buque para su fácil localización e identificación en caso de siniestro. Asimismo, para determinadas materias se requiere que la nave disponga de un acondicionado específico.

  El transporte marítimo es el más utilizado, siempre que les es posible, por las empresas productoras o exportadoras de materias peligrosas, debido a las menores restricciones en este modo de de transporte. Esto no quiere decir que exista menor número de medidas, pero sí menor restricción en cuanto a los volúmenes y tipos de mercancía que se deba transportar.

*Figura 6. Buque gasero tipo LNG para el transporte de gas natural licuado realizando operaciones de atraque en el puerto de Sines.*

Por este motivo, en países costeros, la mayor parte de las empresas del sector químico se ubican en las proximidades de los puertos o muy bien conectadas con ellos mediante carretera o ferrocarril. Uno de los ejemplos más claros en el sur de Europa se encuentra en Tarragona, donde se concentra la mayor parte de las empresas químicas españolas por su cercanía con el puerto y con las principales vías de comunicación terrestre con Europa, lo que facilita los movimientos de importación y exportación.

Si el tiempo de tránsito lo permite, el transporte marítimo representa una buena opción para las empresas, debido a los bajos costes y la mayor posibilidad de transportar grandes volúmenes de mercancías.

- **Modo carretera**

Se pueden diferenciar dos grupos de empresas de transporte por carretera, las especializadas en mercancías peligrosas y aquellas que efectúan también otro tipo de servicios.

Las primeras suelen gestionar graneles sólidos o líquidos peligrosos con medios propios, camiones especialmente adaptados, y siempre que les es posible utilizan el transporte ferroviario debido a su coste estable y a la superior cantidad de medidas que requiere el transporte por carretera. Por ello, este grupo de empresas dispone de contenedores ferroviarios para transportar productos químicos en propiedad.

Las segundas utilizan todo tipo de camiones, pero especialmente los vehículos *tautliner*, para transportar pequeños encargos de material clasificado como ADR.

En ambos casos, el conductor ha de poseer la correspondiente cualificación para transportar y manipular mercancía ADR y poseer un titulo que lo acredite.

Las empresas de transporte por carretera con mayor especialización en el sector de mercancías peligrosas se decantan por emplear habitualmente el ferrocarril, por lo que precisan mayor número y frecuencia de servicios ferroviarios.

- **Modo ferroviario**

El transporte ferroviario de mercancías peligrosas se regula por la normativa RID, más laxa que la normativa ADR pero que, evidentemente, tampoco está exenta de controles.

El sector químico es el que utiliza con mayor asiduidad y volumen el transporte ferroviario en mercancía continental, es decir, la que no proviene del modo marítimo.

Esto se debe a las grandes facilidades que ofrece el transporte ferroviario y a la preparación de terminales e infraestructuras para un transporte eficaz.

Normalmente, la empresa cargadora contrata directamente el servicio ferroviario si tiene volumen suficiente para generar un tren o gran parte del mismo.

*Figura 7. Tren de vagones cisterna para mercancías peligrosas transportando bioetanol
a su paso por Tobarra (Albacete).*

En el sector químico, se ha producido un hecho que favorece el uso del ferrocarril: las empresas cargadoras químicas utilizan a las transportistas como aglutinadoras y gestoras de su carga para poder incrementar volúmenes, lo que posibilita más servicios ferroviarios.

Este planteamiento, en parte, sigue la lógica que ampliaremos en otros apartados de este libro, y representa el futuro del transporte de mercancías continental.

El transporte ferroviario de mercancías peligrosas permite transportar en un mismo tren productos que podrían reaccionar entre sí, siempre y cuando estén completamente separados. Para ello, las terminales están dotadas de sistemas informáticos que permiten conocer el tipo de mercancía de cada contenedor, lo que facilita decidir su ubicación en el tren o en la playa de almacenamiento, y evitar el contacto de mercancías reactivas entre sí.

Además de aportar estabilidad en el coste logístico de las empresas, el modo ferroviario ofrece una rapidez que el transporte marítimo no puede garantizar. Este aspecto confirma que el ferrocarril es la opción más ventajosa para las empresas del sector químico.

Un aspecto pendiente de resolver es el de los retornos, ya que el contenedor sigue transportándose en vacío. Entre las posibles soluciones, una sería el transporte de otros tipos de mercancías para los retornos del tren, mientras que se haría retornar el contenedor por modo marítimo (más económico). Otra alternativa es disponer de cargas de vuelta con un mayor margen de tiempo.

## 2.4　Mercancías de temperatura controlada

Son todas aquellas que precisan de un sistema de refrigeración que consiga que la temperatura de la mercancía sea estable.

Existen dos tipos de mercancías de temperatura controlada, las de frío positivo, normalmente isotérmicas o refrigeradas, y las de frío negativo, con temperaturas por debajo de 0 ºC, normalmente congeladas.

En cualquier medio de transporte se precisa un motor que garantice la cadena de frío durante el mismo y, evidentemente, el suministro de energía para que dicho motor pueda funcionar.

- **Modo marítimo**

  El transporte marítimo es el más utilizado para el transporte de mercancías de temperatura controlada para los tráficos con islas y con territorios situados ultramar.

  Para este transporte se utilizan contenedores frigoríficos *(reefers)* que permiten controlar la temperatura de su interior.

  Existen contenedores frigoríficos que se pueden conectar al buque para obtener el suministro de la energía eléctrica que permite su funcionamiento, que son los más comunes en el transporte marítimo, y con suministro de energía por medio de gasóleo, con una autonomía determinada.

*Figura 8.*
*Contenedor frigorífico*
*para transporte*
*marítimo.*

Las mercancías más transportadas son las congeladas, puesto que las perecederas precisan de tiempos de tránsito breves que a menudo el barco no puede suministrar.

- **Modo carretera**

  Es el modo más utilizado por las empresas de sectores donde los productos han de viajar a una determinada temperatura y, de hecho, una gran parte de las flotas de camiones es frigorífica o isotérmica.

  El modo carretera ofrece la posibilidad de transportar cargas completas o agrupadas, en ámbitos nacionales o internacionales.

  Para los productos perecederos, las empresas transportistas suelen realizar servicios con dos conductores, a fin de evitar las paradas reglamentarias requeridas por el tacógrafo, de modo que la mercancía llega a destino final con un tiempo de tránsito menor al habitual, pero por otra parte el servicio se encarece.

  El transporte por medio de vehículos de temperatura controlada sufre algunos problemas de estacionalidad, coincidiendo con períodos en los que las empresas de algunos sectores, como las productoras de cítricos, por ejemplo, necesitan incrementar los volúmenes de exportación.

- **Modo ferroviario**

  A pesar de que se realizan algunas operaciones de transporte de perecederos, el transporte ferroviario de mercancías de temperatura controlada no se ha desarrollado en algunos países, como es el caso de España.

*Figura 9. Semirremolque para el transporte de productos de temperatura controlada.*

Una de las causas fundamentales es que, mientras los modos carretera y marítimo aportan suministro de energía eléctrica a las plataformas o los contenedores, los ferrocarriles españoles no han desarrollado todavía un sistema para poder garantizar dicho suministro.

A pesar de que el tren puede utilizar energía eléctrica, esta no llega a los vagones de mercancías, lo que obliga a emplear contenedores frigoríficos con depósito de gasoil, que pueden requerir paradas técnicas para repostar combustible en los depósitos de los contenedores, en función del tiempo de recorrido. También existe la opción de utilizar contenedores que poseen una autonomía de 38 horas.

Parece inconcebible que los responsables de la Administración española no hayan actuado para desarrollar sistemas a fin de que los vagones puedan suministrar electricidad a los contenedores frigoríficos, sobre todo sabiendo que la mayor parte de las exportaciones tienen temperatura controlada y que el ferrocarril supondría una ventaja competitiva muy importante.

Se debe tener en cuenta que, para suministrar electricidad a los vagones, la solución no es conectar eléctricamente los vagones a la locomotora, ya que esta debería estar adaptada y, para tráficos internacionales, en cada frontera lo habitual es cambiar de locomotora. Debería tratarse de algún sistema de alimentación por medio del tendido del primer vagón y con comunicación al resto de vagones, teniendo en cuenta los cambios de tensión eléctrica de los diferentes países, o bien de un sistema que produjera electricidad gracias al movimiento de las ruedas de los vagones.

El transporte ferroviario para las mercancías perecederas representa una posibilidad importante de incrementar la competitividad de determinados sectores, ya que reduciría el coste de exportación y supondría un tiempo de tránsito menor al de un camión conducido por un chofer.


## 2.5   *Mercancías sólidas en seco*

Consideramos en este grupo las mercancías no analizadas hasta el momento y que no precisan de ningún tipo de gestión adicional por peligrosidad o temperatura, sin ser líquidos no envasados ni graneles sólidos, vehículos o animales vivos.

Se trata, en general, del producto de las pequeñas y medianas empresas industriales, especialmente las transformadoras, y de las importaciones dirigidas al consumo final.

- **Modo marítimo**
  El transporte de este tipo de mercancía se efectúa mediante contenedores de varios tipos.

Los contenedores para transporte marítimo se crearon siguiendo las medidas de 20' y 40', y son óptimos para el transporte de mercancía paletizada con palé ISO o americano (1,2 x 1,0 m).

Los contenedores se han ido adaptando al mercado europeo, el cual utiliza en mayor grado el europalé (1,2 x 0,8 m), lo que ha dado lugar a los contenedores de 45' (con las dimensiones de una plataforma de tráiler), y a los denominados *pallet wide* para las modalidades de 45' y 40', que permiten optimizar el espacio tanto con europalé como con palé ISO.

A pesar de ello, las empresas importadoras y exportadoras suelen utilizar el palé ISO, ya que existe mayor número de contenedores convencionales y es óptimo para estos tráficos.

| *Contenedor* | *Núm. de palés* | *Disposición de los palés* |
|---|---|---|
| 20' estándar | 10 palés estándar 1,2 × 1,0 | 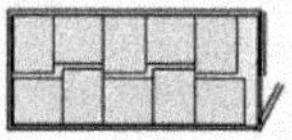 |
| | 11 europalés 1,2 × 0,8 | 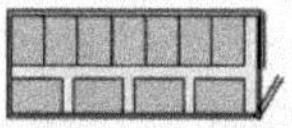 |
| 40' estándar | 21 palés estándar 1,2 × 1,0 | 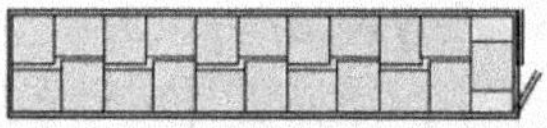 |
| | 25 europalés 1,2 × 0,8 | 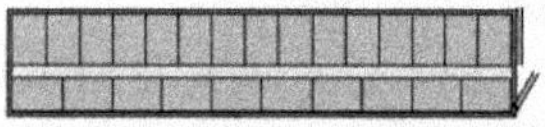 |
| 40' *pallet wide* | 24 palés estándar 1,2 × 1,0 | 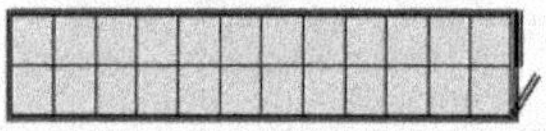 |
| | 30 europalés 1,2 × 0,8 | 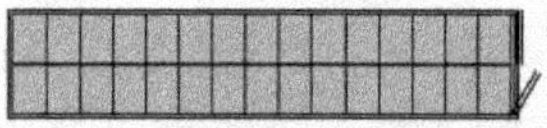 |
| 45' estándar | 24 palés estándar 1,2 × 1,0 | 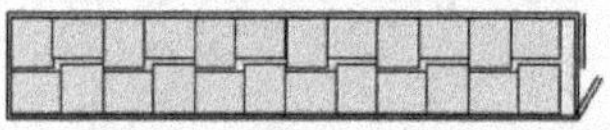 |
| | 27 europalés 1,2 × 0,8 | 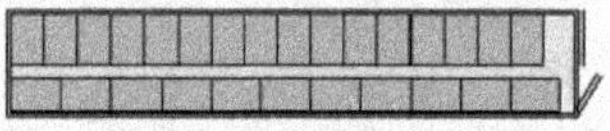 |
| 45' *pallet wide* | 24 palés estándar 1,2 × 1,0 | 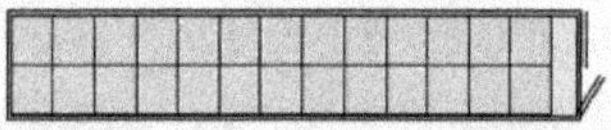 |
| | 33 europalés 1,2 × 0,8 | 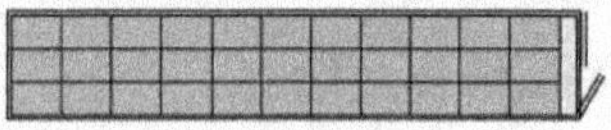 |

*Figura 10. Tipo de contenedor y capacidades de estiba de palés en su interior.*

El modo marítimo representa una fórmula económica para llegar al cliente siempre y cuando el plazo de entrega lo permita, ya que el tiempo de tránsito en barco puede resultar elevado.

El transporte de contenedores constituye una parte muy importante del conjunto de los tráficos portuarios. Con mucha frecuencia, las mercancías de importación marítima proceden de puertos de países diferentes del de destino, debido a cuestiones como paradas marítimas o mayor flexibilidad aduanera.

En el caso de España, donde hay mercancías que provienen de puertos de otros países europeos, existe la posibilidad de incrementar los tráficos marítimos si se mejoran los servicios ferroviarios desde los puertos españoles y la flexibilidad aduanera, con modelos más parecidos a los del norte de Europa.

El circuito de la mercancía de importación desde Asia pasa por el Mar Rojo para entrar en el Mediterráneo, que es rodeado para dirigirse al norte de Europa donde finalmente será descargada. La utilización de puertos del arco mediterráneo, como el de Barcelona o Tarragona, permitiría a la mercancía llegar al resto de Europa entre tres y cinco días antes, con un coste logístico inferior para las empresas exportadoras e importadoras, pero para ello se debe mejorar la conectividad ferroviaria desde estos puertos y agilizar la gestión aduanera.

| DESARROLLO DEL COMERCIO MARÍTIMO INTERNACIONAL (MILLONES DE TONELADAS CARGADAS) | | | |
|---|---|---|---|
| *Año* | *Hidrocarburos* | *Principales graneles* | *Otra carga seca* | *Total* |
|---|---|---|---|---|
| 1970 | 1.440 | 448 | 717 | 2.605 |
| 1980 | 1.871 | 608 | 1.225 | 3.704 |
| 1990 | 1.755 | 988 | 1.265 | 4.008 |
| 2000 | 2.163 | 1.295 | 2.526 | 5.984 |
| 2005 | 2.422 | 1.709 | 2.978 | 7.109 |
| 2006 | 2.698 | 1.814 | 3.188 | 7.700 |
| 2007 | 2.747 | 1.963 | 3.334 | 8.034 |
| 2008 | 2.742 | 2.065 | 3.422 | 8.229 |
| 2009 | 2.642 | 2.085 | 3.131 | 7.858 |
| 2010 | 2.772 | 2.335 | 3.302 | 8.409 |
| 2011 | 2.796 | 2.477 | 3.475 | 8.748 |

*Tabla 1. Volúmenes de carga del comercio internacional durante el período 1970-2011. Fuente: Unctad, 2012.*

*Figura 11. Terminal de contenedores en el puerto de Vigo.*

Para poder utilizar el modo marítimo en el transporte, se precisa poder llegar a puerto. Los sistemas portuarios basados exclusivamente en el transporte por carretera son altamente ineficientes. Por un lado, los camiones efectúan servicios por radios y cobran la ida y la vuelta según un sistema tarifario y, por otro lado, la elevada utilización del camión es motivo de colapsos en los accesos a los puertos y de un incremento en el tiempo que se invierte en el servicio y sus costes.

Con el fin de incrementar su radio de influencia terrestre, algunos puertos han creado los denominados puertos secos, plataformas logísticas de intercambio modal con las que se comunican ferroviariamente, situadas fuera de zonas de posible congestión, que pueden atender con mayor eficiencia la entrega y la recepción por carretera.

- **Modo carretera**

Es el modo más utilizado por las empresas para transportar sus productos con destino continental.

El sector del transporte por carretera ha sabido adaptar sus plataformas a las necesidades de la mercancía, ganando flexibilidad en tipos de carga y descarga lateral (empresas sin muelles de carga) y trasera (empresas con muelles de carga) y, sobre todo, para mercancías de volumen, es decir, mercancías que, llenando completamente una plataforma, no superan las 25 t de peso total.

El tipo de plataforma más utilizado es la *tautliner,* pero cada vez cobra más importancia la conocida como *tautliner mega,* por su mayor capacidad volumétrica.

- **Modo ferroviario**

  El modo ferroviario, en el caso de España, se ha utilizado poco para el transporte de este tipo de mercancías, salvo excepciones relacionadas con el aprovisionamiento de cadenas de supermercados.

  En este caso, la cadena de distribución comercial ha utilizado a una empresa transportista de carretera para crear una red de suministro a sus plataformas y centros a través del transporte ferroviario, y aportando arrastres en origen y en destino. Ello ha supuesto obtener estabilidad en el coste y una logística más respetuosa con el medio ambiente.

  Normalmente, las empresas que han accedido al ferrocarril utilizan contenedores de 45' o cajas móviles de las mismas dimensiones y tipologías que ofrece el transporte convencional por carretera.

  Otras empresas multinacionales diseñan sus servicios recurriendo al ferrocarril, considerando la estabilidad de coste que aporta y la posibilidad de disminuir el coste en mercancías de elevada densidad.

  Se debe tener en cuenta que el uso de vagones de 60', siempre que el gestor de infraestructuras lo permita, posibilita a las empresas incrementar el volumen de sus cargas en un solo envío y reducir el coste.

*Figura 12. Camión con semirremolque tautliner.*

## *2.6   Transporte de vehículos*

Las empresas fabricantes de automoción tienden a situarse en las proximidades de plataformas logísticas intermodales para poder acceder más fácilmente a cualquiera de los modos de transporte, aunque de manera preferente optan por los entornos portuarios.

- **Modo marítimo**

  Es utilizado por las empresas de automoción para exportar a otros continentes a bajo coste, con una planificación logística distinta al «justo a tiempo» debido a la lentitud del modo.

  La mayoría de puertos suele disponer de campas de automoción para almacenar los vehículos hasta la salida de barco, con gestión pública o privada, y de terminales especializadas para atender buques portavehículos.

  Estos buques, de manutención horizontal, están especialmente adaptados para el transporte de vehículos. Sus bodegas están constituidas por un garaje de varios pisos comunicados por rampas o ascensores, al que se accede por la popa o por el costado.

*Figura 13. Buque* Tamesis *de la naviera Wallenius Wilhelmsen para el transporte de vehículos.*

Las empresas de automoción utilizan tres modos fundamentales para enviar sus vehículos a los puertos:

- *Ferrocarril:* es la opción óptima cuando la empresa de automoción se encuentra a distancias superiores a los 25 km. Un ejemplo de ello es el servicio realizado por Ferrocarrils de la Generalitat de Catalunya (FGC) con la automovilística Seat, para tráficos de 35 km desde su factoría en Martorell hasta la terminal de transporte rodado en el puerto de Barcelona.
- *Camión:* mediante camión portavehículos que actúa a modo de lanzadera. Es la opción más costosa y menos utilizada, pero puede resultar viable si se envían volúmenes pequeños.
- *Conducción:* consiste en servicios de furgoneta seguida de una serie de vehículos que se han de transportar. Se realiza cuando la factoría está al lado del puerto.

- **Modo carretera**

Las empresas de automoción utilizan el modo carretera para las expediciones de capilaridad y para volúmenes inferiores a 180 vehículos (un tren).

Los retornos en las expediciones internacionales constituyen un importante problema para las empresas dedicadas a este tipo de transporte, especialmente en situaciones de crisis económica, con descensos significativos en la compra de vehículos.

En cuanto a la distribución capilar, las empresas de automoción asignan a una misma transportista la gestión de las entregas a concesionarias de una determinada región, para lo que la transportista precisa de una campa donde efectuar el almacenaje de los vehículos hasta la entrega definitiva.

En estas campas tiene lugar el desparafinado de los vehículos y otros servicios que la empresa fabricante externaliza.

- **Modo ferroviario**

Es el modo de transporte óptimo para las empresas de automoción cuando necesitan transportar más de 180 vehículos, debido a la estabilidad de costes y al mayor respeto por el medio ambiente que representa.

Normalmente se utiliza el transporte ferroviario para acceder a las campas de almacenaje de vehículos en los puertos y para largas distancias, tanto en el ámbito nacional como el internacional.

Una posibilidad interesante para las empresas de transporte de vehículos por carretera consiste en aprovechar los servicios ferroviarios existentes, siempre y cuando utilicen terminales donde se pueda cargar y descargar automóviles, y solicitar la incorporación de uno o dos vagones. Con ello, adicionalmente, se contribuiría a reducir la densidad del tráfico al evitar camiones en la carretera.

*Figura 14. Expedición de vehículos mediante transporte ferroviario desde la factoría de Renault en Valladolid.*

Se debe tener en cuenta que, según datos de 2012, el coste medio por kilómetro de un camión portavehículos se situaba en España en 1,2 €, cantidad muy por encima del coste ferroviario. Esta alternativa haría ganar competitividad a las empresas de transporte rodado de vehículos y a las empresas cargadoras.

Por otro lado, es importante impulsar el diseño de nuevos vagones de transporte de vehículos que puedan hacer el retorno con mercancía convencional. Esto permitiría que las empresas cargadoras no debieran asumir costes de ida y vuelta.

En este sentido, es interesante el ejemplo que ofrece el vagón multipropósito de la empresa sueca Kockums Industrier, que permite la carga de vehículos y de mercancía. El problema para algunos países europeos, como España y Francia, es que este vagón de ancho internacional no cumple con el gálibo para poder circular.

## 3   El coste de las actividades logísticas de las empresas

En este apartado efectuaremos una pequeña introducción para evaluar los factores que influyen en el coste de cada modo —marítimo, carretera y ferrocarril—, así como los riesgos asociados a dichos costes.

## 3.1  Modo marítimo

Los dos factores principales de coste son el trayecto marítimo y los acarreos desde o hacia el puerto.

En el trayecto marítimo, al igual que pasa en la carretera, existe un factor de coste y uno de demanda que influyen en el precio del flete.

Es esencial utilizar contenedores adecuados a las características de las mercancías para no perder espacios, ya que contra más reducido sea el espacio ocupado menor será el coste.

El precio del transporte marítimo para contenedor completo incluye los siguientes conceptos:

- *Flete internacional.* Es el precio de transportar el contenedor desde el puerto de origen hasta el de destino. En muchas ocasiones, el concepto de flete internacional es todo incluido *(all-in)*, es decir, incluye los recargos de combustible y tipo de cambio que se describen a continuación.

- *Ajuste de combustible o BAF (bunker adjustment factor).* Este es un recargo que suele variar mensualmente por zona geográfica en función del destino del transporte (dependiendo de si el envío va al Próximo Oriente, Extremo Oriente, África Occidental, etc.). Puede suceder incluso que un país en concreto tenga un recargo específico. Algunas navieras incluyen el BAF en el concepto de flete del transporte marítimo. El BAF se calcula sobre la base de la cantidad de TEU,[2] no por contenedor.

- *Ajuste por tipo de cambio o CAF (currency adjustment factor).* Las tarifas no se modifican diariamente, por lo que las navieras aplican en algunos destinos un porcentaje sobre el flete para cubrirse ante cualquier eventualidad por diferencias de cambio de divisas, en sentido positivo o negativo.

Otros recargos asociados al transporte marítimo en función del destino son:

- *Recargo de piratería (piracy risk).* Se aplica para envíos que pasan por zonas donde existe riesgo de piratería, como el cuerno de África (Somalia), por ejemplo.

---

[2] Unidad de medida para contenedores que equivale a 20 pies (6,10 m), del inglés *twenty-foot equivalent units.* Las capacidades globales de los buques portacontenedores y de las terminales intermodales se realizan mediante el TEU. Un contenedor de 40 pies equivale a dos TEU.

- *Recargo por cruzar un canal.* Se suele aplicar este recargo en el caso de que la ruta cruce un canal como, por ejemplo, el canal de Panamá o el de Suez.

- *Recargo por congestión.* Si el destino del transporte marítimo es un puerto donde el tráfico es muy intenso y hay congestión se suele cobrar un coste adicional por TEU. Un caso donde se aplica es en los envíos a los puertos de Venezuela.

- *Recargo por EIS (equipment imbalance surcharge).* Si el transporte marítimo se realiza a un destino muy poco habitual, en donde es difícil que la naviera pueda llenar el contenedor de vuelta, se suele cobrar un recargo por devolución del contenedor vacío. Se trata de un recargo muy frecuente en los puertos africanos, ya que, aunque existe tráfico de importación, la exportación es muy limitada.

En cuanto a los gastos en puerto, hay que considerar los siguientes:

- *Gastos de carga y descarga o THC (terminal handling charge).* Cada vez que se carga o se descarga del barco, el contenedor genera un coste que es repercutido por la empresa naviera a la exportadora o importadora a través de la transitaria.

- *Tasas portuarias.* Son las tasas que aplica el puerto por la entrada o salida de mercancías.

- *Gastos de documentación o de B/L (bill of lading).* Agrupa a todos los gastos relacionados con la emisión de la nota de embarque.

Para los acarreos, en función de las posibilidades y de las distancias existen dos opciones:

- *Por camión.* Normalmente se guían por un sistema tarifario por radios en función de los kilómetros de tránsito entre el lugar de recogida o entrega y el puerto, siempre de ida y vuelta.

- *Por ferrocarril.* Con la excepción de las empresas que puedan tener terminal ferroviaria propia y volúmenes para trenes enteros, este modo precisa de un acarreo puerta a terminal o viceversa.

### 3.1.1   *Riesgos de coste del modo marítimo*

Evidentemente, uno de los costes importantes de este modo es el combustible. Aunque se incrementa de manera exponencial, también son importantes otros factores.

La demanda es el otro factor de coste significativo. Las exportaciones de China a España, por ejemplo, se realizaban con costes de flete de 500 US$ en el año 2007, mientras que la exportación hacia China se podía realizar incluso por una décima parte, 50 US$. Esta diferencia ha disminuido progresivamente debido a la bajada de las importaciones desde el país asiático.

Por otro lado, es muy importante la cantidad de frecuencias que exista en cada puerto, ya que genera una competencia entre las diferentes compañías navieras que permite disminuir costes.

## 3.2 Modo carretera

El modo carretera presenta una ventaja con respecto al resto de modos ya que, en principio, no necesita obligatoriamente la intervención de un modo adicional, a pesar de que, como veremos en próximos apartados, su subsistencia dependerá de la cooperación con el modo ferroviario y con el marítimo, especialmente en el transporte marítimo de corta distancia.

El coste del transporte por carretera depende sobre todo de dos aspectos básicos, el kilometraje y el tiempo empleado para realizar el servicio, si bien el precio final dependerá de la oferta y la demanda existente en cada lugar en concreto. Si el punto de origen del transporte es exportador, el precio de ida será más elevado que el de la vuelta, y si el punto de origen es eminentemente importador, el precio de ida será más bajo que el de la vuelta. No obstante, el coste final de la ida y la vuelta, en conjunto, será prácticamente el mismo para la empresa de transportes que efectúa el servicio directamente.

En un estudio de la Generalitat de Catalunya realizado en 2010 sobre costes del transporte por carretera, en el apartado por tiempos se toman en consideración los conceptos de personal, amortización del camión, gastos financieros, seguros, gastos de estructura y dietas. En cuanto a los costes kilométricos, se incluyen combustibles, neumáticos, mantenimiento y reparaciones, y peajes.

Para acercarnos más a la realidad, deberíamos tener en cuenta que un tráiler con un conductor puede efectuar un máximo de 600 km al día, en el caso de que realice servicios de larga distancia, teniendo en cuenta las paradas de descanso obligatorias, ya que en corta distancia deberíamos incluir los tiempos muertos perdidos en carga y descarga que evitarían alcanzar el kilometraje indicado. En este caso, se debe tener en cuenta el desplazamiento máximo para buscar el coste más próximo a la larga distancia; en caso contrario, se debería disminuir el kilometraje en un 2 % (porcentaje estimado de pérdidas de tiempo).

Por otro lado, también hay que considerar el kilometraje en vacío, que genera coste de personal y kilométrico, estipulado en el año 2010 por el Ministerio de Fomento español en un 2,7 %.

No deben obviarse otros condicionantes relacionados con beneficios fiscales para profesionales autónomos, que pueden significar una competencia desleal respecto a los costes que deben soportar las empresas del mismo sector. Este tipo de situaciones enrarecen el mercado e impiden operar con objetividad sobre costes reales.

En las variaciones del precio de venta del transporte rodado a escala internacional también influyen factores de estacionalidad, como las temporadas de exportaciones de cítricos, que pueden hacer incrementar el precio debido al exceso de demanda y a la falta de camiones.

### 3.2.1   *Factores de riesgo del modo carretera*

Existen muchos factores de riesgo relacionados con este modo de transporte. Por este motivo, las empresas transportistas por carretera deben llevar a cabo actuaciones para poder subsistir y garantizar un correcto servicio de distribución a las empresas. Entre dichos factores destacan:

- *Igualación de los sistemas de imposición fiscal para todo tipo de empresas y profesionales.* En el caso de España, implica la eliminación del sistema de módulos de los profesionales autónomos transportistas, aunque su retirada implicará incrementos cercanos al tipo establecido de IVA.
- *Incremento del precio de los combustibles.* La falta de combustibles fósiles y las subidas de impuestos que se van incorporando progresivamente a este tipo de recurso energético provocan un incremento del coste.
- *Coste de tránsito en autovías y autopistas:* En muchos países, el mantenimiento de la red viaria puede ser insostenible si no se incrementa el número de peajes y su importe.
- *Aplicación de ecotasas o euroviñeta.* El transporte es un sector contaminante y esto genera un coste adicional hasta el momento no repercutido. Según las directrices europeas, esta tasa se aplicará en función de los kilómetros recorridos. Hasta 2012 una serie de países europeos ya la habían incorporado.
- *Disminución de las flotas de empresas transportistas.* Debido a la crisis económica internacional han desaparecido muchas empresas de transportes y muchos camiones de la circulación, y al mismo tiempo se ha registrado una reducción significativa del número de matriculaciones. Un incremento de la actividad logística en momentos de recuperación podría encontrarse con un número de camiones insuficiente para realizar estos servicios y, por lo tanto, generar un nuevo incremento de coste.

*Figura 15. Vagones de distintas tipologías en vías de clasificación en la terminal ferroviaria del Centro Logistico Sevilla Majarabrique.*

## 3.3   *Modo ferrocarril*

En capítulos anteriores hemos podido ver el sistema de cálculo de costes del transporte ferroviario. En resumen, el coste del mismo depende de los siguientes factores:

- *La longitud del tren:* depende de la infraestructura; si hay demasiada pendiente, el tren será más corto de lo habitual, ya que la locomotora necesita efectuar más esfuerzo de tracción. Cuanto más corto sea el tren, más sube el coste por tonelada del tren.

- *La tipología de los vagones empleados:* según el tipo de vagón empleado y según el tipo de mercancía, el coste por tonelada será más o menos caro.

- *Las maniobras de acceso a la terminal:* en determinadas terminales se debe contar con costes adicionales por maniobras de acceso a la misma. Para poder acceder a alguna de ellas incluso se debe partir el tren.

- *Los costes en la terminal:* según sean los costes de manipulación de la terminal, el coste se incrementa en mayor o menor grado.

- *La rotación de los activos:* si una composición de una locomotora más sus vagones realiza solo un servicio semanal, por ejemplo, la repercusión del coste de amortización se eleva tanto que hace inviable el servicio. Debemos recordar que, en el caso de que la empresa operadora ferroviaria no repercutiera esta amortización, cometería una ilegalidad.

En líneas generales, la apuesta de las empresas a favor del uso del transporte ferroviario dependerá de la distancia que se haya de recorrer y de los tiempos de tránsito.

La gran ventaja del transporte ferroviario es que, siempre y cuando se utilice bajo tendido eléctrico, el coste se mantiene estable anualmente hasta la revisión de precios por parte del ente gestor de la infraestructura.

# Capítulo 2

# La infraestructura ferroviaria para el transporte de mercancías

Joan Carles Enguix

## 1 La eficiencia en el transporte ferroviario de mercancías

El objetivo de este capítulo es describir la trascendencia que tienen las prestaciones de la infraestructura ferroviaria para ofrecer un servicio eficiente y competitivo de transporte de mercancías. Para ello, vamos a exponer sus aspectos más relevantes en relación con la capacidad de transporte de los trenes mercantes.

Se suele decir que el ferrocarril de mercancías no tiene nada que ver con el de viajeros, lo que es cierto en gran parte. La aparición de la alta velocidad ha llevado por caminos muy diferentes, tecnológica y conceptualmente hablando, a los dos tipos de servicio ferroviario. Esto ocurre no sólo en el subsistema de material rodante, sino también en los parámetros de la infraestructura, con lo que han resultado líneas especializadas para viajeros en alta velocidad y líneas que dedican su capacidad plenamente a las mercancías. Buen ejemplo de la primera es la red TGV en Francia, mientras que de la segunda lo sería la línea entre las minas de Kiruna, en Suecia, y el puerto de Narvik, en Noruega, para transporte de mineral.

Desde un punto de vista físico, la cinemática del tren de mercancías con velocidades máximas de hasta 120 km/h nada tiene que ver, por ejemplo en cuanto a resistencia aerodinámica, con la de un TGV a 300 km/h. Del mismo modo, el frenado se concibe de forma absolutamente distinta en uno y otro tipo de tráfico.

Para entender la influencia de la infraestructura en la eficiencia del tráfico ferroviario de mercancías debe considerarse el concepto de «capacidad de transporte». Esta capacidad es el resultado de la interacción de los siguientes parámetros:

– Las condiciones de trazado de la línea por la que transita, especialmente de las rampas y el radio de las curvas.
– El gálibo de la línea.
– La carga máxima, por eje, autorizada para la línea.
– La longitud máxima del tren que puede circular por esa línea.
– La potencia y el esfuerzo máximo de la locomotora o locomotoras que lo remolcan.
– El tipo de mercancía (densidad) y el ratio tara/carga de los vagones.
– Las limitaciones impuestas por la gestión de la circulación en esa línea.

En los apartados siguientes se analizan los condicionantes relacionados con la infraestructura, es decir los cuatro primeros y el último, desde la óptica del transporte de mercancías, mientras que los referentes al material se verán en el capítulo dedicado al mismo.

## 2    Las prestaciones de la infraestructura

La configuración de una línea ferroviaria se fundamenta en dos aspectos principales: la planta (la alineación de la vía en el plano horizontal) y el alzado, o perfil longitudinal (la alineación en el plano vertical). La explotación de un ferrocarril será más sencilla cuanto menores sean las variaciones de estas dos alineaciones y cuanto más se aproximen a la línea recta.

### 2.1    *Trazado en planta*

En el trazado en planta se distinguen dos tipos de alineaciones: rectas y curvas. Las curvas se identifican mediante su radio, medido en metros. Cuanto mayor es el radio, menor esfuerzo se necesita para hacer circular los trenes y mayor puede ser su velocidad. Los radios mínimos se sitúan, para la red convencional en España, por ejemplo, por encima de los 300 m, aunque en vías interiores de estaciones, depósitos y talleres se pueden establecer radios inferiores, por lo que se imponen, entonces, restricciones de velocidad.

Para compensar la fuerza centrífuga en las curvas se establece el peralte, que consiste en una inclinación hacia el interior de la curva mediante la elevación del carril exterior respecto al interior.

En el ferrocarril de mercancías, el peralte es importante por su exceso, ya que si está dimensionado para el tráfico de viajeros a velocidades elevadas y por tanto la inclinación del plano de la vía es elevada, cuando un pesado tren mercante se inscriba en la curva verá acrecentada su resistencia al avance por el efecto de «caer hacia el interior de la curva», ya que no posee tanta fuerza centrífuga como el de viajeros. En la práctica, se establece un peralte de compromiso entre la velocidad máxima admisible para el servicio de viajeros y la más lenta de los trenes mercantes.

Otra característica del trazado en planta son los acuerdos de entrada en las curvas, ya que no se pasa directamente de una alineación recta a una curva, sino que se introduce un acuerdo de entrada mediante una curva espiral (clotoide o evolvente) que permite una suave transición de la recta a la curva de radio fijo.

## 2.2　*Perfil longitudinal*

El alzado viene definido por las rasantes y se define como la traza de la línea en el plano vertical. Estas rasantes pueden ser:

– Pendientes, cuando el trazado va perdiendo cota en altura («hace bajada»).
– Horizontales, cuando son paralelas al plano horizontal natural.
– Rampas, cuando el trazado va ganando cota en altura («hace subida»).

Entre las rasantes se establecen acuerdos verticales, también denominados *cambios de rasante*, que se proyectan mediante curvas de radio muy amplio, siendo común el de

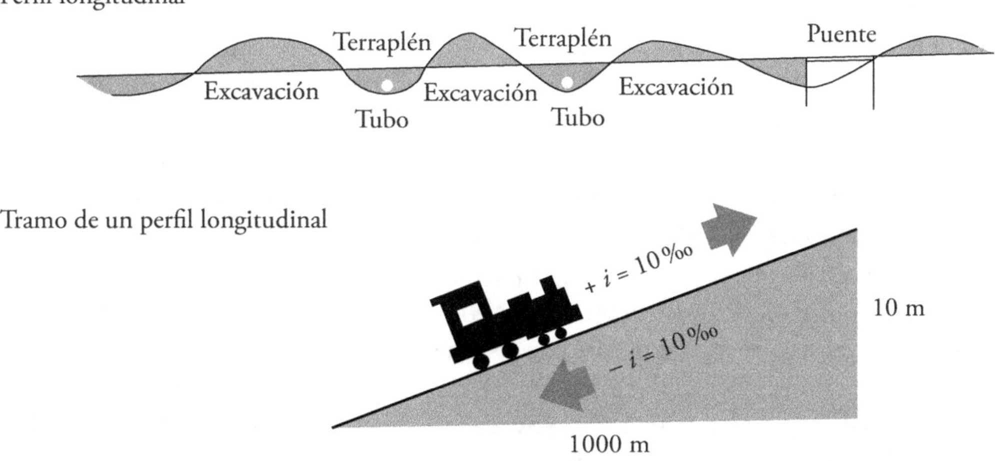


*Figura 16. El concepto de rampa o pendiente solo tiene en cuenta la dirección de la marcha del tren: en ascenso se considera rampa y en descenso pendiente. En ferrocarril se suele medir en tanto por mil, mientras que en carretera se mide en tanto por ciento.*

15.000 m. Las rasantes se miden habitualmente en milésimas, es decir, en tanto por mil, lo que describe los metros ganados en altura por cada mil de recorrido.

El conjunto de rampas, pendientes, horizontales y cambios de rasante que los unen forman el comúnmente denominado *perfil longitudinal*, que es crítico para la eficiencia en el transporte de mercancías, ya que el esfuerzo necesario para remolcar trenes es proporcional a la rampa de las líneas. Para un transporte eficiente, es decir, para conseguir remolcar trenes de longitud comercial rentable con la potencia de las locomotoras habitualmente disponibles en el mercado, se recomienda que los perfiles no superen 12 o/oo. Lamentablemente, este no es el caso de la red española, donde muy a menudo se superan y se llega a rampas promedio de entre 15 y 17 milésimas. Ello hace que los trenes remolcables con una locomotora de mediana potencia sean de poco tonelaje, de corta longitud y, por tanto, poco rentables. En comparación con otras redes como la de Francia u otros países europeos, se requieren locomotoras de gran potencia y coste elevado para remolcar trenes de menor tamaño que los del resto de Europa. Otro recurso que se puede emplear es la denominada tracción múltiple, es decir, dotar de dos o más locomotoras al tren, lo que encarece los costes de tracción y no siempre es eficiente, sobre todo si la longitud y la carga del tren no se llegan a doblar, lo que proporcionaría el doble de ingresos y equilibraría el doble de costes de tracción requeridos.


## 2.3  Gálibo

El gálibo se define como el contorno transversal de un vehículo ferroviario tipo, cuando se emplea para el material rodante, y como la sección mínima que debe quedar libre de obstáculos, cuando se refiere al gálibo de las instalaciones de la infraestructura. Esta figura tiene una forma parecida a la sección transversal de los vehículos ferroviarios. El gálibo se utiliza en la construcción de las líneas ferroviarias para garantizar que los trenes no encontrarán ningún obstáculo cuando circulen por ellas. Así pues, este contorno debe inscribirse en la sección transversal de todas las obras de infraestructura de la línea: túneles, pasos superiores, andenes de estaciones, etc. La armonización de los gálibos se ha considerado siempre una cuestión trascendente para permitir el intercambio de material rodante entre distintas redes ferroviarias.

Hay que considerar diferentes tipos de gálibos, que pueden venir determinados por las obras de fábrica (gálibo de obra), por las superestructuras que se montan sobre el trazado ferroviario (por ejemplo, el gálibo de electrificación en líneas con este tipo de tracción) o por los propios vehículos ferroviarios (gálibo dinámico, que tiene en cuenta los movimientos laterales de los vehículos producidos por los sistemas de suspensión).

También se conoce con el nombre de gálibo una instalación fija que contiene un perfil metálico que reproduce la parte alta del gálibo de carga; dicha instalación se encuentra

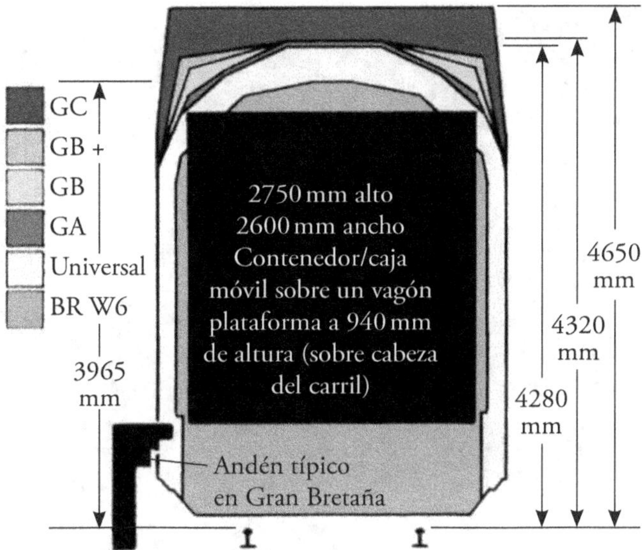


Fuente: Railway Technical web pages.

*Figura 17. En el esquema se superponen los distintos gálibos europeos, desde el británico hasta el gálibo GC común en el centro y norte de Europa. Los distintos gálibos, a partir del general, o de Berna, se han diseñado con el fin de admitir contenedores y semirremolques sobre vagones plataforma o de plataforma rebajada*

instalada en estaciones importantes y permite tener la seguridad de que un determinado cargamento cumple las cotas impuestas antes de autorizar su puesta en circulación.

Hay que indicar, no obstante, que esta comprobación afecta al llamado *gálibo estático*, pero que existe otro, el *gálibo cinemático*, que puede ocasionar graves problemas y que se desvía del estático según la longitud del vagón y del entreeje de los bogies,[1] comportando un aumento de la anchura hacia el interior de las curvas en la parte central del vagón, o hacia el exterior en las extremidades. También debe tenerse en cuenta el movimiento transversal y longitudinal que pueda ocasionar la suspensión del vehículo.

El primer gálibo consensuado a escala mundial fue el llamado *gálibo de Berna,* adoptado en una convención internacional que se celebró en esa ciudad suiza en 1914. Su anchura es de 3.150 mm, y su altura desde carril, de 4.280 mm. Todo vehículo ferroviario que respete este gálibo puede circular por toda la red europea, a excepción de la red británica. Posteriormente, la Unión Internacional de Ferrocarriles (UIC, siglas de Union Internationale des Chemins de Fer) ha codificado y definido hasta cuatro gálibos distintos, denominados A, B, B+ o B1, y C, que son los que rigen actualmente en

---

[1] Conjunto de dos pares de ruedas montadas sobre dos ejes paralelos próximos, solidarios entre sí, que se utilizan en los extremos de los vehículos ferroviarios de gran longitud.

*Figura 18. Locomotora diésel-eléctrica modelo 333 rodando en el acceso a un túnel.*

Europa. Estos gálibos tienen la misma anchura, 3.290 mm, pero difieren en la altura, de los 4.320 mm del A, B y B+ a los 4.650 mm del C, que es utilizado mayormente en Europa central y del norte.

En general, la adopción de uno u otro gálibo para líneas nuevas no comporta apenas inversiones suplementarias, por lo que se suele adoptar el gálibo C. Pero en líneas en explotación, pasar de un gálibo a otro es costosísimo, ya que deben efectuarse delicadas modificaciones en la infraestructura de túneles, pasos superiores, etc. En algunas líneas centroeuropeas se está trabajando para conseguir pasar de B al B+, lo que supondrá importantes ventajas para el transporte de camiones, pero la complejidad de las actuaciones a llevar a cabo es de tal magnitud que los plazos se establecen en décadas.

El gálibo de cada línea queda establecido en la declaración de red de cada administración ferroviaria. Así, en España, el Administrador de Infraestructuras Ferroviarias (Adif) dispone de un gálibo para la red de ancho ibérico (1.668 mm) y de otro, correspondiente al B, para las líneas de ancho UIC (1.435 mm). Análogamente, en la declaración de red del gestor de infraestructura ferroviaria de Francia, RFF (Réseau Ferré de France), puede hallarse un mapa de gálibos para toda su red.

La única diferencia que existe entre los gálibos B y B+ es que este último admite la circulación de los llamados contenedores de gran capacidad *(high cube* o Jumbo), que tienen una altura de 2,90 m, cargados sobre vagones normales, con plano de carga a 1.246 mm del carril.

En Estados Unidos y Canadá existen numerosas líneas con gálibos suficientemente amplios para que resulte factible el transporte de dos contenedores ISO de 2.438 mm de altura, en doble estiba, cargados sobre vagón para semirremolque, tipo *poche* o de suelo rebajado, lo que implica una altura del gálibo de 5.476 mm.

## 2.4   Carga por eje

La carga máxima admisible por eje (no por rueda) va en función del tipo de armamento usado en la vía, es decir, del tipo y peso del carril, la proximidad de colocación de las traviesas y su tipo, y también del espesor y la calidad del balasto utilizado. En los puentes, su resistencia se mide en carga por eje y por metro lineal, y también limitan la carga admisible en una línea. Los administradores de infraestructuras ferroviarias clasifican sus líneas por tipos, en España identificados por letras, en función del tonelaje por eje admitido.

Hasta hace algunas décadas la carga por eje normalmente admitida en las grandes líneas principales ha sido de 20 t, lo que para vagones con bogies con cuatro ejes supone una carga total máxima de 80 t. En la actualidad, la mayor parte de ejes ferroviarios europeos tiene estandarizada una carga de 22,5 t por eje, y en algunas líneas especializadas este límite se ha situado en 25 t. Por ese motivo, la mayor parte del nuevo material rodante que se incorpora al parque de mercancías resulta apto para las 25 t, aunque en la explotación ordinaria, dependiendo de la línea por la que va a transitar, no se llegue a utilizar este límite de carga por eje.

Existen excepciones notables a esa característica general. El sistema ferroviario norteamericano, por ejemplo, está transformando la totalidad de su infraestructura para soportar 35 t por eje, correspondiente a vagones de 140 t y locomotoras de 210 t de peso bruto completo. En Europa, los vagones de transporte de mineral de hierro en la línea de Kiruna a Narvik, de 540 km, en el norte de Suecia y Noruega, han sido diseñados para soportar una carga por eje de 30 t.

La decisión de aumentar la carga por eje ha obligado a desarrollar una nueva tecnología en ejes y ruedas capaz de satisfacer las exigencias de esas características extremas de explotación ferroviaria. Normalmente, en las ruedas de vagones se presentan dificultades serias por desgaste de acanalamiento debido a la interacción de los bloques de frenos y fuertes sobrecalentamientos. Las soluciones van acompañadas de un complejo proceso de investigación que incluye la fabricación y experimentación de vagones prototipo, con fuertes inversiones en equipamiento tecnológico industrial.

Resulta interesante ilustrar las consecuencias que supone para una determinada línea operar con cargas de eje superiores. En los siguientes párrafos analizaremos los casos típicos de cargas por eje de 20 y 30 t, describiendo primero los efectos en las locomotoras y a continuación en los vagones.

Con respecto a las locomotoras, ya es conocida la importancia de su masa para la conversión de la potencia disponible en esfuerzo tractor, con la limitación de la adherencia. Así, es fácil comprender que una locomotora de seis ejes con 30 t de masa por eje pueda llegar a alcanzar, con un coeficiente medio de adherencia de 0,3, un esfuerzo tractor de 540 kN. En el otro extremo, con una carga por eje de 20 t, esa locomotora de seis ejes podría alcanzar como máximo 360 kN. Eso supone que, para igualar los esfuerzos tractores de dos locomotoras de 30 t por eje, es necesario contar con tres locomotoras de 20 t por eje. La conclusión inmediata es que ese incremento permitiría, por ejemplo en una empresa operadora, reducir el parque de trescientas locomotoras a doscientas. Como puede adivinarse, el coste unitario de las locomotoras no es el mismo, por lo que únicamente con la adecuada comparación de costes reales de inversión y de mantenimiento pueden establecerse conclusiones válidas.

En cuanto al parque de vagones, la situación es similar. Para una capacidad de remolque dada, poder cargar más cada vagón posibilita reducir la composición, lo que evita la tara de los vagones eliminados. Hay que comparar el ahorro de carga que implica comparando la mayor tara de los vagones de 30 t por eje con la evitada mediante la reducción de la composición. Por ejemplo, un tren de 1.200 t de carga bruta (carga neta + tara) requeriría quince vagones de 80 t, con vagones de cuatro ejes de 20 t, y diez con ejes de 30 t. Si, como media, se adopta como tara del caso primero el valor de 24 t y de 28 t el segundo, con el mismo esfuerzo tractor se podría pasar de transportar 840 t netas (1200 – [15 × 24]) a 920, (1200 – [10 × 28]), lo que supondría una ganancia de productividad y eficiencia notables, del 9,52 %, y una reducción del parque de vagones de un 16 %. Pero, como se ha citado anteriormente, sólo la evaluación de cada caso concreto, teniendo en cuenta todos los factores y especialmente los derivados de los mayores costes del mantenimiento, permite alcanzar conclusiones aceptables.

En Europa, con una red ferroviaria construida en su día para cargas de 25 t por eje, se ha llegado a la conclusión de que no resulta económicamente rentable proceder a la ingente tarea de su adaptación a mayores cargas por eje, por lo que se ha consolidado, incluso en planes estratégicos europeos con horizontes en el año 2020 y más allá, el límite de las 25 t como carga máxima por eje de todas sus líneas.


### 2.5 *Longitud de las vías de apartado*

Las vías de apartado en las estaciones de una red ferroviaria poseen distintas longitudes, debido a condicionantes como su ubicación en el terreno o los usos para los que fueron concebidas en el momento de proyectar la línea, normalmente a principios del siglo XX y aun mucho antes. Así pues, en la mayor parte de líneas ferroviarias existe una limitación de longitud motivada por la capacidad de estacionamiento en las vías de apartado, aquellas en las que los trenes de mercancías deben situarse para facilitar los cruces y adelantamientos con otros trenes que circulan por la línea o entre ellos mismos.

Este factor restringe la posibilidad de incrementar la longitud de los trenes de manera arbitraria, lo que limita a su vez conseguir la máxima eficiencia del transporte ferroviario de mercancías incrementando la capacidad de los trenes y reduciendo así costes unitarios de personal de conducción y consumo de surcos.

En el modelo liberalizado europeo, con separación entre la gestión de la infraestructura ferroviaria y la empresa operadora de transporte ferroviario, es el ente gestor de la infraestructura el que establece la limitación de longitud y la incorpora a su declaración de red; todas las empresas ferroviarias que soliciten surcos de marcha deben adaptarse a ella. La mayor parte de las veces se permite que, en casos excepcionales, se produzca un determinado exceso de esa longitud máxima, pero siempre condicionado a que el tren correspondiente circule supeditando su surco a la existencia de intervalos suficientes para que pueda avanzar sin detenerse hasta una estación en la que existan vías de longitud suficiente para posibilitar su apartado. En la práctica, esta situación supone largas horas de espera en estaciones y plazos de transporte muy largos.

*Figura 19. En el transporte ferroviario pesado (heavy haul) de Norteamérica no existen las limitaciones de longitud de Europa. Se dispone de tramos de apartado para cruces de varios kilómetros y los vehículos están equipados con enganche automático, gracias al que es posible formar trenes de hasta 3,5 km y 40.000 t.*

Normalmente, las empresas operadoras adaptan la longitud de los trenes a los condicionantes establecidos en la declaración de red, y les dotan de la tracción necesaria para optimizar sus costes. Por ejemplo, si por dotar a los trenes de doble tracción se ahorran un 25 % de sus costes, deben poder incrementar su capacidad de transporte en, al menos, una cifra superior a esa. En otro caso la doble tracción no tendría justificación.

Esa circunstancia se suele plantear en el transporte de las «mercancías pesadas»: minerales, materiales siderúrgicos, combustibles y otros productos de gran densidad. En cambio, no se plantea en el transporte, por ejemplo, de automóviles, en los que es difícil conseguir densidades elevadas en los cargamentos, y antes se alcanza la longitud máxima que la carga máxima para un trayecto dado.

En España, la longitud media admitida en la red es significativamente menor que en el resto de Europa, y ello obliga, por ejemplo, a que en estaciones fronterizas como la de Portbou sea necesario dividir los trenes recibidos de Francia, con 750 m, en dos trenes de 375 m, dado que la longitud admitida según su declaración de red es de 500 m. Por ese motivo, una reivindicación permanente del sector ha sido incrementar la longitud permitida hasta el estándar europeo de 750 m, lo que obliga a cuantiosas inversiones en la infraestructura por parte del Ministerio de Fomento español, así como a una priorización de los corredores en donde se efectúan estas intervenciones que no siempre contenta por igual a las diversas comunidades autónomas. Cabe citar que el primer corredor en la red convencional donde se está generalizando la longitud de 600 m para llegar posteriormente a los 750 m es el de Madrid al puerto de Valencia. Asimismo, la línea de ancho UIC entre el puerto de Barcelona y Francia a través del nuevo túnel de Le Perthus, permite en todo su recorrido trenes de 750 m de longitud.

Sin embargo, la continua reivindicación de los 750 m de longitud útil en una red muy sinuosa como es la española tiene que ser debidamente matizada, y para ello hay que repasar los conceptos ya vistos de rampa promedio de las líneas y de potencia promedio de las locomotoras. Para una rampa promedio de 17 milésimas y una potencia equivalente a la de las nuevas locomotoras eléctricas de la serie 253, de 5,4 MW y 300 kN de esfuerzo tractor, resultan 1.130 t remolcables según la tabla de cargas existente. Empleando vagones de cuatro ejes con 80 t brutas de masa (tara + carga), resulta una composición máxima de 14 vagones y 300 m de longitud, incluida la locomotora. Si se emplea la doble tracción, la carga remolcable se duplica (menos un 10 %, normalmente), por lo que resulta posible remolcar un tren de 26 vagones con 520 m de longitud. Esta longitud es admitida en casi toda la red y no aparece, por tanto, una necesidad real de ampliar la longitud máxima hasta 750 m. La verdadera necesidad de autorizar longitudes máximas de 750 m se plantea en los transportes de escasa densidad, siendo el más representativo el de automóviles, donde un vagón de cuatro ejes cargado alcanza 52 t, lo que posibilita trenes de 22 vagones y 660 m de longitud en simple tracción. De hecho, el sector automovilístico ha sido el principal actor en la reivindicación de incrementar la longitud permitida.

# 3   El equipamiento de la infraestructura

## 3.1   La electrificación

La tracción de los trenes se realiza mediante locomotoras que incorporan distintos tipos de tecnología, que se describirá en el capítulo correspondiente al material rodante. Algunas locomotoras cargan consigo su fuente de energía, pero hay otras que necesitan una aportación externa como las que funcionan mediante energía eléctrica. En este apartado trataremos las instalaciones fijas necesarias para aportar esta energía, así como el funcionamiento de este sistema.

En términos generales, la electrificación ferroviaria es beneficiosa no solo por los efectos medioambientales debido a la utilización de energía limpia, sino también por la reducción de costes que aporta al ser más económica en términos de coste por kilómetro que la tracción diésel. Comparativamente, el coste kilométrico de un tren con tracción eléctrica viene a ser un 25 % menor que con tracción diésel. Sin embargo, la electrificación supone un obstáculo mayor para el gálibo ya que no puede ganarse altura, especialmente en los túneles. Principalmente por este motivo, así como por sus enormes costes de implantación, los ferrocarriles norteamericanos no han llevado a cabo ningún plan de electrificación de su red.

*Figura 20. Las líneas electrificadas suponen una ventaja medioambiental innegable para el transporte ferroviario pero obligan a costosas inversiones, elevados gastos de conservación e imponen limitaciones de gálibo, así como cambios de tracción en la «última milla».*

### 3.1.1    *Las instalaciones fijas de electrificación*

La energía eléctrica ha de suministrarse a los trenes de forma continuada a lo largo de toda la longitud de las líneas por las que han de circular. El sistema más empleado es el llamado de línea aérea de contacto, o coloquialmente de catenaria, y consiste en un conjunto de cables que van suspendidos por encima de las vías. Las locomotoras toman la energía eléctrica mediante una estructura articulada llamada *pantógrafo*, que llevan dispuesta en el techo. El conjunto de las instalaciones fijas de suministro de electricidad se puede dividir en tres partes: catenaria, soportes y elementos auxiliares.

#### 3.1.1.1    La catenaria

La catenaria está formada por dos conductores eléctricos. El principal es el hilo de contacto, que es con el que toma contacto el pantógrafo del tren para captar la energía eléctrica. Este hilo de contacto permanece colgado del hilo sustentador, que describe una curva conocida en geometría como *catenaria* (de aquí el nombre del conjunto de estas instalaciones), mediante las péndolas.

El hilo de contacto tiene una sección circular con unas estrías en la parte superior, donde encajan las grapas de las péndolas que lo sujetan. De esta manera, la superficie de contacto con el pantógrafo es lisa y sin obstáculos. La sección de este hilo es bastante grande, ya que tiene que soportar el paso de la corriente eléctrica con unos valores de tensión e intensidad muy elevados (en las líneas convencionales de Renfe Operadora son de 3.000 V en corriente continua y en las de alta velocidad de 25.000 V en corriente alterna). El hilo sustentador tiene una sección menor. Respecto a las péndolas, pueden estar hechas con hilo eléctrico o con alambre, ya que sólo tienen funciones mecánicas.

En las instalaciones de corriente continua, suele haber dos hilos de contacto para garantizar una mayor continuidad en el suministro de energía a los trenes. Entonces, las péndolas van sujetando a uno y otro hilo alternativamente.

#### 3.1.1.2    Soportes

Para mantener la catenaria a una altura constante por encima de las vías, se utilizan unos postes situados a uno u otro lado de la vía. Estos postes, que pueden ser de hierro u hormigón, están cimentados o fuertemente hincados en el suelo para que no se deformen con los esfuerzos que han de soportar.

En los postes se fijan las ménsulas, que no son más que unos brazos que aguantan el hilo sustentador mediante unos aisladores de vidrio o cerámica. Las ménsulas se encargan de mantener constante la altura de la catenaria. Por otro lado, de las ménsulas salen los tirantes, que se agarran a las estrías de los hilos de contacto, y cuya misión es mantenerlo centrado respecto al eje de la vía. Los tirantes también están aislados de los postes. Hay que destacar la importancia de los aisladores que hay entre las ménsulas y los tirantes de un lado, y los postes de la otra, ya que impiden el paso de la corriente eléctrica hacia los postes y, en consecuencia, hacia tierra.

En algunas zonas donde existen diversas vías paralelas, para simplificar las instalaciones de alimentación eléctrica, en lugar de emplear un poste para cada vía se emplean los pórticos de catenaria. Consisten en dos postes, situados en los lados exteriores de las vías, unidos entre ellos. Esta unión puede ser funicular (mediante cables) o rígida (mediante una viga metálica). En este caso, las ménsulas y los tirantes se sujetan al sistema funicular o a la viga rígida que une ambos postes de soporte.

En los túneles, la catenaria no necesita postes, porque cuelga directamente del techo. Normalmente no hay ménsulas y el hilo sustentador cuelga de la bóveda del túnel mediante un elemento aislante. Sí que hay, en cambio, tirantes.


## 3.1.1.3   Elementos auxiliares

Los postes soportan directamente otro conductor eléctrico, que es el hilo de alimentación o *feeder*. Se encarga de transportar la energía procedente de las subestaciones y, cada cierta distancia, también de alimentar el hilo de contacto. Así se garantiza que la tensión eléctrica siempre tendrá un valor constante a lo largo de las líneas.

Como el hilo sustentador y el de contacto están fabricados con metales y estos sufren los efectos de la dilatación y la contracción, en función de la temperatura ambiente, la catenaria dispone por lo general de un sistema de compensación mecánica. Básicamente, está constituido por secciones de catenaria de una longitud de entre 1 y 1,5 km, firmemente sujetadas por su centro, y tensadas por sus extremos mediante unos contrapesos que cuelgan de unas poleas. Cada sección se dilata y encoge a su antojo. Pero, por el efecto de los contrapesos, siempre se mantendrá en tensión, evitando así que los hilos tengan ondulaciones que serían muy perjudiciales para el correcto funcionamiento de los pantógrafos.

Finalmente, debe hacerse notar que la catenaria no sigue completamente el eje de la vía sobre la que va montada. Para evitar un excesivo desgaste del mismo punto del pantógrafo de los trenes, en los tramos de vía recta se monta con un descentramiento alternativo a un lado y otro del eje de la vía; cada poste de soporte consecutivo tiene los tirantes montados a un lado o al otro. En las curvas, como los tramos de catenaria entre cada poste de soporte son rectos, no es preciso añadir esta ondulación.

### 3.1.2   *Subestaciones y telemando*

La energía eléctrica que alimenta la catenaria proviene de unas instalaciones llamadas subestaciones transformadoras. Cada subestación contiene uno o diversos grupos transformadores (y, a veces, también rectificadores). Estos grupos reciben corriente a tensión alterna elevada (varios miles de voltios) de la red general de distribución y la transforman en una corriente con un valor de tensión constante que es el que suministran a la catenaria. En función del tipo de electrificación decidido, las subestaciones se instalan a menor o mayor distancia entre ellas. En corriente alterna la tensión es mayor y, por tanto, se espacian más las subestaciones, mientras que en corriente continua, con tensiones menores, las subestaciones se disponen más próximas y, por consiguiente, hay mayor número de ellas. Por este motivo, en la actualidad se considera mucho más económica para grandes trayectos la tracción eléctrica con corriente alterna, generalmente de 25.000 V y 50 Hz.

Las subestaciones transformadoras disponen de aparatos para conectar y desconectar sus grupos transformadores a la red general de distribución y a la catenaria, además de diversos equipos de protección. Todos estos aparatos y equipos son generalmente controlados a distancia desde un centro de mando de subestaciones, que verifica todas las instalaciones de una línea. Estos centros también pueden abrir y cerrar los interruptores que proporcionan alimentación a las diferentes secciones de catenaria llamados *seccionadores*, pudiendo así aislar independientemente cada sección.

### 3.2   *Señalización y telecomunicaciones*

La circulación de los trenes se apoya sobre dos conceptos fundamentales que, en orden de importancia, son la seguridad y la regularidad. La seguridad en la circulación se garantiza mediante las instalaciones de señalización, que comprenden las señales luminosas que dan órdenes a los maquinistas, así como los sistemas de enclavamiento que aseguran que en las vías no se produzcan movimientos incompatibles entre sí. También comprenden los sistemas que garantizan que las órdenes de las señales son correctamente ejecutadas por los maquinistas, deteniendo el tren en caso contrario, y que se denominan en argot técnico *sistemas de protección de trenes*.

El escaso rozamiento entre la rueda y el carril, que constituye la gran ventaja del ferrocarril a la hora de mover grandes cargas con relativo poco esfuerzo y consumo de energía, supone un inconveniente cuando de lo que se trata es de detener un tren en marcha. Por ello, el frenado en el ferrocarril es una técnica muy especializada y característica de este medio y, por el mismo motivo, también la señalización ferroviaria. Las órdenes de modificación de velocidad o de detención deben darse con mucha antelación y a distancia suficiente para poder ejecutarse con seguridad. El espacio entre trenes consecutivos también debe responder a estas características, por lo que la línea tiene que dividirse en cantones de bloqueo, que sólo pueden ser ocupados por un tren, como principio básico de seguridad.

Todo ello ha motivado que la señalización en el ferrocarril sea un sistema complejo y, aún peor, que cada Estado haya desarrollado su reglamentación particular, totalmente diferente una de otra, lo que constituye una de las mayores barreras para la interoperabilidad de los trenes en Europa. El desarrollo de un sistema unificado que se superponga a los sistemas estatales es la gran apuesta europea para superar este enorme inconveniente. Se trata del *european rail traffic management system* o ERTMS, aunque su aplicación está resultando muy lenta y costosa, así como no exenta de dificultades técnicas entre los equipos de vía y de vehículo, supuestamente interoperables con independencia del fabricante.

En tanto no exista una aplicación amplia del sistema, las locomotoras que tengan que circular por más de una administración ferroviaria, deben equipar tantos sistemas de protección como estados necesiten atravesar, lo que encarece notablemente el coste de los vehículos, disminuye su fiabilidad e incrementa sus costes de conservación. La rigidez del mercado es tal que, hasta el momento, se sigue mayoritariamente aplicando el cambio de locomotoras en las fronteras europeas con algunas excepciones notables entre Holanda, Alemania, Austria, Suiza e Italia, así como entre Portugal y España en los trenes de operadoras privadas.

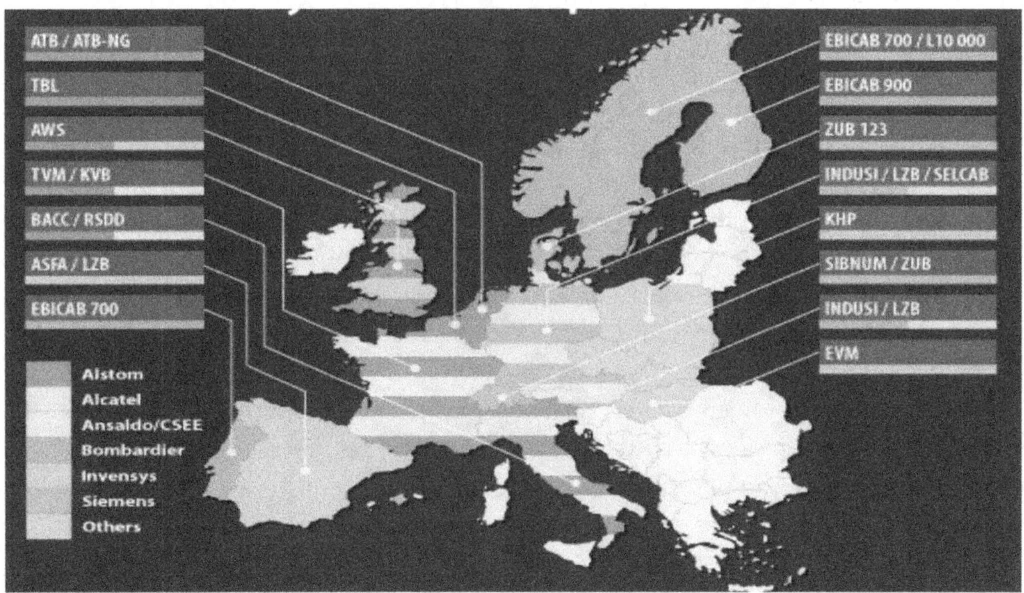


*Figura 21. Los distintos sistemas de supervisión de marcha de los trenes constituyen uno de los mayores obstáculos para la interoperabilidad en Europa. El sistema de señalización ERTMS establece un único sistema común de protección de trenes.*

Si bien los sistemas de señalización en estaciones, es decir los enclavamientos, no presentan rasgos relevantes para el transporte de mercancías, los que equipan los trayectos entre estaciones, es decir los de bloqueo, tienen una importancia capital en la capacidad de una línea, y por tanto en la capacidad de transporte de esa línea.

En las líneas de vía única, los trenes deben circular alternativamente en ambos sentidos por la misma vía, por lo que resulta relevante disponer de unas instalaciones de señalización con mando centralizado que eviten el posible error humano entre los jefes de circulación situados en las estaciones y permitan a un solo operador de tráfico tomar todas las decisiones relativas a qué trenes deben circular y cuándo, coordinando la circulación bajo criterios de máxima seguridad y regularidad posibles. Este objetivo es el requisito originario de los actuales controles de tráfico centralizado o CTC. A fin de optimizar la capacidad de las líneas, es frecuente la formación de «baterías de trenes» de igual velocidad entre otros de diferente velocidad, por ejemplo varios mercancías lentos a distancia mínima entre ellos, para dejar paso luego a los trenes más rápidos de viajeros. Cuando entre dos nodos de la red se dispone de varias líneas de vía única también es frecuente recurrir a lo que se ha dado en llamar «doble vía virtual», haciendo circular todos los trenes de un sentido por una línea y los del sentido contrario por la otra. Un ejemplo de ello es el caso de las líneas entre Barcelona y Zaragoza, entre las que los trenes que salen de la primera circulan vía Mora la Nova y los que llegan circulan vía Lleida.

El CTC al que hemos aludido se originó en Estados Unidos y fue importado a Europa durante la Segunda Guerra Mundial. Este sistema es el mejor dispositivo para mejorar la capacidad de tráfico y la fluidez en líneas de vía única. Cuando el control centralizado del tráfico no existe, es necesario regular la circulación desde cada estación mediante autorizaciones telefónicas lo que produce una drástica disminución de la operatividad y, por tanto, de la capacidad de la línea. Un ejemplo representativo y ciertamente desgraciado es la gestión fronteriza cuando aún se realiza por teléfono, lo que también provoca una gran falta de regularidad en el tráfico internacional.

Las líneas dotadas de doble vía suelen disponer de bloqueo automático además de CTC, lo que permite una rápida sucesión de trenes en el mismo sentido, así como una gran agilidad en la sucesión de distintos tipos de trenes, viajeros y mercancías, de diferentes velocidades.

Precisamente el problema de las diferentes velocidades entre trenes de viajeros y de mercancías, así como la pérdida de tiempo que supone la detención y arranque de un pesado tren mercante en una vía de apartado para dar paso a otro tren rápido de viajeros, ha llevado a la invención de lo que se denomina técnicamente la *vía doble banalizada*. Se denominan así aquellas líneas cuyas instalaciones de señalización, dependientes de un mando centralizado, es decir dotadas de un CTC que regula la vía doble, permiten la circulación en ambos sentidos por ambas vías. Ello admite los denominados *adelantamientos dinámicos*, en los que un tren de mercancías que circula, por ejemplo, a 80 km/h, es rebasado por uno de viajeros a 140 km/h por la otra vía, en un momento de la jornada en que no hay circulaciones en sentido contrario. Esta técnica se utiliza, por ejemplo, en las rampas prolongadas, como las del túnel del Gotardo o el de Lötschberg, en Suiza.

De todo lo visto se deduce que la instalación que más conviene a los grandes corredores de tráfico es la doble vía banalizada con CTC, electrificada.

En los grandes apartaderos industriales, la señalización ferroviaria también incrementa la productividad, ya que al instalar enclavamientos se pueden efectuar los movimientos de maniobras, formación y descomposición de trenes mediante itinerarios protegidos por señalización, cambios de agujas motorizados y gestión de los movimientos de vehículos de modo centralizado, coordinando mejor las operaciones del personal a pie de vía. Las grandes factorías metalúrgicas o químicas, como SEAT en Martorell (Barcelona), o la refinería de Escombreras en Cartagena (Murcia), disponen de apartaderos completamente señalizados que son como verdaderas terminales ferroviarias de línea general.

Para poder gestionar la circulación de trenes con seguridad y regularidad, así como para solucionar cualquier incidencia que pueda surgir en los trenes y en las estaciones, se dispone de diversos sistemas de telecomunicaciones internos de la red ferroviaria.

La red de telefonía interior comunica todas las estaciones, apartaderos y apeaderos y el CTC, así como otras dependencias de la red. De una manera más local, cada estación o apartadero dispone de una red de teléfonos de campo, situados al pie de los desvíos y de las señales, que permiten la comunicación entre los agentes de los trenes o de maniobras y los jefes de estación.

Adicionalmente, existen los sistemas de radiotelefonía denominada *tren-tierra* que permite comunicar los vehículos en movimiento con los puestos de control de la circulación. Dentro de este sistema se está implantando un modelo para Europa, mediante la red GSM-R *(global system for mobile communications-railways)*, cuyas frecuencias GSM solo son usadas por compañías ferroviarias. También se halla muy extendido el uso de la radiotelefonía para maniobras, lo que permite agilizar en gran medida los movimientos en las estaciones y los apartaderos, al tiempo que incrementa notablemente la seguridad al evitar malentendidos entre agentes al realizar señales manuales y permite reducir la dotación de las brigadas de maniobras.

## 4    La gestión de la infraestructura

### *4.1   Los efectos de la liberalización del sector*

La voluntad de acometer la reforma de los ferrocarriles llevó a la Comisión Europea a publicar diversos paquetes normativos que obligaron a adaptar la legislación de los estados de la Unión Europea de forma correspondiente. Así, con la intención de asegurar la competencia en el sector y terminar con los monopolios de las compañías estatales, se reguló la separación entre la administración de la infraestructura ferroviaria y las operaciones que se realizaban sobre ella, impidiendo que un administrador de infraestructura pudiese a su vez ser su operador. Este proceso, conocido como liberalización del sector ferroviario, abrió las puertas a empresas operadoras privadas para competir con las estatales, también llamadas *incumbentes* en la normativa.

Una de las consecuencias inmediatas fue que los gestores de la capacidad, es decir quienes asignan las marchas de los trenes, debían atender a diferentes operadoras en un contexto de transparencia y no discriminación, lo que no siempre se ha producido de forma fluida en algunos países.

En la situación actual, el administrador de la infraestructura recibe las solicitudes de capacidad de los diversos operadores, incumbente y privados, y asigna los surcos de marcha de acuerdo con la capacidad de la línea, tratando de compatibilizar los servicios de viajeros de cercanías, regionales y larga distancia con los de mercancías. Ello se ejecuta mediante un procedimiento establecido por el administrador, con la ayuda de portales informáticos, a los que tienen acceso las operadoras con licencia, en los que solicitan los surcos de marcha idóneos para sus tráficos, iniciándose a continuación un proceso iterativo hasta alcanzar un acuerdo posibilista de hoja de marcha para un tren –o trenes– dado.

## 4.2   *Tráfico mixto*

En líneas muy transitadas con trenes de diferentes velocidades, se plantea la necesidad de fijar unas velocidades mínimas, dado que la mayor capacidad se obtiene consiguiendo velocidades lo más similares posible y, por el contrario, trenes con muy baja velocidad son auténticos depredadores de surcos de marcha, con la implicación que ello tiene para la capacidad global de la línea.

Por ejemplo, un tren de 1.200 t remolcado por una locomotora de 2,4 MW puede circular por una línea con rampa de 20 milésimas y curvas de radio 400 m, ya que el esfuerzo resistente del tren, de alrededor de 300 kN, posibilita una velocidad de 8 m/s, es decir, alrededor de 30 km/h. Pero esa velocidad puede ser incompatible con el adecuado uso de la infraestructura, puesto que supone una ocupación del tramo excesiva para una gestión racional del tráfico, dado que ocupa demasiado tiempo los cantones de circulación.

En ese tipo de situaciones, es normal que se establezcan velocidades mínimas que, lógicamente, se trasladan de inmediato a la capacidad del tren. En el ejemplo descrito, si la velocidad mínima impuesta fuera de 72 km/h, es decir, 20 m/s, la locomotora citada tan sólo podría disponer de un esfuerzo de 120 kN, y remolcar con ello no más de 300 t.

Cuando en un corredor de tráfico existen varias líneas disponibles para el tráfico de viajeros y mercancías, resulta siempre aconsejable especializarlos para uno u otro tipo de tráfico. Existen varios ejemplos notables de este modelo, como el corredor del Ródano, con dos líneas de doble vía en sus orillas derecha e izquierda, siendo una de ellas dedicada a mercancías. O también en el Rhin, entre Colonia y Mannheim.

Bajo circunstancias especiales de tráficos o de dedicación exclusiva, o casi, a tráficos de mercancías, el administrador de la infraestructura puede permitir velocidades menores y mayor ocupación de la vía, a fin de incrementar la capacidad de transporte en la línea.


## 4.3   La regulación del tráfico

La coordinación del tráfico en la red ferroviaria se lleva a cabo desde los puestos de mando, que suelen coincidir con la ubicación física de los puestos de CTC. La conjunción en un lugar físico del control centralizado de las señales y desvíos de una línea con el punto de toma de decisiones relativas al tráfico (apartado de trenes, avances, cruces, resolución de imprevistos) permite la gestión diaria de un sistema, totalmente diferente de la carretera, en el que el movimiento de los móviles debe establecerse con exactitud fijando una ruta determinada para cada uno de ellos.

Sin embargo, las normas reglamentarias establecidas para la circulación de trenes también inciden en la capacidad de transporte, pues se fijan prioridades y reglas que suelen priorizar a los trenes de viajeros sobre los de mercancías. Entonces, la misión de los reguladores de tráfico es prever los conflictos y tomar medidas para evitarlos, lo que se suele traducir en que el avance de los trenes mercantes sea dificultoso porque son detenidos y apartados para asegurar la regularidad del tráfico de viajeros.

Afortunadamente, la puesta en servicio de corredores dedicados a la alta velocidad ha permitido, aunque a un coste muy elevado para la colectividad, liberar capacidad en las líneas convencionales que ahora sólo atienden al tráfico regional de pasajeros y de mercancías.

En la práctica, el gestor de infraestructura dispone de un manual de asignación de capacidades mediante el cual el órgano de planificación del tráfico va ajustando su plan de tráfico hasta el día D en que este pasa del planificador al gestor, encargado de ejecutar dicho plan de circulaciones y atender imprevistos e incidencias.


## 4.4   Las bandas de mantenimiento

Otro elemento que disminuye la capacidad de transporte son las necesarias operaciones de mantenimiento que deben ejecutarse en las líneas y que requieren cortes del tráfico de varias horas para poder desplegar el complejo conjunto de medios materiales y humanos necesarios para esas labores. Piénsese en operaciones como el mantenimiento de la

*Figura 22. Las bandas de mantenimiento son franjas horarias de la jornada en las que una o las dos vías de un trayecto quedan cerradas a la circulación de trenes para efectuar tareas de conservación o sustitución. Ello afecta a los surcos de marcha al imponer paradas prolongadas a los trenes.*

vía férrea, que requiere de al menos dos máquinas pesadas y su equipo humano para alcanzar productividades razonables, el regado auxiliar de balasto con trenes de trabajo, la sustitución de carriles o desvíos, y las instalaciones de señalización. Análogamente, para la electrificación también se precisan medios pesados así como severas medidas de seguridad (corte de tensión, apertura de seccionadores, puesta a tierra, etc.).

En general, los trabajos de conservación y reparación de infraestructura requieren de «ventanas» de trabajo no inferiores a cuatro horas para permitir rendimientos adecuados. Estas ventanas temporales son las denominadas *bandas de mantenimiento*, durante las que no se permite la circulación por una línea, ya que esta se entrega a las unidades de mantenimiento para la ejecución de trabajos. Es lo que se denomina técnicamente *régimen de interceptación*. Este proceso parte una programación cuidadosa en la que se determinan todos los trabajos necesarios que se han de realizar, se coordinan las zonas, denominadas en argot *tajos*, y las ventanas de ocupación de cada tajo, procurando compatibilizar a todas las brigadas de cada labor técnica, así como limitar al mínimo posible la interrupción del tráfico.

En las líneas de vía doble se procura, si la naturaleza de los trabajos lo permite, dejar una vía expedita para el tráfico en ambos sentidos mediante las prácticas reglamentarias, denominadas *vía única temporal* y *circulación a contravía*. Ello permite que la línea funcione ininterrumpidamente aunque con afectaciones a la capacidad nominal de transporte de la vía doble, durante el plazo de ejecución de los trabajos.

Sin embargo, en las líneas de vía única, muy comunes en algunas redes, como la española, la banda de mantenimiento obliga a un cierre total durante su tiempo de ejecución.

Cuando se requieren lapsos de trabajo más largos y el tráfico es relativamente escaso, aquellos pueden realizarse *en régimen de intervalo*. Bajo este concepto, se permite el tráfico de trenes por la zona de trabajo, con las debidas precauciones y marcha reducida. Posteriormente, una vez ha pasado el tren, se reanudan los trabajos hasta la siguiente circulación.

## 5  La gestión de capacidades en la Unión Europea

### 5.1  La declaración de red

Con el objetivo de que todas las empresas ferroviarias puedan conocer las características de la infraestructura y las condiciones que el administrador de la misma impone para que se presten servicios ferroviarios en ella, se elabora la declaración de red con carácter anual y, en España, conforme a la competencia establecida en el artículo

*Figura 23. La solicitud de surcos internacionales a través de varios países puede efectuarse a través de la ventanilla única del portal RailNet Europe.*

21.1 f) de la Ley del Sector Ferroviario y en respuesta a las exigencias derivadas de los paquetes legislativos comunitarios en materia de liberalización del sector ferroviario. Una vez aprobada, se publica en el Boletín Oficial del Estado (BOE) para que cobre pleno vigor.

El documento figura en el portal web de cada administrador de infraestructuras y contiene toda la información necesaria para la utilización de los derechos de acceso, garantizando la transparencia y el acceso no discriminatorio a la infraestructura ferroviaria de todos los candidatos.

Dicho documento recoge las características principales de la infraestructura disponible en el momento, e informa sobre la capacidad de cada tramo de la red y sobre sus condiciones de acceso. Igualmente, detalla las normas generales, los plazos, procedimientos y criterios que rigen en relación con la adjudicación de capacidad, y los cánones y principios de tarificación que se deben aplicar por la utilización de las infraestructuras ferroviarias, así como por la prestación de los diferentes servicios a las empresas ferroviarias.

La estructura de la declaración de red española se adecua a lo recogido en la Orden FOM/897/2005, de 7 de abril, relativa a la declaración sobre la red y al procedimiento de adjudicación de capacidad de infraestructura ferroviaria. A su vez, es coherente con la estructura normalizada acordada en el seno de la Rail Net Europe (RNE),[2] para mayor facilidad de las empresas ferroviarias y los demás candidatos, especialmente de los tráficos internacionales. Con ello se consigue la máxima transparencia posible en los procedimientos de acceso a la infraestructura, de manera que las empresas clientes que operen en el tráfico internacional reconozcan un mismo hilo conductor en las declaraciones sobre la red de los distintos administradores de la infraestructura. Con arreglo a este principio, este documento de la declaración de red se estructura en seis capítulos:

1. Información general.
2. Condiciones de acceso.
3. Descripción de la red.
4. Adjudicación de capacidades.
5. Servicios del ADIF.
6. Cánones y tarifas.

---

[2] Rail Net Europe (RNE) es la organización europea dedicada a asignar la capacidad para toda clase de tráfico ferroviario internacional, de acuerdo con las leyes y los reglamentos nacionales y de la Unión Europea.

Existen además distintos anexos en los que se agrupa toda la información que puede ser objeto de frecuente actualización, incluyendo asimismo contenidos meramente informativos. Adicionalmente, existe un documento complementario a la DR denominado *manual de capacidades* (MC), en el que se detallan las normas específicas de asignación de capacidades aplicables en cada línea de la red.

## 5.2 Los cánones por uso de la infraestructura

Desde el punto de vista de la normativa de la Unión Europea, los cánones ferroviarios se articulan a través de la Directiva 2001/14/CE, modificada por las directivas del Parlamento Europeo y del Consejo 2004/49/CE, de 29 de abril, y 2007/58/CE, de 23 de octubre de 2007.

La implementación de los cánones para el uso de la infraestructura dista de ser homogénea en Europa y se ha visto influida por los gobiernos de cada Estado hasta el punto de ofrecer enormes disparidades, muy lejanas de la supuesta homogeneización que la UE propugnaba. A continuación, se recogen de modo resumido las principales características de los modelos tarifarios del canon de red en algunos de los países europeos.

- **Francia**
  - Canon de acceso fijo anual que se aplica únicamente a los trenes regionales de la red convencional. Es un valor distinto para cada una de las 22 regiones administrativas del país, al margen de los territorios de ultramar.

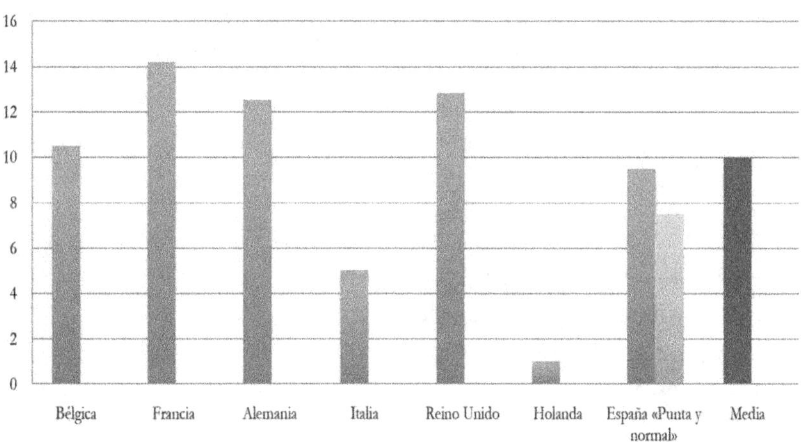


*Figura 24. Comparación de cánones sobre el uso de la infraestructura ferroviaria en algunos países de la Unión Europea.*

- Canon de reserva en €/tren-km que se compone de un importe base multiplicado por cuatro factores. El importe base depende de la categoría de la ruta y de la franja horaria.
- Canon de circulación en €/tren-km dependiendo del tipo de tren.

- **Alemania**
  - Un importe en €/tren-km que depende del tipo de línea que se multiplica por factores según el tipo de servicio y la región, por un multiplicador para las rutas congestionadas y por otro multiplicador para velocidades inferiores a 50 km/h.
  - Un cargo fijo por cada preparación de oferta no aceptada y uno por cancelación que depende de la antelación.
  - Por desempeño, un cargo por cada minuto de retraso relevante.
  - Se contemplan descuentos a los costes administrativos para promocionar nuevas rutas o servicios o rutas infrautilizadas.

- **Gran Bretaña**
  - Canon de acceso fijo para cada franquicia.
  - Canon de reserva como un importe en €/tren-km específico para cada servicio en cada franquicia y diferenciando entre día de semana o de fin de semana.
  - Canon de circulación como un importe en €/tren-km específico para cada clase de vagón o locomotora.
  - Se consideran *bonus* o penalizaciones por el cumplimiento de los niveles de desempeño acordados con el gestor de la infraestructura.

- **Italia**
  - Canon de acceso calculado como una media ponderada del mínimo entre el acceso a cada sección principal y secundaria de la red y el nodo.

## 5.3  *El caso específico de España*

La Ley 39/2003 del Sector Ferroviario parte de un mercado de operación libre, donde la eficacia en la explotación de la red ferroviaria y la garantía de la competencia en iguales condiciones son los principios que han de guiar la fijación del canon. Posteriormente, en el desarrollo de la Ley del Sector Ferroviario, el diseño detallado del canon se hace mediante dos órdenes ministeriales:

- Orden FOM/897/2005, de 7 de abril, relativa a la declaración sobre la red y al procedimiento de adjudicación de capacidad de infraestructura ferroviaria.

– Orden FOM/898/2005, de 8 de abril, por la que se fijan las cuantías de los cánones ferroviarios establecidos en los artículos 74 y 75 de la Ley 39/2003.

De esta última derivan la Orden FOM/3236/2010, de 13 de diciembre, y la Orden FOM/3852/2007, de 20 diciembre.

Debido a la configuración del canon como una tasa, hay que recordar que se rige conforme a la legislación específica, que su modificación debe hacerse mediante ley y que tiene que seguir los principios de equivalencia y capacidad económica, salvo en el caso de modificación de elementos y criterios de cuantificación que, no estando recogidos en la Orden FOM 898/2005, sí se prevén en el artículo 74 de la Ley 39/2003.

Así pues, los cánones son tasas que Adif recibe por la prestación de servicios ferroviarios o por la utilización de las líneas ferroviarias integrantes de la Red Ferroviaria de Interés General. En dicho precepto se recogen las cuantías exigibles, su repercusión y devengo, y su régimen de liquidación y pago, distinguiendo entre sus distintas modalidades previstas en la Ley del Sector Ferroviario. Dichas modalidades diferencian cánones por acceso, por reserva de capacidad, por circulación y por tráfico.

Existen, además, las tarifas por la prestación de servicios adicionales, complementarios y auxiliares. Son precios privados cuyo importe se fija en función del tipo de actividad, de su interés ferroviario y de su relevancia económica, así como del coste del servicio. Las características de estos servicios son las siguientes:

- **Servicios adicionales**
    - Acceso de trenes a instalaciones.
    - Expedición de trenes desde instalaciones.

Se prestan siempre por Adif, que está obligado a su prestación a solicitud de las empresas ferroviarias, con las tarifas aprobadas por el Ministerio de Fomento. Se consideran servicios que incluyen únicamente operaciones asociadas a la gestión de los sistemas de control, circulación y seguridad de la infraestructura ferroviaria.

- **Servicios complementarios**
    - Operaciones sobre el material asociadas al acceso o expedición de trenes.
    - Operaciones de acceso a instalaciones exteriores sin vehículo de maniobras.
    - Operaciones de acceso a instalaciones exteriores con vehículo de maniobras.
    - Maniobras en instalaciones sin vehículo de maniobras.
    - Maniobras en instalaciones con vehículo de maniobras.
    - Manipulación de unidades de transporte intermodal.
    - Suministro de la corriente de tracción.

- Suministro de combustible.
- Transportes excepcionales.

Los puede prestar Adif, que queda obligado a prestarlos a solicitud de las empresas ferroviarias cuando los tenga ofertados en su declaración de red. Los pueden prestar las empresas ferroviarias para sí mismas y las empresas prestadoras que dispongan del título habilitante, y en ambos casos, estableciendo con Adif un contrato de disponibilidad de espacios y uso de instalaciones y medios. Es el Ministerio de Fomento el que aprueba la tarifa. Están identificados, entre otros, los servicios de maniobras y cualquier otro relacionado con las operaciones sobre el material ferroviario.

- **Servicios auxiliares**
  - Facturación comercial.
  - Pesaje de vagones.
  - Suministro de arena.
  - Trasbordo de carga completa en las instalaciones de Adif.
  - Almacenaje de unidades de transporte intermodal.
  - Planificación de acarreos e información al cliente.
  - Apoyo a la admisión o el envío de trenes y circulaciones en régimen de maniobras a las instalaciones o desde estas.
  - Modificaciones y adaptaciones de la infraestructura ferroviaria para transportes excepcionales.

Los puede prestar Adif, pero no está obligada a ello. Los pueden prestar las empresas ferroviarias para sí mismas y las empresas prestadoras sin precisar del título habilitante, y en ambos casos, estableciendo con Adif un contrato de disponibilidad de espacios y uso de instalaciones y medios. Los precios de aplicación serán acordados entre las partes. En cualquier caso, estos servicios estarán sujetos, en lo referente a prestaciones y precios, a los contratos que se establezcan entre Adif y sus clientes.


## 6   Los temas pendientes

Para concluir este capítulo, y tras analizar los factores de la infraestructura que intervienen en la eficiencia del tráfico de mercancías ferroviario, parece adecuado hacer referencia a los grandes temas pendientes que sobrepasan a la gestión diaria y que resultan cruciales para un futuro desarrollo del sector.

No se trata de temas nuevos, sino largamente debatidos y reivindicados en numerosos foros. Sin embargo, la tibia respuesta que por parte de diversas administraciones y

*Figura 25. La falta de apartaderos industriales, también llamados derivaciones particulares, o el abandono de los existentes, supone una carencia esencial de la red ferroviaria española y una de las principales causas de la pérdida de cuota modal para el ferrocarril.*

gobiernos se ha dado al transporte de mercancías por ferrocarril, obliga una vez más a citarlos como factor crítico. Entre ellos destacamos:

— El acceso del ferrocarril a los puertos comerciales de interés general.
— La falta crónica de derivaciones particulares y ramales de conexión.
— La desaparición de instalaciones técnicas para el tratamiento del tráfico, como las estaciones de clasificación.
— La problemática del ancho de vía.

Junto a ellos, existe otro grupo de temas no resueltos en el ámbito de la legislación y la normativa que bien pudieran hacer mucho más fácil la gestión de las empresas operadoras ferroviarias. Cabe destacar la necesaria mayor desregulación del sector, la reducción de la complejidad normativa, evitar la competencia desleal de los incumbentes, poniendo a disposición del resto de operadoras el parque en subactividad, y flexibilizar el acceso de nuevas operadoras locales para ganar el mercado de los de vagones aislados y los lotes de vagones inferiores al tren completo, lo que se conoce como vagón disperso, que se ha dado por perdido. Son todas medidas que no cuestan dinero, ni conllevan grandes inversiones en infraestructuras, pero que son absolutamente necesarias para la supervivencia del sector.


## 6.1   *Problemática del acceso a los puertos*

El abandono general de las instalaciones para el tráfico ferroviario de mercancías también ha afectado a las conexiones de la red con los puertos. El incremento de la capacidad de tratamiento de estos se ha visto comprometido a menudo por la falta de conexiones ferroviarias eficientes. Entre ellas no sólo hay que considerar las vías de muelle, sino muy especialmente las playas de tratamiento de composiciones de vagones y los haces de recepción y expedición hacia la línea general.

Se hace a menudo hincapié en las vías de muelle para el tráfico intermodal de contenedores, pero no deben olvidarse las específicas para terminales especializadas en automoción, para buques de manutención horizontal o *ro-ro*, o las de graneles y productos químicos y petrolíferos.

Una gestión eficiente de las redes ferroportuarias exige distribuir las playas de tratamiento y sus líneas de conexión de modo que no se colapse su capacidad, a causa de largas ocupaciones y maniobras en las vías generales.

Los procesos reglamentarios requeridos para transformar un conjunto de vagones en un tren apto para circular por la red en las adecuadas condiciones de frenado, seguridad y regularidad precisan de haces de recepción y expedición, en donde se verifican tales labores.


## 6.2   *La falta de derivaciones particulares*

En los últimos años se ha producido en las empresas operadoras ferroviarias, privadas o no, un sesgo importante hacia el transporte intermodal, hasta implantar esta modalidad para todo aquello que no fueran automóviles, incluyendo en ocasiones hasta graneles y productos químicos. Con esta política, se asume que deben existir acarreos en origen y destino, con su coste asociado, su manipulación y la convicción de que el servicio puerta a puerta resulta imposible para el ferrocarril.

Sin embargo, ciertos tráficos, aquellos que permiten una programación con antelación suficiente, aportan flujos regulares y el tiempo de viaje no es crítico, puesto que el tiempo de transporte se computa como tiempo de almacenamiento en la cadena logística del producto, son muy susceptibles de ser encaminados por ferrocarril puerta a puerta, bajo la condición de que exista conexión a la factoría del proveedor y a la del consumidor.

Para ello resulta imprescindible que existan derivaciones particulares (ramales o vías de conexión) a las industrias susceptibles de este tipo de tráficos: petroquímicas, cementeras, canteras, papeleras, siderúrgicas, así como de todos aquellos sectores, especialmente las manufacturas metalúrgicas, en cuya logística se pueda sacar provecho de envíos mayores a los de un camión completo. Como ejemplo pueden citarse las empresas de grandes electrodomésticos (gama blanca) en las que pueden producirse fácilmente envíos de lotes de vagones.

El caso particular de los transportes de combustibles es especialmente ilustrativo. Este transporte se realizó durante muchos años por ferrocarril, dadas las mejores condiciones de seguridad, hasta que fue totalmente abandonado a favor de los oleoductos y la distribución por carretera. Sin embargo, la flexibilidad del ferrocarril en cuanto a orígenes y destinos no puede ser ofrecida por una infraestructura fija como la del oleoducto, sin tener además en cuenta su impacto ambiental en el territorio. Y esto es exactamente lo que ha sucedido en Estados Unidos. El tren va a ayudar a liberar los cuellos de botella que sufren los oleoductos: el pedido de petróleo con fecha de entrega para finales de 2014 equivale a dos veces la capacidad del controvertido oleoducto Keystone XL, proyectado para conectar los yacimientos de la provincia canadiense de Alberta con puertos del golfo de México.

Según datos de la Asociación de Ferrocarriles Americanos (AAR), en 2012 se movieron más de 200.000 tanques de petróleo, comparados con los 66.000 del año anterior. Burlington Northem Santa Fe (BNSF) confiaba en incrementar en un 40 % el transporte de crudo en 2013.

La dificultad que tienen las petroleras para abrir nuevos oleoductos es lo que permite crecer al ferrocarril, según directivos de la firma Rail Theory Forecasts. El 40 % de los pedidos de nuevos vagones tanque, por ejemplo, procede de compañías canadienses ansiosas por vender su petróleo a refinerías ubicadas en el golfo de México y en la costa este estadounidense.

El oleoducto es la opción más barata y eficiente, pero al mismo tiempo es más difícil hacerlo llegar a las grandes áreas metropolitanas. Por eso los analistas opinan que no queda otra opción que convivir en la cadena de suministro con el ferrocarril.


## 6.3   *La falta de instalaciones y servicios para el vagón disperso*

El apartado anterior está asociado a las instalaciones técnicas que toda red ferroviaria estatal precisa para una gestión adecuada de los lotes de vagones que forman el denominado *plan de transporte de vagón disperso*, por contraposición al *plan de transporte de trenes completos*.

Se trata de las estaciones de clasificación que se sitúan estratégicamente en los nodos de la red para dar una completa cobertura territorial a su zona. El problema recurrente

*Figura 26. Para que el ferrocarril no quede condenado únicamente al tráfico de trenes completos de origen a destino, deben conservarse las instalaciones técnicas que permiten el tráfico de trenes multicliente a través de lotes de vagones, como las estaciones de clasificación.*

de las estaciones de clasificación ha sido y es su elevado coste de explotación, al tratarse de complejos ferroviarios extensos y muy sofisticados técnicamente, que requieren enormes inversiones. A causa de ello, tienen un umbral mínimo de actividad elevado, y si el sistema no trata una elevada cantidad de vagones por día, no resulta comercialmente sostenible. Para hacer posible el tráfico de vagón disperso, los costes imputables a las estaciones de clasificación deberían ser asumidos por la Administración del Estado, en la misma forma que los son los costes de la red de carreteras y autovías, que son tratadas como una infraestructura de interés general para el transporte.

Análogamente, no existen operadoras ferroviarias lo suficientemente flexibles y económicas para realizar la concentración y dispersión de lotes de vagones entre las estaciones de clasificación y sus puntos de origen y destino. Las operadoras del sector privado surgidas de la liberalización se han ido especializando en los mismos tráficos que el incumbente: el de trenes completos de origen a destino. Ello se debe a diversas causas, pero sobre todo a cuatro principales, que crean un círculo vicioso:

— La dificultad de acceso fácil a la red para operadoras pequeñas y flexibles, con intereses regionales y locales, especializadas en el tráfico de concentración/dispersión.

- El sistema tarifario de Adif, que grava las operaciones con vagón disperso y ahoga a los pequeños tráficos.
- El abandono del sistema de estaciones de clasificación por parte de Adif, sin siquiera ofrecer al sector privado su explotación, mediante concurso.
- Las dificultades de circulación por la red, al desmantelar numerosas vías de apartado y otras instalaciones necesarias para los trenes de mercancías.

## 6.4   *La problemática del ancho de vía y de los anchos mixtos en España*

Finalmente, es obligado citar uno de los tópicos más característicos del ferrocarril en España, nos referimos obviamente al problema del diferente ancho de vía existente entre la península Ibérica y el resto de Europa.

El discurso tradicional, en el que se afirmaba que el problema del ancho de vía en las fronteras con Francia estaba resuelto satisfactoriamente, para los trenes mercantes, mediante depuradas técnicas de cambios de ejes en la frontera, ha ido desgastándose a favor de la penetración del ancho europeo hacia el interior de la Península. A ello ha contribuido especialmente la puesta en marcha de la línea entre Barcelona y Francia a través del túnel transpirenaico de Le Perthus, operado por uno de los escasos administradores de infraestructura privados de Europa: TP Ferro. Sin embargo, en el plano económico, los resultados distan de ser eficientes, pues los costes del peaje de paso por el túnel internacional, unidos a las dificultades para la circulación que se imponen a los trenes mercantes al mezclarse con trenes de alta velocidad, hacen que se siga considerando el cambio de ejes en la frontera tradicional, la de Portbou, como la solución más fiable en muchos casos.

El debate actual se centra sobre la solución que se ha de aplicar en el corredor mediterráneo, donde se constata que la solución consistente en vías de ancho mixto, mediante la instalación de un tercer carril, ha perdido detractores y se contempla para trayectos con densidades apreciables de tráfico, como los de Barcelona a Tarragona por Vilafranca y en los alrededores de Valencia.

No se trata, sin embargo, de una solución universal y resulta ciertamente asombroso ver como se ha dedicado tanta ingeniería a la vía de ancho mixto, es decir a la solución infraestructural, y han quedado tan relegadas las soluciones en los vehículos, es decir la técnica de los ejes de ancho variable. En el ámbito de las mercancías, y a pesar de que las dos grandes empresas fabricantes de esta técnica, Talgo y CAF, aseguran disponer de patentes para ejes de ancho variable para vagones de mercancías, no se han aplicado en ningún caso de forma masiva. Paradójicamente, existe una patente homologada por España y Francia, que nunca ha llegado a implantarse de modo industrial: se trata del eje OGI, desarrollado en España. Existen asimismo otros prototipos de ejes de ancho variable desarrollados en países con cambio de ancho en sus fronteras (Polonia y Bulgaria), así como un modelo desarrollado en Alemania. Por último, se halla en desarrollo un bogie de ancho variable basado en el concepto de rodal en lugar de eje, imitando el concepto popularizado por Talgo. Se trata del proyecto Angac, desarrollado por Tria Railway RD, una firma española.

Existen estudios en los que se demuestra que la complejidad técnica y las exigencias de mantenimiento de los ejes de ancho variable limitan su campo de aplicación a tráficos con recorridos inferiores a los 800 km, por lo que resulta más recomendable para mayores distancias el cambio de ejes clásico. Otro inconveniente es el mayor coste de los vagones equipados con estos ejes, lo que obliga a realizar sólo tráficos de alto valor añadido. Incluso así, existen ciertos nichos en los que, para determinados tráficos de productos singulares, podría tener aplicación el eje de ancho variable para vagones de mercancías; uno de ellos es el de automóviles terminados, o el de componentes industriales contenerizados en recorridos transfronterizos de longitud limitada.

# Capítulo 3

# Las terminales de mercancías y los aparatos de manutención

Ignacio Sanz

## 1 La terminal ferroviaria y los factores de localización

Una terminal ferroviaria de mercancías es la infraestructura que, conectada a una línea, permite iniciar, complementar o completar el transporte ferroviario mediante la ejecución de una serie de operaciones sobre el tren o sobre la mercancía que se transporta.

En la Unión Europea, el Reglamento (UE) 913/2010 del Parlamento Europeo y del Consejo de 22 de septiembre de 2010 sobre una red ferroviaria europea para un transporte de mercancías competitivo, define la terminal, en términos funcionales, como la «instalación situada a lo largo del corredor de mercancías especialmente habilitada para la carga o descarga de los trenes de mercancías, para la integración de los servicios de transporte de mercancías por ferrocarril con los servicios por carretera, marítimos, fluviales y aéreos, para la formación o modificación de la composición de trenes de mercancías, y, cuando sea necesario, para la realización de trámites fronterizos en las fronteras con terceros países europeos».

En España, la Ley 39/2003, de 17 de noviembre, del Sector Ferroviario, no ofrece una definición precisa de lo que debe entenderse por una terminal ferroviaria, recogida como terminal de carga, más allá de constituir uno de los elementos que forman la infraestructura ferroviaria.

La terminal ferroviaria es, por lo tanto, una infraestructura nodal. En este sentido, aporta un valor a la cadena de transporte ferroviaria y, por extensión, a la cadena logística de distribución, ya que permite la ejecución de uno de sus eslabones.

En la mayoría de los casos, el transporte ferroviario de mercancías precisa de otros modos de transporte, en particular de la carretera, para la fase inicial (concentración) y final (distribución), por lo que la localización de las terminales es crítica para dar sentido a la utilización de este modo de transporte. En efecto, la terminal ferroviaria supone la creación de costes en la cadena de transporte ferroviario, por lo que debe aportar más ventajas con relación a la alternativa del transporte directo de puerta a puerta. De igual manera, aporta riesgos, por cuanto supone de ruptura del transporte directo de puerta a puerta, y puede incidir en factores de calidad tales como tiempo de viaje, puntualidad, fiabilidad o seguridad.

Por otra parte, del conjunto de terminales ferroviarias que se analizan a continuación, se presta especial atención a las intermodales, es decir, aquellas que permiten la integración de modos de transporte mediante la utilización de unidades de transporte intermodal (UTI), sin que sea necesario manipular la mercancía al cambiar de un modo de transporte a otro. La razón de ello es que la generalización del uso de la UTI como elemento del transporte y su aplicación a un amplio abanico de tipos de mercancías, permite fijarse como objetivo estratégico la integración de «forma óptima de los distintos modos, permitiendo así realizar un uso eficaz y rentable del sistema de transportes mediante servicios puerta a puerta, sin fisuras y orientados a satisfacer las necesidades de los clientes, al tiempo que se favorece la competencia entre operadores de transporte» (Comunicación 97/243 de la Comisión sobre Intermodalidad y Transporte Intermodal de Mercancías en la Unión Europea).

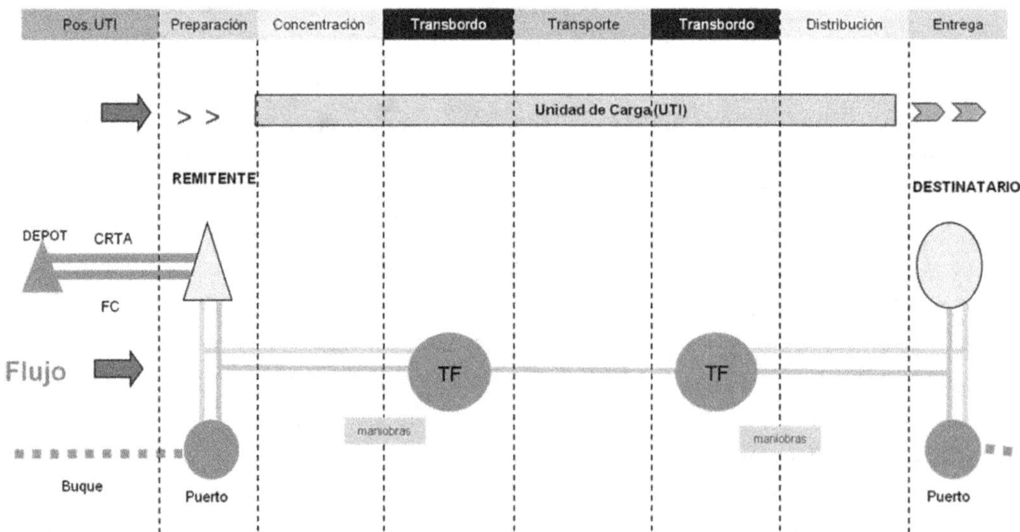


*Figura 27. Esquema del proceso de transporte ferroviario en una cadena intermodal.*

## 1.1  Tipologías de terminales ferroviarias

### 1.1.1   Por funcionalidad

Las terminales ferroviarias se pueden agrupar, funcionalmente, en dos grandes bloques: instalaciones técnicas e instalaciones logísticas o de mercancías.

#### 1.1.1.1   Instalaciones técnicas

Son las que se orientan fundamentalmente a las operaciones sobre el tren y que tienen como objetivo apoyar la ejecución del plan de transporte de una empresa ferroviaria. También se consideran instalaciones técnicas las que, tratando la mercancía transportada, tienen como objetivo complementar el ciclo logístico del transporte mediante operaciones de trasbordo. Por lo tanto, en estas instalaciones se ejecutan operaciones internas del sistema ferroviario, sin relación con el exterior de la cadena logística. Pueden servir tanto al tráfico de mercancías como al de viajeros. Sus objetivos pueden ser muy variados y entre ellos podemos encontrar los siguientes:

- **Instalaciones técnicas de concentración o tipo *hub***
  Están orientadas a permitir la concentración y dispersión de los tráficos ferroviarios procedentes de varios orígenes y con distintos destinos. Responden a la tipología de tráfico conocida como centro-radial o *hub and spoke*. Su definición y desarrollo depende de factores tales como los trayectos donde se localizan, las frecuencias de servicios que confluyen en él, la longitud de los trenes que pueden recibir o formarse, y los volúmenes de transporte que se concentran en el nodo. A su vez, pueden ir orientadas a dar servicio a tráficos nacionales o internacionales, en función de las rutas que confluyen en ella.

  En este ámbito funcional, las operaciones sobre el tren se pueden realizar mediante la clasificación de los mismos vagones, terminales de clasificación *(marshalling yards* o *shunting yards),* o mediante operaciones de trasbordo de las UTI *(gateway system).*

- **Instalaciones técnicas fronterizas**
  Se orientan a permitir el tránsito de los trenes entre las fronteras de diferentes países. Su razón de ser es la falta de interoperabilidad entre las redes de transporte, que en el caso europeo supone uno de los grandes problemas del desarrollo de los tráficos internacionales. Esta ineficiencia puede venir motivada por diferentes factores de tipo técnico sobre la infraestructura (diferencia de ancho de vía,

*Figura 28. La diferencia de ancho de vía entre la red española y la francesa obliga al trasbordo de las mercancías entre vagones. En la imagen, operación de trasbordo de un semirremolque mediante una grúa pórtico en la terminal fronteriza de Portbou (Girona).*

de electrificación, de señalización, etc.), administrativo (trámites documentales, coordinación de surcos, homologación de licencias de conducción, etc.) o culturales (falta de implantación de un idioma común).

Estos factores obligan a operaciones de trasbordo de mercancía o el intercambio de ejes o bogies de los vagones (en el caso de diferencia de ancho de vía) a cambios de locomotora (en el caso de problemas de ancho de vía, electrificación o señalización) o a cambios de conductores de tren (en el caso de falta de un idioma o de homologación de licencias de conducción).

En el caso particular de España, la diferencia de ancho de vía entre el ibérico (1.668 mm) y el estándar o UIC (1.435 mm), ha generado la necesidad de desarrollar, tanto en España como en Francia, instalaciones técnicas para el trasbordo de las mercancías (en los puntos fronterizos de Portbou e Irún) o para el intercambio de ejes de los vagones (en Cerbère y Hendaya).

Con relación a Portugal, en donde no existe diferencia en el ancho de vía, la falta de interoperabilidad entre redes, las dificultades administrativas o las diferencias culturales generaron la necesidad de crear instalaciones técnicas para facilitar el cambio de locomotoras o de conductores de tren (por ejemplo en Tui, Fuentes de Oñoro, Valencia de Alcántara o Badajoz).

- **Otras instalaciones técnicas**

  Son aquellas dedicadas a ofrecer soluciones al tren por motivos como el estacionamiento de vagones fuera de ciclo productivo, cambio de locomotora por el paso de una línea electrificada a una no electrificada o inversión de la marcha.


## 1.1.1.2   Instalaciones logísticas o de mercancías

Están orientadas fundamentalmente a las operaciones sobre la mercancía y tienen como objetivo iniciar o completar su ciclo logístico dentro de la cadena de suministro. Por lo tanto, en estas instalaciones se ejecutan operaciones con el exterior de la cadena logística del transporte ferroviario. Su tipología varía en función del tipo de mercancía que se vaya a tratar, pero básicamente se pueden agrupar en:

- **De granel**

  Son aquellas en las que se manipula la propia mercancía, sea sólida, líquida o gaseosa. En este tipo de instalaciones se atiende una gran variedad de tráficos

*Figura 29. Operaciones de descarga de carbón de un buque granelero para su carga en vagones tolva en el puerto de Tarragona.*

de sectores como minería, construcción, agricultura, hidrocarburos, metalurgia, maderero, químicos, etc. Suelen ser tráficos unidireccionales (desde el punto de extracción o fabricación hasta el punto de consumo o transformación) operados por una única empresa cargadora, por lo que es habitual que se atiendan en derivaciones particulares en donde la manipulación se resuelve con medios específicos propios.

Se pueden englobar dentro de esta categoría de instalación las que atienden mercancías transportadas en vagones convencionales, se lleven o no paletizadas, y que se pueden tratar en naves con vía propia o muelles cubiertos o descubiertos.

- **De trasbordo rodado o *ro-ro***
  Se trata de instalaciones especializadas para el transporte de vehículos de carretera mediante la técnica de trasbordo rodado de la carga o *roll on-roll off (ro-ro)*, empleando para ello rampas de acceso al tren. En este tipo de instalaciones se pueden atender automóviles o camiones, que constituyen en este último caso la modalidad de transporte conocida como autopista rodante o *Rola* (acrónimo de *rollende landstrasse)*, que se trata en un apartado de este capítulo. El tipo de instalación más extendida para estos tráficos es el conocido como *campa de vehículos*, tanto

*Figura 30. Terminal para el trasbordo rodado de vehículos desde la campa hasta el interior de vagones cubiertos portavehículos.*

para vehículos nuevos como usados, ubicada en el punto de fabricación o en el de distribución. Aquí es habitual que se lleven a cabo determinadas operaciones complementarias, asociadas a los procesos de fabricación del vehículo o los de su distribución final, mediante talleres de preparación de vehículos, mecánica rápida y chapa y pintura.

- **Intermodales**

  En ellas se lleva a cabo la manipulación de las UTI sin que se afecte a la integridad de la mercancía transportada, que permanece invariable durante todo el recorrido ferroviario. Las UTI que se tratan pueden ser contenedores, cajas móviles o semi-rremolques y, en todos los casos, se emplean medios de manipulación estandarizados, como se analizará en este capítulo.

  La generalización del tipo de mercancía que se puede transportar en una UTI y la estandarización de los procesos asociados han llevado a un rápido crecimiento de este tipo de instalaciones, razón por la que haremos un especial estudio de ellas.

## 1.1.2   Por titularidad del servicio

Las terminales ferroviarias se pueden agrupar, en función del servicio que prestan, en dos grandes bloques:

### 1.1.2.1   Servicio público

Están abiertas a todo tipo de empresas ferroviarias, cargadoras y operadores logísticos, que pueden hacer uso de ellas para atender sus propias mercancías o las de terceras empresas. El término «público» se refiere a la posibilidad de atender a terceros y no a una catalogación jurídica del servicio prestado, que por otra parte no se contempla en España en la Ley del Sector Ferroviario.

Este servicio público puede desarrollarse sobre infraestructuras de titularidad pública o privada, sin que la catalogación del servicio tenga nada que ver con la titularidad del activo sobre el que se presta.

En España, la reforma de la Ley del Sector Ferroviario, realizada a través de la Ley 25/2009, de 22 de diciembre, de modificación de diversas leyes para su adaptación a la Ley sobre el libre acceso a las actividades de servicios y su ejercicio, y de la Ley 2/2011, de 4 de marzo, de Economía Sostenible, estableció un régimen especial para las instalaciones que fueran administradas por el Administrador de Infraestructuras Ferroviarias

(Adif). Este régimen afectaba a las zonas de servicio ferroviario y aquellas otras que, estando en las citadas áreas, no estuvieran administradas por esta entidad pública, de la misma manera que también diferenciaba los servicios que se prestasen en las áreas que fueran competencia de las autoridades portuarias.

El concepto de «zona de servicio ferroviario» todavía no ha sido desarrollado e implica sin duda una gran complejidad. Eso no impide que en las instalaciones administradas por Adif se deban prestar servicios abiertos a los agentes intervinientes en la cadena de transporte ferroviario, y que además deba hacerse en condiciones de igualdad, transparencia y no discriminación.

Se puede concluir que en infraestructuras de titularidad privada se puedan prestar servicios abiertos a los agentes antes mencionados, si bien en un régimen regulatorio diferente al de las instalaciones administradas por Adif.

Este factor provoca que, en la práctica, haya instalaciones terrestres compitiendo por tráficos ferroviarios prestando un servicio público y que se encuentren sometidas a un régimen diferente entre sí. Esta situación se produce entre las instalaciones de Adif, las de las autoridades portuarias y las de infraestructura privada, entre las que podemos encontrar ejemplos como el Puerto Seco de Coslada, la Terminal Marítima de Zaragoza o la Terminal Intermodal de Monzón.

## 1.1.2.2   Servicio privado

En estas instalaciones solo se atienden tráficos ferroviarios propios del titular de la instalación.

Están relacionadas fundamentalmente con las derivaciones particulares, aunque en el punto anterior ya hemos visto que el carácter privado de una infraestructura no implica que los servicios que en ella se atienden tengan igualmente ese carácter.

## *1.2   Factores de localización*

El desarrollo de una terminal ferroviaria supone la creación de un centro de coste que, aunque necesario, interrumpe la cadena de transporte. Por este motivo, se debe tener muy presente el valor que aporta la creación de este nodo para el coste global de la cadena de suministro, de manera que la elección ferroviaria ofrezca un resultado mejor que otras alternativas, fundamentalmente la del servicio puerta a puerta.

En ese coste global intervienen poderosamente los denominados *costes de aproximación al modo ferroviario, acarreos* o *primera/última milla* cuando la terminal cumple una función de generación de tráficos, o *costes de trasbordo* o *intercambio* cuando su finalidad es la concentración de tráficos.

De esta forma, la localización de una terminal ferroviaria se convertirá en un factor de elección del modo ferroviario, aunque en muchas ocasiones se comete el error de suponer que la mera creación de la oferta supone la generación de la demanda, al no cumplir ninguna de las dos funciones antes descritas.

Por lo tanto, el punto de arranque de cualquier estudio de localización debe ser la existencia de demanda de transporte y de otros servicios complementarios o la alta posibilidad

*Figura 32.* a) *Imagen exterior de la nave de una empresa de servicios logísticos con acceso ferroviario propio.*
b) *Operación de carga de vagones en el interior de una nave.*

de generarla de forma racional. Por ejemplo, la creación de un nodo de concentración para el reparto de mercancías entre corredores ferroviarios puede suponer la aparición de una demanda de transporte específica para ese origen/destino (generación) que, de otra forma, no existiría por no existir masa suficiente que justifique la creación de ese nodo.

Los factores de localización que se deben considerar en el caso de las terminales ferroviaria son los que se describen a continuación.

### 1.2.1  *Factores críticos*

#### 1.2.1.1  Disponibilidad de suelo y coste de adquisición

Una terminal ferroviaria supone una gran ocupación de espacio al objeto de ubicar las instalaciones técnicas destinadas a la recepción/expedición de trenes y maniobras, las áreas de carga/descarga de mercancías y las destinadas a la provisión de otros servicios logísticos relacionados con las mercancías.

Por lo tanto, una vez analizada la posibilidad de captar una determinada demanda de transporte ferroviario, se debe definir la cantidad de suelo necesario para resolver esa logística y la capacidad de ampliación que en un futuro podría tener como consecuencia de su desarrollo. Este proceso de definición del espacio necesario se relaciona con el precio que se debe de pagar por su adquisición y la forma de financiarla.

#### 1.2.1.2  Interrelación con los mercados con los que actúan

La gran necesidad de espacio hace que las terminales ferroviarias de mercancías tiendan a ubicarse fuera de los núcleos urbanos, donde los costes de adquisición de suelo son menores. En los casos de terminales destinadas a materias primas o productos intermedios, esto no suele suponer un problema ya que los puntos de extracción o las fábricas a las que abastecen se encuentran igualmente fuera de estos núcleos. Sin embargo, en el caso de terminales destinadas al consumo final, esto puede suponer el incremento del coste de la distribución, por lo que es clave que los almacenes reguladores de destino final tiendan a situarse en el mismo centro o en sus proximidades para evitar un coste de distribución elevado.

#### 1.2.1.3  Accesibilidad a otras redes de transporte

Es clave la manera en que se resuelva la accesibilidad al centro en su interacción con otras redes de transporte, en particular en los puntos de conexión de redes de transporte (nodos de carreteras) o áreas de alta concentración de cargas (habitualmente puertos o áreas industriales). La fluidez con la que se resuelvan estas conexiones aumentará el valor final que la terminal aporta a la cadena de transporte.

También hay que tener en cuenta que un centro logístico que incluya un espacio intermodal (modelo *freight villages*) supone por lo general una alta concentración de profesionales, por lo que la accesibilidad a la terminal desde las redes de transporte público puede constituir un factor igualmente determinante.

## 1.2.2   Factores relevantes

### 1.2.2.1   Mercado de trabajo

Cuando se planifica la creación de una terminal ferroviaria como una parte de un centro logístico, es esencial asegurarse que existirá la suficiente oferta de profesionales y de perfiles deseados, así como conocer el coste que representará su utilización. La existencia de convenios laborales diferentes en regiones próximas puede llevar a decidir su ubicación en lugares con menores costes de personal.

### 1.2.2.2   Normativa y regulación

Las decisiones de localización de una terminal ferroviaria han de tener muy presente la normativa que le será aplicable, no solo en materia de planificación de usos de suelo, sino el conjunto de las normativas –local, autonómica, estatal o comunitaria– que le pueda afectar en materias tan diversas como las de medio ambiente, regulación de tráfico, horarios operativos, fiscalidad, etc.

## 1.2.3   Otros factores

### 1.2.3.1   Incentivos del sector público

Es muy habitual la participación del sector público en el desarrollo de las terminales ferroviarias, dado el elevado volumen de inversión que requieren y los largos plazos de recuperación de esta. El modelo económico, sin embargo, está virando hacia una mayor participación del sector privado en el desarrollo de este tipo de infraestructuras, lo que no impide que el sector público aporte incentivos mediante subvenciones, exenciones fiscales, ayudas a la creación de empleo, préstamos favorables de entidades de desarrollo, otorgamiento de avales, etc.

### 1.2.3.2   Accesibilidad y coste de suministros

Las terminales ferroviarias pueden ser grandes consumidoras de suministros como electricidad (en particular en terminales con grúas pórtico y electrificación de vías), agua, redes de comunicación o saneamiento, entre otros, por lo que es necesario asegurar la capacidad y calidad del servicio, así como garantizar que se pueda obtener a un coste razonable.

## 2   Agentes implicados

En este apartado vamos a analizar el conjunto de agentes que pueden estar relacionados con las terminales ferroviarias de mercancías. Nos centraremos fundamentalmente en las terminales intermodales, ya que representan el mayor grado de diversidad y, por lo tanto, de complejidad. No obstante, la mayor parte de agentes se pueden encontrar en los otros tipos de instalaciones ferroviarias.

### *2.1   Promotora de la instalación*

Es la empresa titular de los terrenos de la instalación en donde se desarrolla la terminal ferroviaria y la responsable de su diseño, gestión y desarrollo. Como titular de los terrenos, su labor es ponerlos a disposición de terceros para que se puedan desarrollar

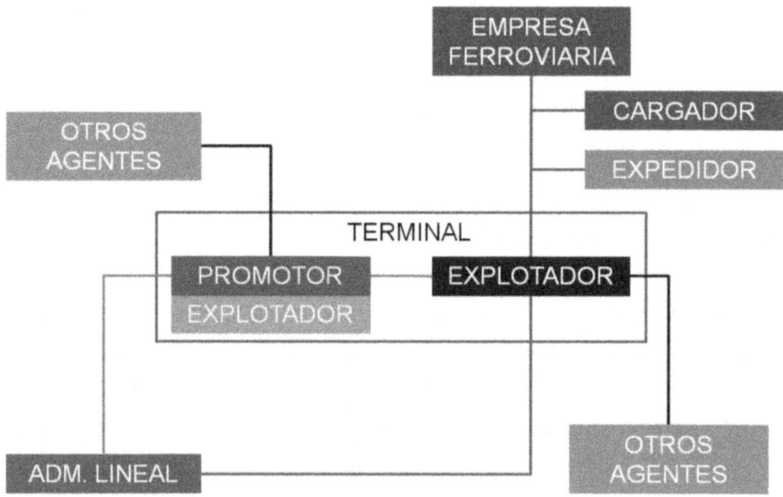


*Figura 33. Agentes interrelacionados con las terminales ferroviarias de mercancías.*

actividades vinculadas con la logística ferroviaria, acción que puede llevar por sí misma o a través de terceras empresas.

Ante el elevado volumen de inversión que se requiere, la mayoría de las empresas promotoras de terminales ferroviarias intermodales tienen carácter público (Adif, Puerto Seco de Madrid, TMZ, Cimalsa, entre otros), aunque también se pueden encontrar promotoras de privadas (Puerto Seco de Azuqueca de Henares, Terminal Intermodal de Monzón, por ejemplo). En el caso de derivaciones particulares no intermodales, el desarrollo por empresas privadas es más habitual, ya que están orientadas a satisfacer las necesidades logísticas de sus propios tráficos.

## 2.2 *Explotadora de la terminal*

Se trata de la empresa responsable de proveer el conjunto de servicios que se van a desarrollar sobre los terrenos de la terminal ferroviaria. La promotora de la instalación y la explotadora de la terminal pueden ser la misma empresa (modelo de integración vertical) o ser entidades jurídicas diferenciadas (modelo horizontal), en cuyo caso, promotora y explotadora vinculan su relación mediante un contrato de concesión, arrendamiento o de disponibilidad y uso de suelos, según sea el caso.

La explotadora de los servicios es su titular frente a terceros y, por lo tanto, responsable de su calidad. La provisión de estos servicios de los que es titular la podrá hacer de forma directa (con sus propios medios) o indirecta (contratando medios con terceras empresas).

## 2.3 *Administrador de la infraestructura lineal*

Es el ente responsable de la gestión de la infraestructura lineal ferroviaria y, por lo tanto, de asegurar el acceso a la terminal ferroviaria mediante la gestión de las circulaciones.

En España, con la aprobación y entrada en vigor de la Ley 39/2003, de 17 de noviembre, del Sector Ferroviario, se optó por la separación orgánica de la gestión de las infraestructuras y la gestión de los servicios de transporte, creando las entidades públicas empresariales Adif, para el primer caso, y Renfe Operadora, para el segundo, que competiría en el mercado con otros operadores de transporte ferroviario.

La regulación de la conexión física de la terminal ferroviaria con la infraestructura lineal, en el caso de las derivaciones particulares, se materializa mediante los denominados *convenios regulatorios operativos* (CRO), que vinculan a la promotora de la instalación con el ente que administra la infraestructura.

La regulación de la conexión física de las instalaciones portuarias, que forman parte de la red ferroviaria de interés general (RFIG), con la infraestructura lineal, se materializa mediante un convenio de conexión que relaciona la autoridad portuaria titular de la red portuaria y el ente administrador de las infraestructuras ferroviarias.

La coordinación entre el ente gestor de circulaciones se lleva a cabo a través de la figura de «responsable de circulación de la infraestructura lineal» y de « responsable de circulación» (o responsable autorizado de circulación de la entidad explotadora de la terminal), que se regula mediante una consigna operativa.

## 2.4  *Empresa ferroviaria*

Es la responsable de la provisión de los servicios de transporte ferroviario y, por lo tanto, titular de los medios de tracción (locomotoras), como mínimo. Como porteador, se obliga frente al cargador a trasladar las mercancías de un lugar a otro a cambio de un precio.

La empresa ferroviaria se ha de coordinar con la explotadora de la terminal para definir su plan de transporte, en función de las horas operativas del centro, con el fin de recibir y expedir trenes en su interior, y precisar las ventanas operativas en las que se desarrollarán el resto de servicios que sean necesarios: maniobras, operaciones de carga y descarga, estacionamiento de vagones y locomotoras, aprovisionamiento de combustible, limpieza de locomotoras, etc. Asimismo, debe coordinar con la explotadora de la terminal la información relacionada con la ejecución del transporte con datos relativos a:

- Tipo de tracción (diésel/eléctrica, simple o múltiple, etc.) para conocer dónde estacionar el tren a la llegada y las locomotoras una vez sean retiradas.
- Longitud del tren y su tonelaje, para saber las vías sobre las que se van a estacionar los vagones a la llegada y la manera de ejecutar las maniobras que se vayan a realizar.
- Composición del tren, para conocer las operaciones que deban hacerse sobre las unidades individuales que forman el tren (tratamiento de remesas con diferentes destinos, vagones que se han de mantener, tipos de carga, cargados o vacíos, etc.).

El plan de transporte de una empresa ferroviaria tiene su aplicación práctica en la asignación de surcos que el administrador de la infraestructura lineal asigna para poder desarrollar el transporte entre un origen y un destino. Cuando se ha definido un surco entre terminales, se ha tenido que coordinar con la explotadora de la terminal el acceso a esta o la expedición de un tren desde ella.

La empresa ferroviaria puede ser también responsable del material remolcado (vagones), en cuyo caso es necesario que la explotadora de la terminal conozca sus características para identificar dónde posicionarlo según el tipo de operaciones que se vayan a realizar. Si además es responsable de las operaciones de carga y descarga, debe conocer los esquemas de carga para cumplir correctamente las instrucciones de cargamento que sean aplicables.

## 2.5   Empresa cargadora

Es la que contrata en nombre propio la realización de un transporte y solicita su realización a un agente que actúa como porteador. Las empresas cargadoras pueden ser operadoras de transporte combinado, agencias de transporte, operadores logísticos, fabricantes, etc.

La empresa cargadora puede demandar servicios de la explotadora de la terminal, fundamentalmente relacionados con las operaciones de carga y descarga de las mercancías. También puede demandar otro tipo de prestaciones vinculadas con su logística, como espacios para el almacenaje de las mercancías, por ejemplo.

Al igual que las empresas ferroviarias, las cargadoras de tren pueden ser titulares del material remolcado, en cuyo caso serán las responsables de facilitar sus características a la empresa que explota la terminal. En estos casos, la empresa ferroviaria solo provee el servicio de tracción.

## 2.6   Empresa expedidora

Es la empresa tercera que por cuenta de la cargadora hace entrega de las mercancías a la transportista en el lugar de recepción de la mercancía. En el transporte intermodal, las compañías expedidoras son las responsables de realizar la denominada primera/última milla del servicio, es decir, los acarreos, en la fase del servicio de puerta a puerta.

Es fundamental la coordinación entre cargadora, expedidora, transportista y explotadora de la terminal por sus implicaciones para conocer con antelación qué, cuándo y quién va a entregar o recoger una mercancía en una terminal.

La complejidad de las cadenas logísticas y el número de agentes que intervienen generan unas particularidades que se deben examinar con detenimiento a la hora de analizar la operatividad de las terminales.

## 2.7   Otros agentes

Existen otra serie de agentes que pueden estar presentes en una terminal ferroviaria y que, por lo tanto, pueden demandar servicios a la empresa explotadora de la terminal. Algunos de los más relevantes pueden ser:

- **Empresas de transporte de carretera**
  Demandan por lo general espacios para el aparcamiento de los vehículos pesados y puede que también la realización de otros servicios en el centro (mantenimiento ligero, limpieza, etc.). En ocasiones estas empresas deciden ubicarse, por razones operativas, en la misma terminal; en este caso, solicitarán espacios para oficinas y algún otro tipo de servicios compartidos, como salas de reuniones, formación o servicios de reprografía, por ejemplo.

- **Operadores logísticos**
  Cuando las terminales de mercancías se configuran como centros logísticos, los operadores pueden necesitar espacios como terrenos, naves o muelles en donde consolidar y desconsolidar contenedores, realizar la preparación de pedidos, etc., y así poder ahorrar costes en la fase de consolidación de cargas y distribución final.

- **Agentes de aduana**
  Especialmente relevante para aquellas mercancías que circulan en tránsito ferroviario con destinos o procedencias de países que no pertenezcan a una misma área económica o fiscal. Por lo general, demandan espacios para ubicar sus oficinas y puede que también la realización de otras operaciones relacionadas con la inspección de las mercancías en circuito aduanero.

- **Empresas de mantenimiento de material ferroviario**
  Solicitan espacios donde poder llevar cabo los servicios de mantenimiento sobre el material de tracción o remolcado, para evitar los desplazamientos en vacío a los centros de mantenimiento.

- **Empresas vinculadas con otros servicios de la logística de las UTI**
  Necesitan lugares donde realizar determinados trabajos sobre las UTI una vez finalizan el ciclo de transporte y han de quedar preparadas para iniciar uno nuevo. Entre los trabajos más comunes se encuentran los de inspección, limpieza, reparación y mantenimiento.

- **Otras empresas de servicio**
  En función del tamaño y la concentración de trabajadores, pueden existir otras empresas que demanden espacios para desarrollar actividades relacionadas con la prestación de servicios tales como los financieros, los de alojamiento y restauración, etc.

*Figura 34. Acarreo de un contenedor sobre la plataforma de un camión en una terminal ferroviaria.*

## 3 Diseño básico de las terminales ferroviarias: áreas de actividad

Una terminal ferroviaria de mercancías es un sistema en donde confluyen un conjunto de actividades orientadas, fundamentalmente, al intercambio modal. Dentro de ese sistema se encuentra un conjunto de subsistemas integrados, que se relacionan entre sí y que determinan su capacidad operativa.

En este apartado abordaremos cada uno de esos subsistemas, centrándonos en la situación más compleja, que es la relativa a las terminales intermodales.

### 3.1 Área técnica vinculada a la logística del tren

Abarca los espacios ferroviarios destinados fundamentalmente a la ejecución de los trabajos necesarios para la ejecución del transporte, en sus fases de preparación, desarrollo y finalización. Estos trabajos se desarrollan sobre un conjunto de vías interiores en los que se llevan a cabo las labores de:

- **Recepción y expedición del tren**
  Se realiza sobre el conjunto de vías que permiten que un tren salga de una terminal a la infraestructura lineal o que, de manera inversa, entre en la terminal procedente de dicha línea.

  La situación ideal sería que los trenes que realizan el transporte accedieran directamente desde la línea al área en donde se llevan a cabo las operaciones de carga y descarga, al objeto de eliminar movimientos improductivos dentro de una terminal. Sin embargo, pueden existir razones técnicas y operativas que lo impidan, tales como el tipo de tracción, la longitud operativa de las zonas de carga y descarga o la coordinación de horarios de prestación de servicios, entre muchas otras.

- **Realización de maniobras de clasificación de vagones**
  Afecta al conjunto de vías sobre el que se realizan los trabajos de clasificación de vagones que se ponen o retiran del ciclo del transporte. Estas vías pueden ser las mismas que se destinen a la recepción y expedición del tren, siempre que se ga-

*Figura 35. Centro logístico de Valencia Fuente de San Luis, dotado de 24 vías para el tratamiento de trenes de hasta 822 m de longitud, con un ramal de acceso directo a las instalaciones ferroportuarias del puerto de Valencia.*

rantice, al ente administrador de la infraestructura lineal, la capacidad suficiente de la terminal a la hora de recibir o expedir un tren sobre ella.

- **Estacionamiento de vagones o composiciones**
  Se efectúa sobre las vías destinadas al apartado de material remolcado, bien por rotación de composiciones dentro del ciclo de transporte o por constitución de una reserva de vagones en previsión de averías de los que forman las composiciones titulares.

  Este es un punto permanente de fricción entre los intereses de la empresa que explota una terminal y las operadoras de transporte, ya que estos espacios merman la capacidad de trabajo de la terminal y tienen un coste elevado de inversión y gestión que las operadoras no están dispuestas a asumir. En particular, estas situaciones se agravan cuando los vagones están fuera del ciclo productivo, por caídas de tráfico o estacionalidad especialmente, lo que hace necesaria la definición de áreas técnicas de estacionamiento (vías de apartado) fuera de las terminales.

- **Estacionamiento de locomotoras**
  Se realiza en las vías en donde se posicionan las locomotoras que han finalizado un transporte y quedan a la espera de la asignación de un nuevo servicio.

  La coexistencia en una terminal de diferentes empresas ferroviarias puede complicar la identificación de estos espacios de apartado; de ahí la necesaria coordinación entre estas y la explotadora de la terminal para identificar dónde apartar las locomotoras cuando no se concatene de manera inmediata un servicio de llegada con uno de salida.

- **Áreas de aprovisionamientos y otros servicios**
  Son las vías y sus zonas anexas en las que se llevan a cabo servicios de aprovisionamiento y suministro de combustible, para el caso de las locomotoras diésel, de arena, agua, limpieza o ejecución de revisiones menores dentro del plan de mantenimiento de las locomotoras o de los mismos vagones.

## 3.2  *Área logística de carga-descarga*

Es el subsistema que resuelve la interfaz entre modos de transporte, por lo general entre el modo de carretera y el ferroviario. Incluso en las terminales marítimas y fluviales es habitual que la zona de carga-descarga ferroviaria sea resuelta con el apoyo de camiones, dadas las diferentes productividades y movimientos entre el lado marítimo o fluvial y el ferroviario.

Esta área se puede definir como una franja de terreno junto a las vías ferroviarias para permitir las operaciones de carga o descarga de los vagones de una composición de tren que, por lo general, se realizan de manera lateral. No obstante, también se producen operaciones de carga o descarga superior (empleo de grúas pórtico en terminales de contenedores), de carga superior (mediante tolvas de granel) o de descarga inferior por gravedad (fundamentalmente en graneles).

El incremento en la demanda de trenes de mayor longitud suele generar una disfunción entre los espacios destinados a la recepción y expedición de trenes (área técnica), y los destinados a su carga y descarga, lo que conlleva la realización de movimientos internos entre ambos subsistemas que merman los tiempos de rotación del material de transporte.

A su vez, la capacidad de tratamiento de las operaciones de carga y descarga de un tren, en particular en las terminales de contenedores, está en función de un conjunto de factores que no siempre dependen de la empresa que explota una instalación:

- Tipología de la instalación (pasante o en *fondo de saco*, con o sin cabecera electrificada, etc.).
- Longitud y número de vías operativas para estas operaciones.
- Número, tipología y disponibilidad operativa de los medios de manipulación.
- Número, capacitación, flexibilidad y disponibilidad de los medios humanos.
- Sistema de planificación de tareas y comunicaciones entre la parte operativa y la de planificación o programación.
- Fiabilidad de la información aportada por la empresa ferroviaria o por la cargadora del tren, con relación a la ubicación de la carga a lo largo del tren.

Cabe señalar que no se presta excesiva atención a este aspecto, que sin embargo incide poderosamente en la capacidad de tratamiento de un tren y, lo que es más importante incluso, en el propio aprovechamiento de la oferta de transporte (ocupación de vagones).

Por un lado, se precisa una buena coordinación entre la empresa ferroviaria y su cliente/cargador a la hora de definir la capacidad de transporte puesta a su disposición (número, tipo y ubicación de los vagones dentro de la composición del tren). Por otro lado, hace falta una precisa coordinación entre la empresa que explota la instalación y la cargadora del tren, que puede ser la misma empresa ferroviaria, a la hora de conocer qué mercancía cargar o descargar y en qué parte del tren debe realizarse la operación. Esta coordinación es especialmente crítica si existen lotes de vagones con diferentes destinos o cuando un tren efectúa una parada intermedia dentro de su recorrido, situaciones que pueden provocar remociones de carga dentro de una composición de tren.

Esta falta de coordinación entre los agentes expuestos conlleva en ocasiones que, tanto la empresa ferroviaria como la cargadora, deleguen las funciones de optimización de carga en la explotadora de la instalación.

A su vez, esta última necesita conocer con antelación las previsiones sobre la salida de la mercancía de una instalación (bien sea por ferrocarril o por cualquier otro modo), al objeto de minimizar el número de movimientos improductivos y aprovechar la capacidad de trabajo productivo ofrecida por sus recursos, información que debe ser aportada por los cargadores y operadores logísticos: grado de estandarización de la carga en la composición, que incide a su vez en la tipología de medios de manipulación que se han de emplear y la manera en que deben usarse. Por ejemplo, no se obtienen los mismos rendimientos en el tratamiento de un tren formado con contenedores de 40' que con otros en el que los tamaños no están unificados (20', 30', 40' o 45') o en el que incluso deban tratarse contenedores y cajas móviles o semirremolques.

Como norma general, las operaciones de carga de las mercancías a bordo de los vehículos (vagones), así como las de descarga, son por cuenta, respectivamente, de la empresa cargadora y de la destinataria, salvo que expresamente se asuman estas operaciones por la porteadora (empresa ferroviaria) antes de la efectiva presentación del vehículo (vagones) para su carga o descarga. Bien es cierto, sin embargo, que en España y en las operaciones de carga o descarga de contenedores en las instalaciones de Adif, se han venido realizando estas operaciones por cuenta de las empresas ferroviarias, al ser considerados estos servicios como complementarios a las operaciones del tren.

Se debe tener muy presente este aspecto, ya que delimita las responsabilidades de cada agente que interviene en la cadena logística y tiene a su vez importantes implicaciones sobre otros de los subsistemas que serán analizados con posterioridad. En efecto, si las operaciones de carga y descarga son por cuenta de la empresa cargadora y de la destinataria, la responsabilidad de la porteadora sobre la mercancía transportada se inicia cuando esta se sitúa sobre el vagón (carga) y finaliza cuando abandona el vagón en destino (descarga). Entre ambas operaciones, la empresa ferroviaria (porteadora) está obligada a su custodia y transporte.

Sin embargo, si la empresa ferroviaria es la que asume estas operaciones, entonces la responsabilidad de la custodia y el transporte de las mercancías comenzará desde el momento de su puesta a disposición por parte de la empresa cargadora o de su entrega a la destinataria. Con relación a la terminal ferroviaria, esto último suele coincidir con el subsistema de recepción y entrega, también conocido como *puertas*, que se analizará a continuación.

## 3.3 *Área de recepción y entrega*

Este subsistema es conocido normalmente como *puertas* y aunque se presta más atención al acceso a la terminal por carretera, hay que señalar que se compone de tantas áreas como modos de transporte confluyan en la terminal.

El objetivo de este subsistema es facilitar la recepción y entrega de las mercancías entre los agentes que intervienen en la cadena logística del transporte ferroviario, y hacerlo compatible con un adecuado nivel de seguridad que permita la obtención de la información física (inspecciones) y documental básica relacionada con el elemento que se tiene que transportar.

Por lo general, el acceso al área de recepción y entrega de una terminal de ferrocarril es más complejo cuando se atienden operaciones vinculadas al transporte por carretera, ya que intervienen un gran número de empresas expedidoras que actúan por cuenta de la cargadora. Por otra parte, el ritmo de afluencia de las mercancías a una terminal es muy diferente si proceden de la carretera (dispersa a lo largo de la jornada de trabajo) que si lo hacen por ferrocarril (concentrada en un momento dado).

Este hecho provoca que, por un lado, se precise un alto de grado de automatización de tareas en las operaciones vinculadas a la carretera y, por otro, una cada vez mayor demanda por parte de las empresas que explotan las instalaciones de información *ex ante* sobre las mercancías que accederán o abandonarán la instalación, al objeto de garantizar la fluidez de las circulaciones. Cuando no se dan estas circunstancias, se suelen generar tensiones por la formación de colas para la recepción o recogida de mercancías, ya que este tiempo de espera puede influir en la rotación de viajes que este tipo de empresas puede obtener de un vehículo de transporte y, por lo tanto, en el coste y la rentabilidad del servicio de acarreo. No obstante, ni la automatización de tareas ni la obtención de información *ex ante* son elementos que garanticen plenamente esa fluidez, ya que en todas las terminales se produce una alta coincidencia temporal de empresas acarreistas, que genera puntas de tráfico de difícil tratamiento, aun cuando se disponga de varias *puertas* para atender estos tráficos.

Como hemos señalado anteriormente, en este subsistema se suele producir además una transferencia de responsabilidad entre los agentes que intervienen en la cadena de transporte ferroviario, por lo que, con mayor razón, las operaciones que se llevan a cabo deben realizarse de forma tal que garanticen la trazabilidad sobre lo que se recibe y lo que se entrega.

## *3.4  Área de almacenamiento*

Los diferentes ritmos de operaciones entre los modos de transporte que confluyen en una terminal hacen necesaria la definición de unas áreas para el almacenamiento temporal de las mercancías, hasta que les sean asignadas una orden de trabajo.

Para la empresa explotadora de una instalación es básico conocer el tipo de mercancía y el tiempo aproximado de permanencia en la terminal, al objeto de asignarle una ubicación que minimice sus movimientos o remociones.

A su vez, en estas áreas de almacenamiento temporal es frecuente que se lleven a cabo otras actividades complementarias que, en el caso de las terminales de contenedores, pueden ser:

- Inspección, limpieza, mantenimiento y reparación de las UTI vacías.
- Conexionado y control de temperaturas de las UTI refrigeradas.
- Vigilancia de mercancías peligrosas.
- Inspección y control aduanero de mercancías.
- Toma de muestras de control.

El aprovechamiento de la estancia de la mercancía con la realización de operaciones complementarias sobre ella suele ser igualmente importante en las campas de automóviles.

Como norma general, las UTI cargadas suelen situarse próximas a las zonas de carga y descarga del tren, ya que su tiempo de permanencia es habitualmente bajo. Por el contrario, las UTI vacías suelen colocarse alejadas de esta zona ya que, por un lado, su tiempo de estancia es mayor y diferente según el tipo de tráfico que atiendan (continental, marítimo de corta distancia o marítimo de larga distancia) y, por otro lado, ni

*Figura 36. Instalación de control de temperatura para contenedores de temperatura controlada en la terminal intermodal de Murcia Nonduermas.*

siquiera tienen garantizada que su salida sea por el modo ferroviario. Esta circunstancia da origen a otro subsistema dentro de las terminales que es el de *interconexión*, y que será analizado posteriormente.

La capacidad de almacenamiento de una terminal no solo depende de la superficie disponible, sino también de la manera y la altura en que se apilen las unidades de carga.

## 3.5   *Área de consolidación y desconsolidación*

Una de las claves de éxito de una terminal ferroviaria, según el tipo de mercancías que atienda, es la posibilidad de disponer de suelo logístico, ya sea en su interior o adyacente a la terminal, en el que ubicar naves donde se lleven a cabo operaciones de consolidación, desconsolidación, preparación de pedidos, reexpedición *(cross-docking)*, etc.

Si el espacio disponible se encuentra dentro de la terminal, la utilización del subsistema de interconexión hará que el coste del desplazamiento sea inferior, dado que los medios que se empleen serán diferentes de los que se destinarían para el desplazamiento hasta un terreno adyacente a la terminal, minimizando con ello el coste de la denominada *primera/última milla*.

Esta logística puede darse tanto para tráficos de vagón convencional como de contenedores. De hecho, para este último tipo de tráfico, dio origen a una terminología específica, que diferencia el contenedor completo o FCL *(full container load)*, en el que la mercancía no se manipula a la llegada a la terminal, del contenedor con carga parcial o LCL *(less than cointainer load)*, en el que la mercancía se manipula en origen para consolidar el contenedor o, en destino, para desconsolidarlo.

Muy vinculado con todo ello está el aprovechamiento de procedimientos aduaneros como los que ofrecen los almacenes de depósito temporal y los locales autorizados para mercancías de exportación, que permiten la desconsolidación de las mercancías y la devolución del contenedor a su titular, lo que minimiza los costes de alquiler, así como el aprovechamiento de las ventajas fiscales que surgen del tratamiento de la mercancía aduanera.

## 3.6   *Interconexión*

Cada uno de los subsistemas anteriores requiere definir cómo se llevarán a cabo los movimientos entre sí y, en particular, entre las áreas de almacenamiento y de carga y descarga sobre el tren.

Normalmente, la interconexión entre el sistema de almacenamiento y el de carga y descarga se resuelve con el empleo de los mismos medios de manipulación. Sin embargo, si la distancia entre uno y otro es elevada, se requieren camiones con semirremolques (estándar o no) para realizar los acarreos internos en la instalación.

### 3.7   Otras áreas de servicios

Entre el conjunto de edificaciones o instalaciones complementarias a las actividades antes reseñadas, destacan:

- Oficinas.
- Áreas de aparcamiento.
- Zonas de mantenimiento.
- Áreas de otros servicios (bancos, restaurantes, hoteles, etc.).

## 4   Modelos de gestión

La génesis y la gestión de una terminal ferroviaria de mercancías se deben afrontar desde la resolución de dos cuestiones relevantes:

- ¿Quién posee la titularidad de la instalación y cómo se va a promover el proyecto?
- ¿Qué empresa actúa como titular de la explotación y cómo se llevará esta a cabo?

Abordaremos ambas cuestiones teniendo en cuenta las estrechas relaciones existentes entre el sector público y el privado a la hora de plasmar propuestas a los anteriores interrogantes.

En primer lugar, debemos tener presente que estas cuestiones pueden ser abordadas de una manera integrada, uniendo titularidad y gestión, o no integrada, es decir, desvinculando la titularidad de la gestión de la terminal.

Los potenciales efectos económicos y sociales sobre una determinada área o región, el importante volumen de inversión o la elevada vida útil de los activos en los que se invierte, entre otros factores, hacen que, en general, el desarrollo de estas infraestructuras sea abordado desde el sector público como una variable de política estratégica.

Sin embargo, cada vez está más extendida la creencia de que, en términos de gestión, el sector privado puede responder más ágilmente a los cambios de tendencia en el mercado, evitar el exceso de inversión de activos y gestionar mejor los costes de explotación gracias a la eliminación de ciertas rigideces que actúan sobre ellos (procedimientos de contratación, normativa laboral, etc.).

Sea como fuere, lo cierto es que hay una mayor tendencia hacia la privatización de la gestión de este tipo de instalaciones, buscando para ello fórmulas de colaboración entre el sector público y el privado, en las que se definan escenarios de inversión y de duración de los contratos que vinculan a las partes. Las implicaciones de las modalidades de participación pública y privada sobre un determinado proyecto se pueden contemplar en distintos planos, como son la construcción y la explotación, el proceso de financiación del proyecto, la provisión del servicio o la asunción del riesgo de demanda asociado.

### *4.1   Modelos para la génesis de proyectos*

Expondremos brevemente algunos de los modelos más utilizados en el ámbito internacional y que es posible plantear en la definición y desarrollo de una terminal de mercancías:

- **Diseño, licitación y construcción** *(design-bid-build)*
  Ha sido hasta hace poco tiempo el modelo de desarrollo tradicional de este tipo de instalaciones, liderada básicamente por el sector público. En ellas, la entidad titular de un terreno actúa como promotora del proyecto mediante un procedimiento de licitación.

  Una variante del caso anterior se produce cuando se decide integrar en un único contrato las funciones de diseño y construcción de una instalación, antes de ser transferida de nuevo a su titular, en lo que se conoce como *contratos llave en mano* o *turnkey*.

  En estos modelos, la financiación y el riesgo de demanda asociado al proyecto son asumidos por la entidad titular de la instalación.

  Es un modelo liderado por el sector público y está muy consolidado en España, con numerosos ejemplos de nuevo desarrollo como la instalación de Adif en Lugo-Mercancías.

  Una vez que la instalación ha sido entregada por la constructora a su titular, la gestión es asumida de manera integral por la misma promotora.

- **Diseño, construcción y cesión** *(design-build-transfer)*
  Esta opción ha estado muy relacionada con desarrollos urbanísticos en los que se crea una sociedad vehicular que se encarga de la operación mediante la adquisición de suelo a una o varias entidades. Como parte de la operación (pago por la adquisición de terreno), esta sociedad se encarga de diseñar, financiar y construir una determinada infraestructura que, una vez concluida, es transferida

a una entidad gestora que se encarga de la explotación y que se convierte a su vez en su titular.

En este modelo, el riesgo de la financiación y el desarrollo del proyecto están separados del de la demanda, que recae en la entidad gestora.

Un ejemplo de aplicación de este desarrollo lo podemos encontrar en la génesis de la terminal ferroviaria de Zaragoza Plaza, realizada por la sociedad Zaragoza Alta Velocidad, como parte de la reordenación urbanística con motivo de la llegada del tren de alta velocidad a esta ciudad. Una vez concluida la nueva terminal, se transfirió para que la gestión fuese realizada por Adif.

- **Construcción, funcionamiento y cesión** *(build operate and transfer)* **y diseño, construcción, funcionamiento y cesión** *(design build operate and transfer)*
  Estos modelos están principalmente relacionados con el concepto de desarrollo concesional, aunque no de manera exclusiva.

  En estos proyectos, la financiación de la construcción *(build)* de la instalación es asumida por una sociedad (generalmente del sector privado) que, como contraprestación, recibe un derecho de explotación *(operate)* sobre la infraestructura durante un tiempo determinado. Finalizado ese período, la infraestructura revierte a su titular *(transfer)*, que puede optar por prolongar el contrato de explotación, asumirla de manera directa o acudir a un tercero para que continúe con ella.

  Una variante de este modelo se produce cuando la entidad titular del derecho de explotación debe, además, acometer el diseño o proyecto constructivo *(design)* de la instalación que posteriormente llevará a cabo.

  En estos proyectos, los riesgos de financiación y de demanda del proyecto son asumidos por la entidad promotora, antes de que la infraestructura revierta a su titular.

  El proyecto de la terminal de mercancías de Aranjuez es un ejemplo de esta última modalidad. Para su desarrollo, Adif convocó una licitación para que el sector privado asumiera el diseño, la construcción y la explotación del futuro centro logístico por un período de 25 años.

## 4.2   Modelos para la gestión de proyectos

Una vez que se ha establecido el modelo para el desarrollo del proyecto de la terminal y la entidad que asumirá la operación, se debe analizar cómo se llevará a cabo la provisión de los servicios.

A continuación se exponen las tres alternativas de provisión de servicios más comunes, así como una situación particular, la autoprestación:

- **Gestión directa**

  La empresa titular de la explotación de los servicios realiza su provisión con sus propios medios y recursos, asumiendo la responsabilidad de la calidad con la que estos son realizados frente a sus clientes.

  En esta situación, el riesgo de demanda sobre los servicios ofertados es asumido por la entidad titular de la explotación.

  Por similitud con la gestión portuaria, podríamos decir que esta alternativa se asemejaría al modelo *service*, en la que la empresa titular de la explotación se encarga de ofertar los servicios de forma directa en su conjunto.

- **Gestión indirecta**

  En esta alternativa, la entidad titular de la explotación de los servicios realiza su provisión contratando con terceras empresas los medios y recursos con los que se van a llevar a cabo. La relación, por lo tanto, entre la entidad titular de la explotación y la empresa contratada se realiza a través de un contrato de prestación de servicios.

  Sin embargo, pese a que la ejecución de los servicios se realice por una empresa subcontratada, es la titular de la explotación quien asume la responsabilidad de la calidad con la que estos son realizados frente a sus clientes. De esta manera, la empresa subcontratada no tiene vinculación comercial con los clientes del titular de la explotación de la instalación, de forma que no asume el riesgo de demanda, que recae en la titular de la explotación.

- **Gestión por terceros o contratos de explotación**

  En este modelo, la entidad promotora de la instalación, tras haber concluido su promoción, decide transferir la responsabilidad de la gestión de la explotación de los servicios, pero no la titularidad de la instalación, a una tercera empresa, que actúa a su riesgo y ventura en la provisión de los servicios que se ofrecen en ella. Es decir, una tercera empresa se convierte en titular de la explotación, sin ser la promotora.

  Esta separación tiene como objeto facilitar la entrada del sector privado en la gestión del servicio, y se puede llevar a cabo mediante un contrato de concesión o un contrato de alquiler, según sea la naturaleza de los bienes sobre los que se actúa. Por otra parte, la separación societaria permite especializar los accionariados de cada una de las sociedades intervinientes, orientadas a las funciones que les pueden ser propias en cada caso.

  La entidad titular de la instalación asume el riesgo de financiación y proyecto, en tanto que la empresa explotadora, a cambio del pago de una renta, asume el riesgo de la demanda. Aun cuando no se transfiere la titularidad de la instalación,

*Figura 37. Operaciones de trasbordo en la terminal ferroviaria del centro logístico Zaragoza Plaza.*

se suele instrumentar las necesidades de inversión y financiación de la explotación mediante la figura del derecho de superficie.

Con la separación de estas funciones, se rompe con los plazos de amortización entre las inversiones realizadas en la propia instalación (que son asumidas por la entidad titular) y se permite que la empresa explotadora realice y amortize otras inversiones (típicamente en bienes de equipo) dentro de su plazo de concesión o arrendamiento.

En este modelo se enmarcan los desarrollos del Puerto Seco de Coslada, en donde la sociedad titular de la instalación (Puerto Seco de Madrid, SA) cedió la explotación de los servicios a una tercera (Conte Rail, SA) que asumió, a su entera responsabilidad, la provisión de los servicios. Igual modelo se siguió en Zaragoza, en la que la promotora de la instalación, Terminal Marítima de Zaragoza, SL, cedió la explotación a la sociedad Depot TMZ Services, SL.[1]

La vinculación entre la entidad titular original de los servicios y la empresa tercera se realiza mediante un contrato en el que la primera pone a disposición de la segunda los espacios e instalaciones para que esta pueda llevar a cabo esa actividad.

Este marco de gestión se puede asimilar, en cierta forma, con el modelo *landlord* del sistema portuario, en el que se separa la titularidad de la instalación y la

---

[1] En España, en el caso de las infraestructuras gestionadas por Adif, la modificación de la Ley 39/2003, de 17 de noviembre, del Sector Ferroviario, realizada inicialmente a través de la Ley 25/2009, de 22 de diciembre, de modificación de diversas leyes para su adaptación a la Ley sobre el libre acceso a las actividades de servicios y su ejercicio, introducía por primera vez esta posibilidad con relación a la prestación de los servicios complementarios que ofrezca en cada momento la declaración de red o un documento equivalente.

de la gestión, y se da cabida al sector privado en una gestión más especializada a través de empresas operadoras.

Adif ha desarrollado este modelo en España en lo que a la prestación del servicio de manipulación de UTI se refiere en las instalaciones, primero, de Villafría, Huelva, Tarragona, Noáin y, posteriormente, en el centro logístico Zaragoza Plaza, en Murcia, Granollers y Mérida.

Existe un cierto debate sobre la posibilidad de que sobre este modelo se desarrollase, dentro de las terminales ferroviarias, un modelo multioperador de provisión de servicios, que se asimilase en cierta manera, al modelo *tool* portuario o a algunos servicios de *handling* aeroportuarios.[2] Sobre este concepto se centra la posibilidad de introducir competencia mediante la presencia de varias empresas operadoras en la provisión de determinados servicios (por ejemplo, maniobras o manipulación de UTI).

No parece, sin embargo, que el tamaño del mercado al que puede acceder el modo ferroviario, y por ende las terminales ferroviarias, los espacios disponibles, los niveles de inversión requeridos para la provisión de servicios y las configuraciones de estas instalaciones, hagan factible esta posibilidad, que por otra parte tampoco se encuentra extendida en el contexto europeo. Además, la aplicación de este modelo en un espacio como el de una terminal ferroviaria, puede llevar aparejados ciertos problemas de división de responsabilidades operativas, así como provocar desincentivos de inversión que mermen la calidad de los servicios y su prestación por empresas de reducido tamaño y escasa capacidad de inversión para afrontar la adquisición o renovación de equipos.

Por el contrario, la aplicación del modelo monooperador, de riesgo y ventura, mediante una licitación *por* el mercado, en lugar de la competencia *en* el mercado, tiende a crear cierta estabilidad a la hora de afrontar las inversiones necesarias para la prestación del servicio (por ejemplo, locomotoras, grúas de manipulación, etc.), razón por la que cabe pensar en un desarrollo a futuro de esta opción frente a la del multioperador a riesgo y ventura.

- **Autoprestación**
  Una variante de los modelos de gestión es la posibilidad de que las empresas ferroviarias asuman por sí mismas la realización de determinadas operaciones sobre su material de transporte, a semejanza de otros modos de transporte.

---

[2] Esta línea argumental puede encontrarse en las recomendaciones recogidas en la Resolución de 25 de septiembre de 2012 del Comité de Regulación Ferroviaria, sobre el expediente 2012/002 abierto de oficio para analizar las terminales ferroviarias y los servicios adicionales, complementarios y auxiliares.

Estas operaciones podrían llevarse a cabo con sus propios medios o con medios de terceras empresas.

Existe una amplia controversia sobre el desarrollo de este modelo de gestión[3] por las claras implicaciones que tiene sobre la definición y el alcance de los recursos que la entidad titular de una instalación o la que la explota ponen a disposición de unas terceras, y por las implicaciones que puede tener su aplicación sobre la competencia de los servicios de transporte.

Las mayores reivindicaciones sobre los servicios que se demandan en régimen de autoprestación se centran fundamentalmente en los servicios de maniobras y los asociados a la recepción y expedición de un tren.

Como norma general, son las mayores empresas operadoras las que, disponiendo de un elevado volumen de medios, solicitan el desarrollo de esta posibilidad, cuando además suelen trabajar en modelos de transporte de distribución y enlace *(hub and spoke)* en lugar del *punto a punto*, más centrado este último en las nuevas operadoras.

En Europa, las entidades administradoras de infraestructuras han optado por poner a disposición de las empresas ferroviarias las instalaciones técnicas al objeto de que realicen sobre ellas las operaciones de maniobra y apartado de vagones, cobrando por los espacios e instalaciones cedidos un canon o tarifa. Por otra parte, en las instalaciones logísticas, muchas empresas explotadoras han optado por no gestionar medios para facilitar las maniobras dentro de sus vías, dado el coste de su adquisición y gestión, transfiriendo esa responsabilidad a las empresas ferroviarias. Estos factores explican el amplio desarrollo de la autoprestación en países europeos.

En el caso español, se optó por considerar que estos servicios al tren, incluso en las instalaciones técnicas, fueran ofrecidos por el ente titular y explotador de la instalación, en este caso, el administrador de infraestructuras. Además, se le tenía que dotar de medios para tal fin: un sistema tarifario cerrado y un mecanismo de protección y garantía en la provisión del servicio frente a las empresas ferroviarias, ya que eran catalogados como servicios complementarios, incluso en el ámbito legislativo, situación particular dentro del contexto europeo.[4]

Téngase en cuenta que los servicios complementarios que ofrezca en cada momento el ente administrador de infraestructuras ferroviarias, a través de la declaración sobre la red o documento equivalente, serán de obligada prestación a

---

[3] Véase la nota 2 de este capítulo sobre la resolución del Comité de Regulación Ferroviaria.

[4] Modificación del Anexo de la descripción de los servicios complementarios de la Ley del Sector Ferroviario realizada a través de Ley 25/2009, de 22 de diciembre, de modificación de diversas leyes para su adaptación a la Ley sobre el libre acceso a las actividades de servicios y su ejercicio.

solicitud de las empresas ferroviarias y otras candidatas. Esta circunstancia obliga al administrador a un dimensionamiento de los recursos que ofrece en las instalaciones, que están sujetos además a una tarifa cuyas implicaciones sobre el coeficiente de explotación puede ser elevado.[5]

En definitiva, el desarrollo real de la autoprestación como modelo de gestión requiere de una profunda reflexión sobre el papel que deben desempeñar las empresas explotadoras de las instalaciones, el marco regulatorio de los servicios que sobre ellas se ofrecen, el grado de cobertura que se quiere garantizar a las empresas ferroviarias con relación al acceso a las instalaciones ferroviarias y la forma de regular la disponibilidad y el uso de las instalaciones técnicas.

## 5    La terminal intermodal ferroviaria

La importancia creciente del tráfico intermodal, entendido como aquel en el que no se manipula la mercancía, sino la unidad de carga que la transporta (UTI), en sus diferentes cambios modales, hace que debamos prestar una atención específica al tipo de instalaciones que determina.

Hemos analizado a lo largo de este capítulo los tipos de tráfico ferroviario que se pueden tratar. En este apartado analizaremos los que afectan a la explotación de una instalación de carácter intermodal.

### *5.1    Tipos de servicios intermodales*

El transporte intermodal se puede clasificar en dos grandes categorías, que originan una tipología de servicios diferente en las terminales en las que se produce su tratamiento.

### *5.1.1    Transporte no acompañado*

Es la forma más extendida de transporte intermodal, en el que las UTI viajan sin ser acompañadas por los transportistas. El movimiento de trasbordo en las terminales genera, excepto en los casos de las autopistas rodantes, un movimiento por elevación, tipo *lo-lo (lift on - lift off)* y, por lo tanto, implica la disposición de equipos específicos en las terminales para realizar estas operaciones.

---

[5] En España, estas tarifas son competencia del Ministerio de Fomento.

Las UTI que se tratan en esta modalidad de transporte pueden ser de tres tipos y generan unos requerimientos diferenciados en las terminales, en cuanto a espacios y medios de manipulación.

- **Contenedores marítimos estandarizados**
  El transporte marítimo ha llevado a cabo un gran proceso de estandarización para maximizar la ocupación de los buques que transportan la carga. De esta manera, se han buscado dos condiciones básicas: por un lado, capacidad de apilamiento y, por otro, longitud común. Así, se ha extendido enormemente el uso de los contenedores de 20' y 40', frente a otro tipo de contenedores menos extendidos como los de 30'y 45'. Estos últimos están más orientados a tráficos marítimos de corta distancia en Europa. Los tipos y dimensiones de esta clase de equipos de transporte se encuentran regulados por la norma ISO 6346.

  Los contenedores ISO más comunes son los conocidos como de carga seca *(dry container)*. En ellos se puede transportar todo tipo de carga seca unitizada, como bolsas, palés, cajas o incluso automóviles.

  Otros tipos de contenedores de amplia utilización son:

  - **Frigorífico *(reefer)*.** Para el transporte de productos refrigerados o congelados, con idénticas dimensiones que los anteriores, pero con un equipo autónomo para alcanzar la temperatura adecuada en su interior. Las terminales deben contar con un sistema de conexiones eléctricas para asegurar que no se interrumpa la cadena de frío del equipo.

  - **Sin techo *(open top)*.** Iguales que los de carga seca, pero de apertura superior, sin techo rígido, para permitir la carga de la mercancía mediante grúas, se emplean normalmente para el transporte de mercancía desconsolidada, como graneles, chatarra, etc.

  - **Plataforma plegable *(flat rack)*.** Carecen de paredes laterales, en algunos casos de paredes frontales y posteriores, y se emplean para cargas atípicas. Son apilables y existen modelos que, incluso, se pueden transportar apilados.

  - **De costado abierto *(open side)*.** Se caracterizan por tener abierto uno de sus lados al objeto de permitir la carga de productos que exceden las dimensiones de las puertas del contenedor.

  - **Cisterna *(tank)*.** Se configuran como una estructura de vigas que aloja en su interior un tanque cisterna para transporte de productos líquidos.

*Figura 38. Vagones plataforma cargados con contenedores cisterna.*

- **Flexitanque** *(flexi-tank).* Son una variante del de carga seca, ya que alojan en su interior un depósito flexible de polietileno de un solo uso.

- **Caja móvil** *(swap bodies)*
  Son contenedores diseñados para minimizar su tara, ahorrando costes en la construcción y en transporte. Esta circunstancia no permite que sean apilables, a diferencia de los contenedores marítimos, por lo que no son aptos para este tipo de transporte y son empleados en el transporte terrestre. Desde el punto de vista de la gestión de las terminales, imponen la necesidad de un mayor espacio de almacenamiento.
  Para facilitar las operaciones en muelle de carga, algunos de estos equipos cuentan con unas patas retráctiles alojadas en el bastidor inferior, que ahorran el empleo de una plataforma de carretera para estas operaciones.
  Su altura oscila entre 2,45 y 3,25 m. Están limitados normalmente por los gálibos ferroviarios, por lo que su volumen es inferior a los de un semirremolque estándar y disponen de una capacidad menor de carga.

- **Semirremolques**
  Para que los transportistas de carretera no necesiten contar con equipos adicionales de carga, como sería el caso de semirremolques portacontenedores o cajas

móviles, el ferrocarril investiga la forma de transportar el mismo semirremolque de carretera en la composición del tren. El transporte del semirremolque se puede hacer, básicamente, de dos maneras:

- La primera de ellas, mediante el transporte de un semirremolque adaptado para ser cargado por elevación (movimiento *lo-lo*), lo que implica la disposición de unos refuerzos que disminuyen su capacidad de carga, ya que el refuerzo del bastidor conlleva un incremento de la tara en unos 400 kg. Desde el punto de vista de la terminal ferroviaria, supone la necesidad de contar con equipos especiales que dispongan de pinzas para efectuar este movimiento. Por otra parte, la necesidad de adaptarse al gálibo ferroviario acarrea generalmente la disminución del volumen que se puede transportar. Se estima que solo un 15 % de los semirremolques europeos están adaptados para esta técnica. Para su transporte ferroviario precisan de vagones tipo *poche*, en donde se puedan alojar las ruedas, y de un mecanismo específico para el acoplamiento de la denominada *quinta rueda*.

- La segunda posibilidad es el transporte del mismo semirremolque sin que tenga que estar adaptado. En este caso, se genera un movimiento de tras-

*Figura 39. Detalle de un vagón tipo poche o canguro transportando un semirremolque.*

bordo rodado, por lo que la carga en el tren se puede efectuar por la misma cabeza tractora o por las auxiliares que tenga la terminal para facilitar las rotaciones del operador de transporte combinado si, además, el transporte se efectúa como no acompañado. En Europa, esta posibilidad de transporte se oferta mediante vagones tipo Modalohr, aunque existen otras tipologías, como la de empresa sueca Kockums o la de la portuguesa Metalsines.

El transporte de semirremolques se puede clasificar dentro de los servicios denominados *autopista rodante*, ya que viaja el equipo completo de carretera, lo que supone, a su vez, una penalización sobre la capacidad de carga del vagón, al incluir en el peso de la carga que se debe transportar los propios ejes del semirremolque.

## 5.1.2   *Transporte acompañado*

Es la técnica que permite que el semirremolque completo más la cabeza tractora y su conductor, viajen en el tren. Este tipo de transporte genera un movimiento tipo *ro-ro*, por lo que la carga en las terminales se efectúa con la misma cabeza tractora del camión.

No impone el empleo de equipos especiales en las terminales, si bien demanda amplias áreas de estacionamiento para los camiones en espera de ser cargados y zonas de espera para los conductores. Además, necesita una logística interna para el traslado de los conductores a los coches de viajeros, desde donde efectuarán el recorrido ferroviario y su posterior traslado desde este coche a las ubicaciones de los camiones en el tren.

Este tipo de transporte es conocido como la *autopista ferroviaria* y no impone restricciones al modo de transporte por carretera, en términos de disminución de la capacidad de carga por volumen o peso, si bien las servidumbres que impone al ferrocarril son muy severas, con el empleo de vagones especiales y muy complejos.

Existen dos tipos de soluciones para el transporte acompañado. Por un lado, la denominada *Rola*, que se caracteriza por el uso de plataformas de suelo bajo dotadas de bogies especiales con ruedas de diámetro pequeño para permitir el incremento del gálibo del semirremolque. El tren se presenta, de esta forma, como una gran plataforma lineal, continua y plana, y la carga y la descarga se efectúan por los extremos de la composición. En Europa, este tipo de transporte se oferta por operadores *Rola*, como Hupac o Ralpin.

Por otro lado, los vagones tipo Modalohr, en donde la carga y descarga de los semirremolques se efectúa lateralmente. A diferencia de la técnica *Rola*, la cabeza tractora se debe desenganchar y posicionar en un lugar diferente de la composición. El operador especializado en este tipo de transporte es Viia.

Un caso muy especial de transporte acompañado es el de las *Shuttles* de Eurotunnel, entre Francia y Reino Unido, en donde el gálibo del túnel ha permitido la construcción de unos vagones de dimensiones especiales para el transporte de los semirremolques sin prácticamente limitaciones.


## 5.2   Medios de manipulación

El transporte combinado no acompañado genera habitualmente operaciones de manipulación verticales, tipo *lo-lo,* lo que supone el empleo de unos medios auxiliares de manutención que, a su vez, están condicionados por el tipo de unidad de carga que se vaya a manipular.

- **Grúa pórtico sobre raíles** *(rail gantry crane* o **RGC)**
  Consta de un puente elevado o pórtico soportado por dos patas a modo de arco angulado, con capacidad para desplazar los contenedores en los tres sentidos posibles, maniobrando en un espacio limitado y en sentido longitudinal a las vías o la campa sobre la que opera, empleando para ello raíles. La capacidad de movimiento horizontal está, por lo tanto, restringida.

  Las grúas pórtico sobre raíles maximizan el espacio útil de manipulación con relación al número de vías que pueden ser tratadas por un tren. Deben emplearse para terminales de tamaño medio o gran número de manipulaciones, ya que el coste de inversión del equipo y de la infraestructura sobre la que opera es muy elevado. Por otra parte, el diseño de terminales aptas para la manipulación de trenes de 750 m sin fraccionamiento impone mayores costes de inversión, ya que es aconsejable el empleo de al menos dos grúas pórtico para minimizar el tiempo de desplazamiento empleado para tratar la longitud completa del tren. Es habitual contar con un diseño de hasta tres grúas para garantizar la plena operatividad de la terminal, en función de los ciclos de mantenimiento de los equipos.

  La tipología de la grúa pórtico se basa en una codificación descriptiva de los lineales que pueden ser tratados bajo esta, tanto en ménsulas como en el mismo pórtico formado entre las patas de apoyo. Así, que una grúa sea de tipo 2-8-2 significa que su capacidad de tratamiento se basa en:

  - Dos carriles bajo ménsula aptos para el trasbordo entre modos o depósito temporal de UTI.
  - Ocho carriles bajo pórticos aptos para el trasbordo entre modos o depósito temporal de UTI.

*Figura 40. Manipulación de contenedores mediante grúas pórtico sobre raíles en la terminal Prague-Uhrineves, en la República Checa.*

– Dos carriles bajo ménsula aptos para el trasbordo entre modos o depósito temporal de UTI.

Estas grúas son de conducción restringida y eso facilita la automatización de los movimientos, si bien se requieren elevadas intensidades de tráfico para rentabilizar la instalación de este tipo de equipos.

- **Grúas pórtico sobre neumáticos** *(rubber tyred gantry* o **RTG)**
  Son una variante de las anteriores, con prácticamente las mismas funcionalidades, pero que emplean neumáticos para sus desplazamientos horizontales, por lo que su conducción no es restringida. A diferencia de las que se desplazan sobre raíles, no disponen de ménsulas, por lo que pierden la capacidad de tratamiento lateral de las anteriores. En algunos casos, para facilitar su desplazamiento, en particular cuando operan sobre carriles, se realiza un pequeño rebaje en la calzada para evitar la desviación en su recorrido. Se emplean fundamentalmente en patios para la distribución de los contenedores fuera de la zona de trasbordo o en terminales de bajo tráfico, ya que su capacidad de movimiento es menor.

Aunque son equipos móviles de conducción no restringida, realizan su trabajo de forma longitudinal, por lo que, al igual que las RGC, permiten la automatización de los movimientos salvo determinadas circunstancias.

- **Equipos móviles de manipulación**

  Son equipos de conducción no restringida con libertad de movimientos, por lo que combinan su capacidad de manipulación de UTI para la ejecución de las operaciones de trasbordo y apilamiento, con la realización de pequeños acarreos dentro de la misma terminal.

  Se emplean para terminales con pocos movimientos o como apoyo de terminales que cuenten con grúas tipo RGC o RTG, para la ejecución de labores de posicionamiento en las áreas de apilado de contenedores.

  Dentro de esta categoría de equipos, los más conocidos son las denominadas *apiladoras de alcance (reach-stackers)* que, dependiendo de sus características y la entrevía diseñada, pueden operar sobre una segunda vía paralela a la frontal de trabajo.

  El empleo de este tipo de equipos consume gran cantidad de espacio, por lo que si la intensidad de tráfico aumenta, se hace aconsejable el tratamiento de los trenes con grúas pórtico.

  Para la selección de este tipo de grúa es necesario conocer las funciones que ha de desempeñar y los tipos de tráfico que se ha de tratar. Así, por ejemplo, la manipulación de cajas móviles o semirremolques precisa de grúas con pinzas, o el de contenedores de 45' requiere un bastidor *(spreader)* específico, al no ser el modelo estándar de contenedores marítimos, salvo que estas unidades presenten la opción de córneres, no solo en los extremos sino también en la anchura propia de los 40'.

  Un tipo de equipo móvil especialmente diseñado para el tratamiento de contenedores vacíos son los *apiladores verticales*, que pueden llegar a alcanzar hasta siete alturas, de tratamiento horizontal o frontal, en función del diseño del área que se haya realizado y del modelo de gestión que se haya decidido para la playa de almacenaje.

  En numerosos estudios de diseño de terminal, se han analizado los criterios para la toma de la decisión sobre la elección de los equipos de manipulación y, en particular, el empleo de grúas RGC o apiladoras de alcance. En el trabajo *Recomendaciones, metodologías y estándares para el diseño técnico de terminales ferroportuarias* (Conles *et al.*, 2009) se establece un criterio orientativo para emplear equipos de manipulación de conducción no restringida, fijado en el volumen de tráficos de UTI y de trenes a tratar, que se basa en el cumplimiento simultáneo de tres factores:

– Demanda de tráfico anual que se ha de transbordar en la terminal ferroviaria, prevista para el año de mayor volumen de transporte de su vida útil y expresada en número de UTI, inferior a 30.000 UTI/año.

– Demanda media diaria de tráfico en la terminal, en el año de mayor volumen de transporte de su vida útil y medida en número de UTI, inferior a 120 UTI/día.

– Número de trenes al día que deben ser recibidos en la terminal ferroviaria no superior a dos (es decir, cuatro operaciones asociadas de carga y descarga).

- **Semirremolques autoportantes**
En algunas terminales de baja intensidad de tráfico se emplea un tipo de semirremolque de carretera que dispone de un mecanismo de captura, elevación y traslación de la UTI entre el semirremolque y el vagón ferroviario.

El empleo de estos equipos evita la inversión o alquiler de grúas móviles para las labores de manipulación y almacenaje de las UTI en la terminal, pero supone un coste de inversión relevante en los semirremolques de carretera.

Por otra parte, el proceso de carga y descarga es más lento que un equipo móvil de manipulación. Ello impone una servidumbre a la operadora de transporte ferroviario, a la que penaliza con un mayor tiempo de paralización de sus vagones

*Figura 41. Operaciones de manipulación mediante una apiladora de alcance en la terminal ferroviaria de Granollers (Barcelona).*

en la terminal, condicionado por el número de semirremolques que la empresa operadora de carretera emplee en la rueda de acarreos.

Por último, el empleo de estos equipos impide el almacenamiento de las UTI en la terminal, por lo que se suelen utilizar en terminales de baja intensidad con tráficos de alta rotación y muy especializados.

- **Otros equipos auxiliares**

En función del tipo de terminal que se gestiona, y en particular en las de gran tamaño que cuenten con grúas pórtico y patios de almacenaje remotos, alejados del área de depósito temporal que se pueda definir bajos las grúas, es conveniente el empleo de camiones con plataforma para la realización de los acarreos internos, al objeto de minimizar los recorridos que realizarían, de otro modo, las apiladoras de alcance.

El empleo de estos vehículos para los acarreos internos se hace igualmente necesario cuando la instalación cuenta con un área logística de naves para el tratamiento de la mercancía. Este punto es, sin duda, una de las grandes ventajas de las instalaciones ferroviarias con área logística integrada, ya que esta posibilidad minimiza el denominado coste de la *última milla*.

En efecto, la reducción de este coste, que en ocasiones puede llegar a ser tan relevante como para disuadir el uso del modo ferroviario, se consigue no solo por la disminución de la distancia que se ha de recorrer, sino también por la regularización de las entregas de las mercancías en el espacio de la terminal. El hecho de que las naves se encuentren dentro del recinto de la terminal permite la coordinación de entregas entre la empresa que la explota y la operadora de transporte. Y lo que es más importante, evita la paralización de la cabeza tractora que posiciona la mercancía en el muelle de la nave, de manera que se logra una reducción todavía mayor de este coste. Igualmente, se pueden requerir estos medios auxiliares en terminales con tráficos de autopista rodante no acompañados y que generen movimientos tipo *ro-ro* cuya manipulación asuma la empresa explotadora de la terminal.

Dado que este tipo de acarreos se realiza dentro de los límites de la misma terminal, no se hace necesario acudir a vehículos aptos para el tráfico exterior, lo que puede minimizar el coste de adquisición de estos equipos.

Para el traslado de los contenedores se puede emplear el sistema tradicional de cabeza tractora más semirremolque, o se pueden emplear plataformas autoportantes. Entre los equipos tractores, los más conocidos son los denominados *mafi*, empleados en terminales portuarias, pero cuya operativa se puede trasladar, perfectamente, a las terrestres para las funcionales descritas.

En casos de elevada intensidad de desplazamientos internos, es posible también definir equipos de tren-carretera para el traslado simultáneo de contenedores.

## 6   Factores críticos de la gestión de terminales

En los apartados anteriores se han analizado los aspectos que permiten entender con precisión el rol que juega una terminal ferroviaria en la cadena de transporte. Se trata de analizar ahora los factores que pueden mejorar la gestión de la empresa que explota la instalación. De nuevo, las reflexiones que expondremos son aplicables al conjunto de terminales ferroviarias, si bien el enfoque se centrará en las terminales de transporte intermodal, es decir, las que facilitan la gestión de tráficos de UTI, sin manipulación de la mercancía.

El objetivo último de la mejora de esta gestión es el denominado *factor de carga*, esto es, el número de veces que la longitud operativa de una vía destinada a la carga y descarga es utilizada en el horario de operación, ya que condiciona en gran medida la capacidad de la terminal.

Es importante destacar que se trata de una medida de ponderación, ya que tan relevante es el número de veces que se emplea una vía de la zona logística, como la longitud operativa que se emplea en cada operación. Como veremos, ambas situaciones pueden tener importantes implicaciones en la gestión de una terminal.

### 6.1   Configuración de la instalación

Dejando al margen los factores propios de localización geográfica de la instalación, podemos definir los siguientes como condicionantes de la explotación de una instalación con relación a su configuración:

#### 6.1.1   Disposición de las vías de carga y descarga

Existen dos formas de disposición de las vías de carga y descarga:

- **Fondo de saco**
  En esta disposición, las vías finalizan de forma tal que no permiten la continuidad del recorrido por uno de los extremos. Esto implica que el movimiento de entrada o el de salida del tren de la instalación se ha de efectuar mediante un retroceso del material rodante, maniobra que implica consumo de tiempo y, en algunos casos, disposición de medios auxiliares de maniobra.

  Para evitar el movimiento de posicionamiento de salida de la composición tratada en la zona de carga y descarga hacia la zona técnica, en el caso de trenes de tracción eléctrica, se suele electrificar la cabecera de las vías de manera que permitan las operaciones de carga y descarga y la expedición del tren desde esta zona.

- **Pasante**

  En esta disposición, la instalación de carga y descarga permite el acceso por cualquiera de los dos extremos, lo que agiliza el tratamiento de los trenes y puede permitir el aumento del factor de carga.

  Algunas instalaciones pasantes cuentan con cabeceras electrificadas en ambos extremos al objeto de evitar movimientos de posicionamiento, y realizan, para las operaciones de trenes con tracción eléctrica, entradas conocidas como *lanzamiento a vela (sail throw)*.

  En estas operaciones, el tren con tracción eléctrica entra en la zona de carga y descarga por inercia, y baja el pantógrafo en la zona sin catenaria. No obstante, y aun cuando la instalación sea pasante, si la circulación debe expedirse por el lado por el que accedió a la instalación, lo normal es que precise de un movimiento de posicionamiento, salvo que se haya optimizado la longitud del tren a la longitud operativa entre cabeceras electrificadas.

  Junto a la disposición de estas vías, se deben tener en cuenta factores específicos asociados al transporte ferroviario y que pueden influir en el factor de carga, tales como el tipo de tracción que la empresa ferroviaria emplea (diésel, eléctrica o híbrida) y el tipo de circulación que se tratará en la instalación (de origen/destino o pasante). La situación idónea para quien explota la instalación sería el trata-

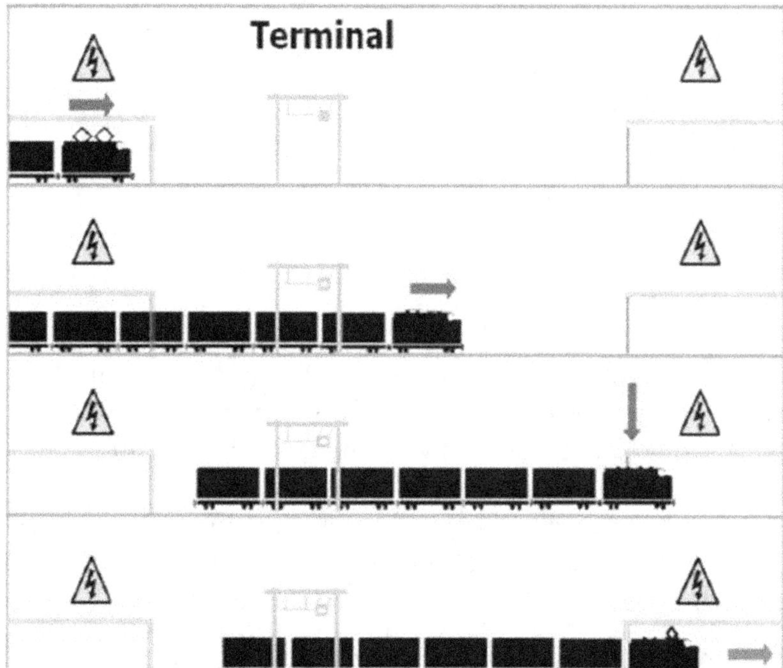



*Figura 42. Esquema del paso de un tren de tracción eléctrica por una zona de carga y descarga no electrificada. Entra en ella por inercia y baja el pantógrafo en la zona sin catenaria.*

miento de una circulación pasante en una instalación de carga pasante y atendida por tracción diésel o híbrida, ya que la probabilidad de realizar movimientos de posicionamiento disminuye. En el extremo contrario se encontraría el tratamiento de circulaciones atendidas con tracción eléctrica sobre instalaciones en fondo de saco, sin cabeceras electrificadas.

### 6.1.2   *Longitud operativa de las vías de carga y descarga y número de vías*

Como se ha indicado, el factor de carga es una medida de ponderación que implica tener en cuenta el aprovechamiento de la longitud de la vía de carga. Si los trenes que acceden a la instalación de carga y descarga no ocupan toda su longitud operativa, se está ante un sobredimensionamiento de recursos.

La tendencia al aumento de la longitud de los trenes (750 m o superior) supone en muchas ocasiones que las instalaciones de carga y descarga no estén acondicionadas para su tratamiento sin que sea necesario fraccionarlos, dado que en su origen se diseñaron para longitudes menores. Esto suele provocar un efecto negativo en la capacidad de la instalación, ya que el fraccionamiento de los trenes puede hacer disminuir el factor de carga de una terminal al no aprovecharse la longitud total de las vías operativas una vez que el tren se ha dividido.

Por otra parte, el número de vías de una zona logística puede mejorar la capacidad de la terminal en términos absolutos pero hacer caer el factor de carga, por lo que si la demanda no es elevada se estará ante un exceso de inversión.

Es preferible incrementar el factor de carga de una terminal con medidas de gestión antes que con medidas de inversión, que han sido las tradicionales a la hora de afrontar problemas de capacidad.

### 6.1.3   *Disposición de la zona técnica*

Por lo general, una zona logística de carga y descarga precisa de una zona técnica que haga las funciones de zona de acumulación de la primera. Esta zona técnica debe contar con vías de longitud suficientes para la admisión y expedición de trenes con la longitud con la que circularán posteriormente por la red.

Al igual que en el caso de las vías de carga y descarga, las que se destinen a esta función tendrán su propio factor de carga, que en general es bastante menor al de las primeras, ya que se destinan a otras funciones como el estacionamiento de composiciones entre ciclos de transporte o fuera de ciclos productivos. Este hecho justifica que las zonas técnicas tiendan a ser vistas como parte integrante del sistema ferroviario y no

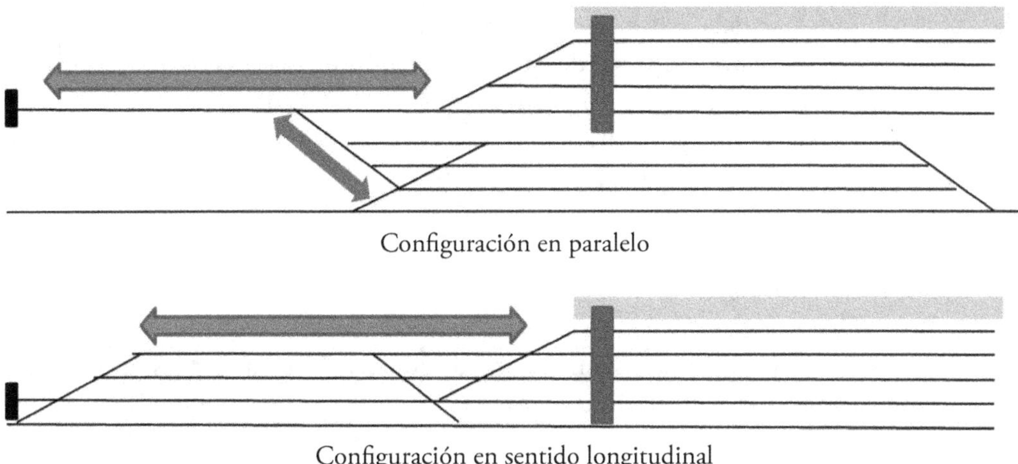


*Figura 43. Posibles disposiciones de una zona técnica en paralelo y en sentido longitudinal.*

como un elemento propio de la terminal, ya que su elevado coste y su baja productividad hacen que sea compleja la recuperación de la inversión asociada.

La disposición de la zona técnica con relación a la zona de carga y descarga puede influir en su factor de carga. En general, podemos encontrar dos tipos de disposición:

- **En paralelo**

  En este caso, la zona de carga y descarga se encuentra adyacente a la zona técnica, lo que implica una disponibilidad de terrenos en anchura. Los movimientos de posicionamiento del material entre una zona y otra suelen ser más fáciles en su ejecución, y contribuyen a mejorar el factor de carga de las vías logísticas. Sin embargo, como estos suelen hacerse contra un mango de maniobras,[6] la capacidad de la terminal puede verse constreñida por el número, la disponibilidad y la longitud de este.

- **En sentido longitudinal**

  En este caso, la zona de carga y descarga se encuentra a continuación de la zona técnica, lo que implica una disponibilidad de terrenos en longitud. Los movimientos de posicionamiento del material entre una zona y otra suelen ser algo más complejos al aumentar la longitud de los recorridos. Sin embargo, la capacidad de la terminal no se ve tan constreñida como en el caso anterior, ya que no actúa contra un mango de maniobras.

---

[6] Vía muerta que se utiliza para apartar máquinas y vagones durante las maniobras.

Por último, se debe tener en cuenta que, dado que el objetivo de una terminal es aumentar el factor de carga de las instalaciones ferroviarias, este hecho suele traer aparejado el incremento de movimientos entre las zonas técnicas y logísticas, lo que implica una mayor complejidad operativa e importantes decisiones sobre la disponibilidad o no de medios de maniobra.

## *6.2 Medios de maniobra*

La empresa explotadora de una terminal debe decidir cómo acometer las operaciones entre su zona técnica y su zona logística. Esta decisión influye decisivamente en el factor de carga de las vías logísticas sobre las que va a realizar las operaciones. La disponibilidad de medios de maniobra le confiere independencia organizativa en sus operaciones internas y aumenta las probabilidades de incrementar dicho factor de carga. Sin embargo, esta decisión implica un coste de explotación elevado con una difícil repercusión en las empresas ferroviarias usuarias del centro.

La alternativa a esta situación es que la empresa explotadora de la instalación delegue estas operaciones en una tercera, que puede ser la misma empresa ferroviaria o una proveedora de servicios de maniobra. En este caso, la que detenta la explotación evita la inversión en medios, pero pierde autonomía y con ello puede dañar el factor de carga de su instalación.

Si la decisión es que sean las empresas ferroviarias las que realicen los movimientos de posicionamiento del material entre la zona logística y la zona técnica, se estará a expensas de sus ciclos de transporte, por lo que la empresa explotadora debe garantizarse una cierta cobertura de medios para no constreñir la capacidad de su instalación. A su vez, las empresas ferroviarias pueden verse incómodas en este escenario, ya que implica la dedicación de unos recursos, fundamentalmente locomotoras y personal de conducción. La decisión acertada es más difícil de tomar si en la terminal confluyen varias empresas ferroviarias, ya que la complejidad operativa es mayor.

Si la conclusión es acudir a una compañía proveedora de tracción independiente de las empresas ferroviarias, la coordinación operativa es más fácil que con estas, si bien la explotadora de la instalación no controlará por completo uno de los aspectos que más pueden influir en el factor de carga, como es la disponibilidad de esos recursos y el ajuste a sus necesidades.

En España, el desarrollo de los modelos de gestión de las zonas logísticas de las instalaciones de Adif a riesgo y ventura de un tercero, está llevando hacia este modelo de explotación, en el que el administrador de la infraestructura se convierte, para la empresa que explota estos espacios, en un proveedor de servicios de tracción independiente de las empresas ferroviarias.

## 6.3  Horarios de prestación de servicios

La mayor o menor amplitud de horarios de un centro puede influir en el factor de carga de la instalación. No obstante, se debe tener en cuenta que el horario de prestación de servicios en un centro tiene dos orientaciones diferentes:

— Las derivadas de las necesidades del acceso ferroviario, relacionadas con las operaciones de carga y descarga de las mercancías del tren y que, por lo general, tienden a estar concentradas en el tiempo.
— Las derivadas de las necesidades del acceso de carretera, relacionadas con las operaciones de recogida y entrega de las mercancías y que, por lo general, se extienden a lo largo de la jornada de trabajo. A su vez, en el lado del acceso de carretera pueden aparecer otras necesidades operativas que no están vinculadas directamente con la del transporte ferroviario, como el establecimiento de un depósito de UTI, por ejemplo.

Por ello, la empresa explotadora de una instalación tiene que analizar cuidadosamente ambas necesidades, ya que influyen en el dimensionamiento de los medios que va a precisar para atender a sus clientes y pueden tener, a su vez, consecuencias en la calidad del servicio y la capacidad de su instalación. Por ejemplo, una alta concentración de operaciones para atender una punta de tráfico del lado de carretera puede llevar a destinar medios que influyen en las operaciones del lado ferroviario, haciendo disminuir el factor de carga al aumentar el tiempo de rotación de las composiciones de tren y limitar la calidad del servicio del transporte ferroviario, con una potencial pérdida del surco ferroviario.

Este tipo de situaciones hace que en algunas terminales se diferencie entre el horario de atención a los servicios del lado del acceso de carretera (destinados a la entrega y recogida de mercancías) y los de atención a los servicios del acceso ferroviario (destinados a la carga y descarga), máxime cuando estos últimos pueden concentrarse en el tiempo.

Sin embargo, no siempre la mayor o menor amplitud de horarios de prestación de servicio es sinónimo de mejora del factor de carga de la instalación. Las operadoras de transporte tienden a demandar amplios horarios como forma de flexibilizar sus operaciones y aumentar la rotación de las mismas (por ejemplo, los medios destinados a los acarreos de las mercancías), y con ello imponen en las instalaciones tiempos no productivos que incrementan el coste de explotación.

Es por ello que las empresas explotadoras están más predispuestas a una mayor amplitud de horarios, en términos de prolongación de jornadas o aperturas extraordinarias de la instalación, analizando si estas son motivadas por operaciones en el lado ferroviario o en el de carretera.

## 6.4  Incentivos de calidad

Las empresas explotadoras de terminales ferroviarias tratan de asegurar la calidad de los servicios que prestan a sus clientes dentro de un entorno de costes que hagan sostenible, y por lo tanto viable, su negocio. Están sometidas a la presión de sus clientes que demandan, por un lado, flexibilidad y eficacia operativa y, por el otro, cierto grado de exclusividad o atención preferente.

Para conjugar estos intereses, dichas empresas tienden a buscar entornos que permitan beneficiar a ambas partes mediante la creación de un sistema de incentivos que mejoren la operativa de la instalación y la de sus clientes. Este sistema de estímulos se refleja en los denominados *convenios de calidad concertada,* que son un marco de compromisos vinculantes entre proveedor y cliente. Los incentivos establecidos tratan de reflejar las mejoras de productividad que las partes pueden obtener en sus respectivas líneas de producción, y pueden cubrir aspectos tales como ventanas de tratamiento de trenes, prolongación de jornadas, volúmenes atendidos, programación anticipada de operaciones, estancias de material rodante y mercancías en la terminal, etc.

En este entorno de trabajo, se debe fijar a su vez el sistema de penalizaciones que regirán las relaciones entre proveedor y cliente cuando exista un incumplimiento por alguna de las partes. Por un lado, la empresa explotadora de la instalación habrá dispuesto una serie de medios para atender las necesidades de su cliente y responder con eficacia a su demanda de atención preferente. Por otro lado, la operadora de transporte habrá ajustado su programación en función de los plazos concertados con dicha empresa, por lo que un error de este supondrá un perjuicio en toda la cadena de transporte planificada.

## 6.5  Programación y planificación de servicios

Uno de los aspectos críticos en la gestión de una instalación es la capacidad de programar, con la debida antelación, el conjunto de actividades necesarias para la prestación de servicios. Esta planificación afecta de manera directa al factor de carga de la instalación, que puede condicionar a su vez la calidad del resto de los servicios que en ella se prestan.

En el caso de terminales con un cierto volumen de mercancías, se emplean programas de planificación de tareas que permiten minimizar, por ejemplo, el número de movimientos dentro de una terminal entre las zonas de carga y descarga y las zonas de almacenamiento remoto, lo que evita remociones.

Estos sistemas funcionan correctamente si se alimentan con antelación, lo que implica un esfuerzo por parte de clientes y usuarios de la instalación con relación a la puesta a disposición de la información que cada parte va a emplear.

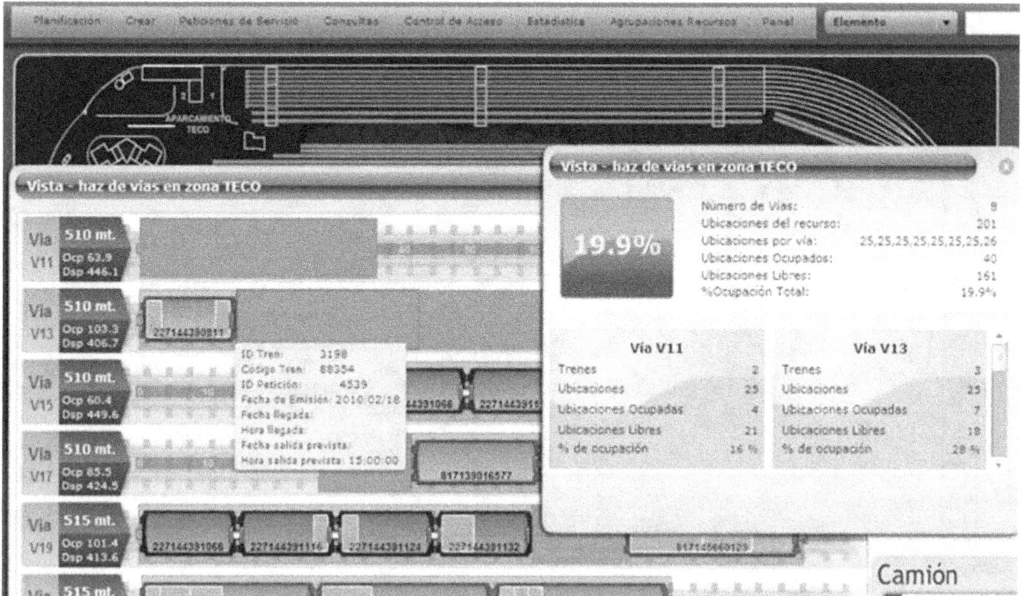

*Figura 44. En la programación de servicios se emplean programas de planificación de tareas para minimizar los movimientos dentro de una terminal.*

Algunos de los aspectos relevantes que pueden afectar a la programación y planificación anticipada de los servicios son:

– Grado de puntualidad de las empresas ferroviarias con relación a los trenes programados.
– Grado de cumplimiento de los planes de transporte de las empresas ferroviarias.
– Información previa del tratamiento de la mercancía a la llegada a la instalación, tanto en el lado ferroviario como en el lado carretera (permanencia, fecha, hora y operador de llegada y salida).
– Información previa sobre la composición del tren y formación de lotes de destinos en el caso de trenes multidestino.
– Información previa de distribución de la carga en el tren, tanto a la llegada como a la salida de la instalación desde el lado ferrocarril y prioridades de carga.
– Información previa de entrega o recogida de la mercancía desde el lado carretera.

## 6.6  Integración de la cadena logística

La gestión de una terminal es un eslabón más dentro de la cadena logística del transporte intermodal ferroviario. La influencia que dicha gestión tiene sobre esta hace que, cada

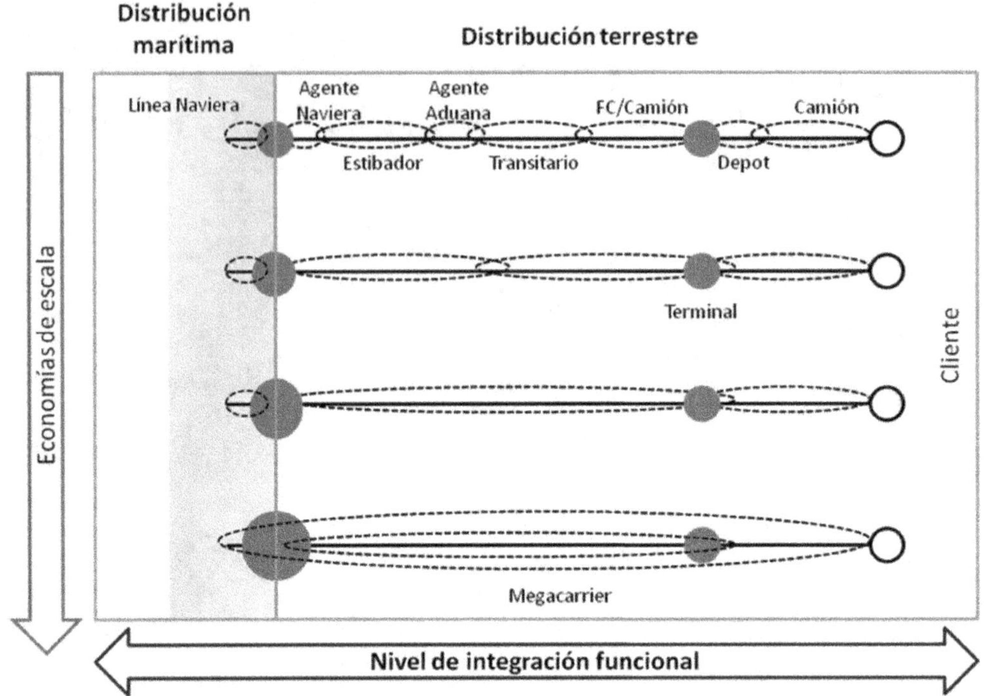


*Figura 45. Esquema de integración de la cadena logística terrestre y marítima.*

vez con más intensidad, las partes afectadas estén interesadas en la gestión integrada como una vía de comercialización de sus productos.

De esta manera, es posible encontrar, como parte del accionariado de las entidades titulares o explotadoras de este tipo de instalaciones, desde autoridades portuarias, interesadas en la ampliación de su área de influencia terrestre, hasta empresas ferroviarias, de transporte por carretera y operadoras de transporte combinado, compañías navieras o grandes empresas cargadoras.

La idea subyacente es que la integración vertical de los servicios puede reportar una ventaja competitiva en la cadena logística, ya que permite controlar más fácilmente la trazabilidad del producto que se oferta en el mercado. Frente a esta idea, puede existir un cierto temor por parte de pequeñas empresas operadoras, en el sentido de que una integración vertical de la cadena logística puede suponer una pérdida de objetividad en las terminales que son consideradas de acceso público.

Este debate no pasa desapercibido en España, en donde la nueva redacción del Plan de Infraestructuras, Transporte y Vivienda (PITVI) para los años 2012-2024 contempla el desarrollo de un nuevo modelo de gestión de las terminales de mercancías ferroviarias e intermodales, y supone una mayor implicación de las empresas operadoras (partes interesadas) en la gestión de las mismas.

## 7   Indicadores de gestión

Hemos analizado la importancia que tiene la terminal de mercancías en la cadena logística del transporte ferroviario. Como hemos hecho a lo largo de este capítulo, nos centraremos en el análisis de indicadores de gestión de las terminales de transporte intermodal, puesto que son las que presentan un mayor grado de complejidad y de las que más fácilmente se pueden extraer conclusiones hacia otro tipo de procesos.

La unidad sobre la que gira la gestión de una terminal, en términos de manipulación, es la UTI, que accede a la instalación a través de cada uno de los medios de transporte que confluyen en ella (trenes, camiones o barcos). La unidad de medida sobre la que gira la gestión de una terminal intermodal, en términos de capacidad, es el TEU.

Los objetivos que se persiguen con la definición de indicadores de gestión se pueden resumir en:

- Definir un método que permita medir la calidad de la operativa que se realiza.
- Facilitar el conocimiento de las fortalezas y debilidades en la gestión que permitan establecer planes de mejora.
- Apoyar los procesos productivos y asistir en la toma de decisiones en sucesos imprevistos.
- Determinar los factores causa/efecto en los procesos operativos que influyen en los objetivos definidos y en los resultados de la gestión.

Vamos a agrupar los indicadores en cuatro grupos de rendimiento o comportamiento, sin que sea imprescindible en todos los casos definir y medir todos ellos, y con la opción de establecer otros, tengan una vinculación o no con los que aquí se proponen.

### 7.1   *Indicadores operacionales*

Este conjunto de indicadores debe agrupar los subsistemas que forman la terminal y que, en términos generales, señalábamos como:

- Área técnica.
- Área logística.
- Recepción y entrega.
- Almacenamiento.
- Consolidación y desconsolidación.

Dejamos al margen de este análisis el área de interconexión y otros servicios que, en definitiva, forman parte de la infraestructura de la terminal. De igual forma, se recomienda realizar una definición sobre los recursos disponibles (medios y recursos humanos).

El conjunto de indicadores que es posible encontrar es sumamente amplio y mostraremos tan solo los que a nuestro juicio pueden ser más relevantes.

## 7.1.1   *Área técnica*

| *Definición* | *Descripción* |
|---|---|
| Oferta | Número de horas ofertadas para la recepción y expedición de trenes en una unidad de tiempo |
| Demanda | Número de trenes tratados (recibidos + expedidos) en una unidad de tiempo |
| Factor de carga | Número de veces que se emplea la longitud operativa de una vía del área técnica dentro del horario de prestación de servicio de la instalación |
| Permanencia | Tiempo de permanencia de las unidades de transporte (locomotoras y vagones) en la instalación desde su entrada hasta su salida |
| Cumplimiento de planes de transporte | Cumplimiento de la programación realizada por las empresas ferroviarias con relación a los trenes de salida/entrada programados en una unidad de tiempo |

## 7.1.2   *Área logística*

| *Definición* | *Descripción* |
|---|---|
| Oferta | Número de horas ofertadas para la manipulación de las UTI en una unidad de tiempo |
| Demanda | Número de UTI tratadas en una instalación en una unidad de tiempo (cargadas/descargadas/transbordadas y movimientos comerciales) |
| Factor de carga | Número de veces que se emplea la longitud operativa de una vía del área logística dentro del horario de prestación de servicio de la instalación |
| Tipología de UTI | Relación entre TEU/UTI tratada |
| Permanencia* | Tiempo de permanencia de la UTI en la instalación desde su entrada hasta su salida entre diferentes modos de transporte |

* Se recomienda incluir el tiempo de permanencia en el área de almacenamiento.

### 7.1.3   Recepción y entrega (modo de carretera)

| *Definición* | *Descripción* |
| --- | --- |
| Oferta | Número de horas ofertadas para la recepción y entrega de UTI en una unidad de tiempo |
| Demanda | Número de camiones tratados en una unidad de tiempo |
| Permanencia* | Tiempo de permanencia de los camiones en la instalación desde su entrada hasta su salida |

* Se recomienda tener control sobre la distribución horaria de las entradas y salidas de camiones en una instalación y definir el factor punta de la instalación.

### 7.1.4   Almacenamiento

| *Definición* | *Descripción* |
| --- | --- |
| Oferta | Número de horas ofertadas para la recepción y entrega de UTI en una unidad de tiempo |
| Demanda | Número de UTI/TEU tratados en una unidad de tiempo |
| Permanencia* | Tiempo de permanencia de la UTI en el área de almacenamiento |

* Se recomienda estimarla para el caso de UTI vacías en donde los movimientos de entrada y salida en la instalación pueden hacerse en el mismo modo de transporte (carretera+carretera).

### 7.1.5   Recursos disponibles

| *Definición* | *Descripción* |
| --- | --- |
| Movimientos* | Número de movimientos realizados por cada elemento de manipulación en una unidad de tiempo (movimientos productivos) |
| Tiempo de manipulación | Minutos destinados al movimiento de cada UTI |
| Disponibilidad | Número de averías sufridas por los medios que hayan supuesto su inmovilización durante un período de tiempo (se puede realizar entre la unidad de tiempo o de producción). |
| Productividad turno | Número de UTI tratadas por los trabajadores en cada turno de trabajo |

* Se recomienda emplear el ratio movimientos productivos/movimientos comerciales.

### 7.1.6   *Consolidación y desconsolidación*

| Definición | Descripción |
| --- | --- |
| Superficie comercializada | Ratio de ocupación entre la efectivamente ocupada y la superficie disponible por tipo de activo |

## 7.2   **Indicadores de calidad**

Tratan de medir el nivel de cumplimiento de las necesidades manifestadas por los clientes de una instalación. Nuestra recomendación es que estas necesidades se formalicen basándose en la herramienta de la calidad concertada, ya que permite establecer los atributos que son clave para el cliente en su relación con la empresa explotadora de la instalación.

Algunos de los atributos sobre los que se puede concertar la calidad en la prestación de servicios pueden ser:

— Puntualidad de expedición de trenes.
— Tiempo de tratamiento de la composición del tren.
— Tiempo de permanencia del camión en la instalación.
— Suministro de información entre la empresa explotadora de la instalación y su cliente.
— Horas de entrega/recogida de material (relevante cuando exista una empresa proveedora de servicios de maniobra diferente de la que explota el área logística de una instalación).
— Flexibilidad operativa en términos de horario, para atender prolongaciones de jornada o apertura en días festivos.

Con carácter general, si no se ha concertado específicamente el grado de prestación de un servicio, el mejor indicador de la gestión de calidad es el referido a las reclamaciones realizadas por los clientes, para las que se aconseja definir:

— Tipología: por daños, por retrasos en la entrega, por inexactitud de la información remitida (facturación), etc.
— Consecuencias económicas: desembolso que debe hacerse como consecuencia de la aceptación de la reclamación planteada.
— Tiempo de resolución de la reclamación.

| Definición | Descripción |
| --- | --- |
| Reclamaciones | Número de reclamaciones planteadas por los clientes |

## 7.3   Indicadores financieros

Los indicadores financieros que pueden establecerse con relación a una terminal pueden ser de lo más variado e incluir cualquiera de sus tres vertientes: ingresos, costes y rentabilidad.

Muchos de los indicadores que se pueden definir son comunes a cualquier actividad comercial que se lleve a cabo y, por lo general, tratan de medir la contribución de la unidad de producción al objetivo de rentabilidad y sostenibilidad económica.

En el caso de las terminales de mercancías intermodales, podemos diferenciar claramente las siguientes unidades de producción:

- *Tren:* para la actividad desarrollada en el área técnica con operaciones vinculadas al tren (preparación de tren, maniobras, estancias de material ferroviario, etc.).

- *UTI:* para la actividad desarrollada en el área logística, con operaciones vinculadas a la manipulación de la unidad de transporte y su estancia (que puede incluir el almacenamiento).

- *TEU:* para la actividad desarrollada en el área de almacenamiento, si se diferencia de la logística, y que puede incluir otras actividades complementarias al tratamiento de la UTI (inspección, mantenimiento, reparación, limpieza, refrigeración, mercancías peligrosas, etc.).

- *Superficie:* para la actividad desarrollada en el área de consolidación y desconsolidación de la instalación, en el caso de que se dispusiera de ella.

Como norma general, los indicadores que se establecen se realizan en términos de ingresos por unidad de producción, pero nada impide que se fijen en términos de costes o rentabilidad.

| Definición | Descripción |
|---|---|
| €/Tren | Ingresos obtenidos por cada tren tratado |
| €/UTI | Ingresos obtenidos por cada UTI tratada |
| €/TEU (o UTI) | Ingresos obtenidos por cada TEU (o UTI) almacenada, incluyendo los ingresos complementarios durante su estancia en la instalación |
| €/m² | Ingresos obtenidos por cada metro comercializado en las áreas de consolidación y desconsolidación de la instalación |

## 7.4  *Indicadores ambientales*

La cada vez mayor sensibilización de la sociedad con relación a la huella de carbono generada por las actividades económicas, y en particular por las actividades logísticas, hace necesario un compromiso responsable de las empresas prestadoras de servicios con relación a los posibles daños ambientales que puedan generar.

Las emisiones de gases de efecto invernadero están constituidas por todas las emisiones de sustancias gaseosas que pueden contribuir potencialmente al calentamiento global. La huella de carbono, que se expresa en toneladas de $CO_2$ equivalentes, trata de reflejar, mediante factores de conversión, la importancia de cada una de ellas en el proceso de producción de las organizaciones.

Se está llevando a cabo un importante proceso de estandarización con relación a la metodología de cálculo que se debe emplear, con el objetivo de que puedan analizarse las medidas de su reducción e incluso de compensación a la sociedad por parte de los causantes de estos. En esa línea de estandarización se encuentra la definición de las normas ISO 14067-1 y 2 (cálculo de la huella de carbono de los productos y servicios [cálculo y comunicación]) e ISO 14069 (cálculo de la huella de carbono de las organizaciones).

Adicionalmente a la huella de carbono que la actividad de una terminal puede generar, es relevante que se considere la posible emisión de ruidos, en particular si existe cierta proximidad con núcleos urbanos y se desarrolla actividad nocturna, y en todo caso para garantizar las condiciones de seguridad y salud laboral.

Hasta que se extienda el desarrollo de la huella de carbono entre las organizaciones, nuestra recomendación es la utilización de los siguientes indicadores:

| *Definición* | *Descripción* |
| --- | --- |
| Combustibles | Consumo de combustible diésel de los medios de manipulación en unidad de tiempo (en litros) |
| Energía manipulación* | Consumo de energía eléctrica de los medios de manipulación en kW·h (grúas pórtico) |
| Energía servicios* | Consumo de energía eléctrica de la instalación en kW·h (alumbrado, etc.) |
| Ruido | Emisión de ruido en dB |

* La Agencia Internacional de la Energía tiene establecido un factor de conversión entre gramos de emisión y kW·h.

# Capítulo 4

# El material móvil
# para los trenes de mercancías

Joan Carles Enguix

La característica fundamental que diferencia al ferrocarril de los otros medios de transporte es el guiado de las ruedas sobre el carril. Este guiado proporciona ventajas relativas a la seguridad, a la posibilidad de automatización, debido a su unidireccionalidad, y al bajo rozamiento entre la rueda y el carril de acero, lo que permite arrastrar grandes cargas con poco esfuerzo. Pero a su vez comporta un grave inconveniente ya que solo puede circular un tren sobre un tramo determinado de vía y, por lo tanto, cualquier incidencia paraliza la línea.

De aquí surge la importancia de estudiar cuidadosamente las condiciones de circulación de los trenes. Una parte de este estudio se dedica a seleccionar la locomotora que, por sus características técnicas, se considera más adecuada para remolcar cada tren, teniendo en cuenta la línea recorrida, el tipo de velocidad, la carga media que se estima que remolcará el tren y la aceleración deseada. Además, la elección final de la locomotora debe compatibilizarse con las restricciones que impone la disponibilidad del parque de vehículos y el personal habilitado.

## 1  La dinámica de los trenes

### 1.1  La adherencia

Los trenes de mercancías son, en muchos aspectos, los últimos ejemplares existentes del tren clásico «de toda la vida», formado por una locomotora –o varias– que arrastra vagones de diversos tipos. Efectivamente, la profusión en el servicio de viajeros de trenes-unidad autopropulsados, tanto en largo recorrido y alta velocidad como en cercanías y regionales, ha relegado al servicio del transporte de mercancías el concepto clásico de tren con locomotora y vagones. Por este motivo, es importante empezar esta parte dedicada al material rodante recordando los fundamentos básicos de la dinámica de los trenes clásicos, abordados en el capítulo dedicado a la infraestructura ferroviaria; muchas veces estos fundamentos se obvian en los modernos trenes de viajeros, sobre todo en los vehículos de última generación con tracción distribuida.

En los trenes clásicos, el elemento tractor, es decir la o las locomotoras, provee un esfuerzo de tracción que sirve para arrancar y mantener en marcha el tren, formado por un determinado número de vagones que deben ser arrastrados. Ese esfuerzo tractor y, por lo tanto, la capacidad de la locomotora para remolcar un tren de mayor o menor tamaño está en proporción directa con la adherencia de la que dispone, entre ruedas y carril. Por este motivo, dos de los factores esenciales en el proceso de diseñar una locomotora para trenes de mercancías son su *peso adherente,* que es la parte del peso total que reposa sobre sus ruedas tractoras, y el número de las mismas.

Dado que en las redes ferroviarias europeas la vía suele soportar un peso máximo por eje de 22,5 t, una locomotora de seis ejes motrices tendrá mayor peso adherente que una de cuatro ejes, pues el esfuerzo de tracción se calcula mediante el producto del peso adherente disponible por el coeficiente de rozamiento (o adherencia) entre rueda y carril de acero, el cual en condiciones meteorológicas normales suele establecerse en 0,3. Esto explica que en los países montañosos, como Austria, Suiza o España, y que los ferrocarriles aptos para grandes cargas, como los norteamericanos, empleen a menudo locomotoras con seis ejes motrices, mientras que en países de relieve menos accidentado, como Francia o los de Europa central, se empleen locomotoras de cuatro ejes.

Otra característica a tener en cuenta es que el coeficiente de adherencia no es fijo, sino que se reduce con la velocidad, lo cual es hasta cierto punto intuitivo porque parece lógico que a medida que las ruedas giran más rápido y las suspensiones del vehículo actúan, el coeficiente de rozamiento sea menor. Lógicamente, si las resistencias ofrecidas por el tren superan al esfuerzo tractor o bien se pierde adherencia –por ejemplo, por humedad en el carril–, las ruedas de la locomotora patinan y se deja de avanzar, lo que el maquinista debe evitar a toda costa.

Los factores más importantes que influyen en la variación del rozamiento entre rueda y carril son:

- Las capas contaminantes provocadas por lluvia, humedad, grasas, hojarasca o suciedad. Para evitarlas se usan zapatas limpiadoras.
- La temperatura, pues todo lo que la haga aumentar disminuye el coeficiente de rozamiento.

*Figura 46. La locomotora s/251 de Renfe Operadora, típica para trenes de mercancías, con la máxima adherencia al disponer de seis ejes en tres bogies monomotores.*

— Las variaciones de los esfuerzos dinámicos y las vibraciones, que afectan al rozamiento, lo que aumenta los deslizamientos. Concretamente, afectan en las siguientes situaciones:

- Defectos de la vía.
- Curvas.
- Desequilibrios del vehículo y diferencias en el reparto de cargas.
- Conicidad de las llantas de rueda y del movimiento de lazo asociado a ellas.
- Variaciones del par motor.[1] La adherencia mejora sensiblemente con bogies monomotores, regulación electrónica y sistemas antipatinaje y antibloqueo.
- Movimientos de cabeceo. En ellos se descarga y carga alternativamente uno y otro bogie. Sobre ellos influye la suspensión y, de forma especial, la unión bogie-vehículo.

---

[1] El par motor es la fuerza de torsión que se ejerce por o sobre un elemento rotativo. En este caso se hace referencia al esfuerzo rotativo que provoca el avance del vehículo por la vía.

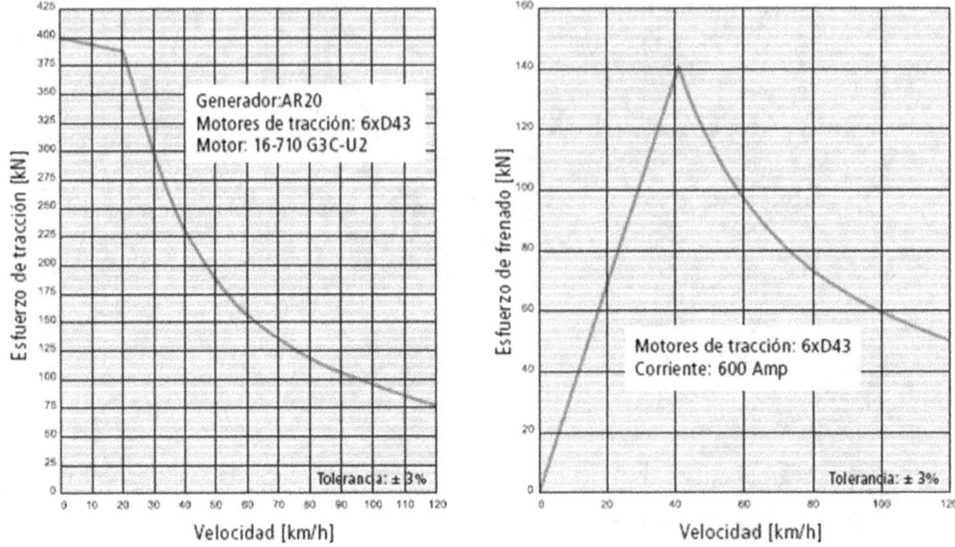



*Figura 47. Curva esfuerzo/velocidad correspondiente a una típica locomotora diésel para tráfico de mercancías, la Euro 4000 fabricada por Vossloh. En el gráfico se observa como una locomotora de 3.000 kW que circula a 120 km/h desarrolla un esfuerzo tractor máximo de 75 kN, pero en cambio llega a 300 kN cuando reduce su velocidad hasta 25 km/h.*

## 1.2  La potencia

Aunque pueda parecer extraño al lector no especializado, la potencia no suele ser nunca un factor limitante para la capacidad de arrastre de una locomotora, sino la adherencia, especialmente en el arranque. Así pues, para una locomotora de cuatro ejes, que puede pesar 90 t como máximo y permite un esfuerzo tractor continuo de 27.000 kp (o 270.000 newtons, aproximadamente), puede bastar una potencia instalada de 1.900 kW para utilizar a la perfección su adherencia disponible. En la práctica, la relación entre potencia y adherencia se plasma en lo que se conoce como el gráfico de curvas características de la locomotora, que consiste en un gráfico del esfuerzo de tracción en kN/velocidad en km/h (o m/s), al que se inserta la curva límite de adherencia. El punto de cruce de las curvas posibilita obtener para cada velocidad un esfuerzo límite que permite determinar la carga máxima que se puede remolcar.

## 1.3  Las resistencias

Frente al esfuerzo de arrastre que ejerce la locomotora, la composición de vagones que se han de remolcar ofrece una serie de resistencias, que la tracción debe superar para que exista movimiento de avance.

En concreto, para los trenes de mercancías, que no suelen rebasar los 100 km/h, se acepta que el esfuerzo resistente total es la suma de tres tipos de resistencia:

- La resistencia al avance, que suma los efectos de inercia y de resistencia del aire.
- La resistencia de la rasante cuando es positiva, es decir, en rampa.
- La resistencia de las curvas, importante para los trenes de mercancías de gran longitud.

Siempre que se habla de la masa de un tren, nos referimos a la suma de la masa de su locomotora y de sus vagones. Así, una locomotora de 80 t con unos vagones de 720 t (tara más carga neta) es un tren con una masa total de 800 t.

La resistencia al avance se origina por los efectos de inercia que supone movilizar todos los ejes, las cajas de grasa, las ruedas, etc., del tren. También se incluye la energía que se disipa por circular sobre las irregularidades de la vía, hundiendo las traviesas o flexionando el carril entre dos traviesas consecutivas, entre otros efectos. Además, hay que tener en cuenta la resistencia aerodinámica, aunque no sea tan trascendente como en los trenes de viajeros de alta velocidad.

*Figura 48. Tren de mercancías circulando por un tramo en rampa y en curva. Las resistencias de ambas se suman para dar lo que se denomina rampa corregida o ficticia.*

El cálculo de la resistencia al avance para una serie de vehículos que forman un tren es un proceso complejo. Se calcula independientemente para cada uno de ellos, incluyendo la locomotora, mediante polinomios con coeficientes determinados empíricamente y específicos de cada vehículo. En la práctica, para velocidades máximas de 100 km/h, la resistencia al avance se calcula multiplicando la masa total del tren por 30, de manera que se obtiene la resistencia en daN (decanewtons o daN, asimilables a 1 kilogramo de esfuerzo, 1 kg = 9,8 N).

La resistencia a la rampa es intuitiva y resulta proporcional a la misma. Su cálculo puede aproximarse si se conoce el valor de la rampa en milésimas, pues cada milésima equivale aproximadamente a 1 daN/t (1 kg/t) de esfuerzo resistente. Así, por ejemplo, una rampa de 18 milésimas producirá una resistencia de 18 daN/t, por lo que un tren de 800 t representa un esfuerzo resistente de 14.400 daN (o kg) que se ha de superar para lograr su remolque.

En lo que respecta al efecto curva, especialmente relevante para los trenes largos que transitan por líneas con curvas de radio reducido, el esfuerzo resistente se origina al perder esfuerzo tractor que se registra a lo largo del tren para transformar la componente en dirección a la marcha, que se recibe en el gancho de la locomotora, en una fuerza en dirección a la marcha del último vagón, que obviamente en curva no coincide con la de la locomotora.

Ese cambio de dirección de la fuerza tractora se va consiguiendo vagón a vagón gracias al rozamiento de las pestañas exteriores contra el carril, que originan importantes fuerzas con componentes contrarias al sentido de la marcha. En la práctica, existen fórmulas estandarizadas para calcular la resistencia en función del radio de las curvas que se han de recorrer. En dichas fórmulas se divide el factor 800 por el radio de la curva y se multiplica por la masa del tren. Así, un tren de 800 t, circulando por un tramo con curvas de radio 400, genera un esfuerzo resistente de 1.600 daN (o kg).

Con la suma de estos esfuerzos resistentes se obtiene la resistencia total del tren.

## 1.4   *La interacción entre tracción y resistencias*

Cada línea férrea se divide en tramos con las mismas características, básicamente de rasante y de trazado. De cada tramo se obtiene la llamada *rampa característica*, que es simplemente la mayor rampa significativa existente en el trayecto individual. Se considera significativa cuando tiene suficiente longitud para contrarrestar la posible inercia del tren en movimiento y dejarlo literalmente «colgado» de la locomotora, momento en que esta desarrollará su máximo esfuerzo tractor.

La rampa característica, incrementada en el efecto curva, que en general supone un aumento equivalente de 2 o 3 milésimas, se denomina *rampa ficticia* o *corregida*. De este modo, la resistencia total se asimila a una línea recta hipotética con la declividad de la rampa ficticia. Es la mayor de estas, dentro del recorrido de un tren, la que se utiliza para calcular la carga máxima en el arranque, en el momento de calcular las cargas máximas de ese tren.

En España, por ejemplo, la rampa característica promedio de la red se halla entre 12 y 15 milésimas. Además, como las curvas tienen un radio promedio de 400 m, resulta que la rampa ficticia típica oscila entre 14 y 17 milésimas. Para una locomotora eléctrica moderna en tracción simple, esto supone capacidad para remolcar trenes de entre 1.130 y 1.370 t brutas, exceptuando el peso de la locomotora, que equivale aproximadamente a un tren de 15 vagones de bogies, 90 t brutas y 300 m de longitud.

## 2   Factores que determinan la eficiencia de un tren

### 2.1   *La determinación de las cargas máximas*

Cada tipo de locomotora tiene una carga máxima para una rampa dada, que es función de su esfuerzo tractor máximo, y esa carga es la que figura en el documento denominado *Cuadro de cargas máximas*, para cada trayecto.

Una vez conocidas las curvas características esfuerzo/velocidad de una locomotora, las cargas máximas se calculan para dos supuestos: en el arranque y en marcha.

La carga máxima en el arranque viene limitada por el esfuerzo tractor máximo que la máquina puede ejercer, que a su vez está determinado por el peso adherente y no por la potencia de la misma.

La carga máxima en marcha viene determinada por el esfuerzo tractor máximo en régimen continuo, en régimen unihorario (locomotoras eléctricas) y por el límite del esfuerzo adherente en llanta. En la práctica, al gráfico de curvas características de tracción se superpone la curva de resistencia del tren, siendo el punto de cruce la velocidad a la que circulará en un punto determinado.

La tracción múltiple, es decir el acoplamiento de varias locomotoras a la cabeza de un tren, permite sumar sus esfuerzos tractores e incrementar la carga remolcada del tren en un recorrido determinado. Entonces, el límite de la resistencia de los enganches pasa a ser la condición que limita la longitud del tren.

### 2.2   *La determinación de la longitud máxima*

En la mayor parte de las líneas férreas existe una limitación de longitud derivada de la capacidad de estacionamiento de las vías de apartado en las que los trenes de mercan-

| TABLA DE CARGAS MÁXIMAS EN FUNCIÓN DE LA RAMPA CARACTERÍSTICA | | | | | | | | |
|---|---|---|---|---|---|---|---|---|
| *Rampa caract.* | *Series de locomotoras* | | | | | | | |
| | *310* | *311* | *312.1* | *312.3* | *319.2* | *319.3 sin calefacción* | *319.3 con calefacción* | *319.4* | *321* |
| 0 | 2360 | 2500 | 2500 | 2500 | 2500 | 2500 | 2500 | 2500 | 2500 |
| 1 | 2050 | 2500 | 2500 | 2500 | 2500 | 2500 | 2500 | 2500 | 2500 |
| 2 | 1820 | 2500 | 2480 | 2500 | 2500 | 2500 | 2500 | 2500 | 2500 |
| 3 | 1630 | 2500 | 2220 | 2500 | 2500 | 2500 | 2500 | 2500 | 2350 |
| 4 | 1470 | 2330 | 2010 | 2500 | 2410 | 2500 | 2500 | 2500 | 2120 |
| 5 | 1340 | 2130 | 1840 | 2500 | 2200 | 2410 | 2430 | 2500 | 1940 |
| 6 | 1230 | 1960 | 1690 | 2360 | 2020 | 2130 | 2150 | 2500 | 1740 |
| 7 | 1140 | 1810 | 1530 | 2140 | 1870 | 1910 | 1920 | 2500 | 1560 |
| 8 | 1060 | 1680 | 1390 | 1950 | 1730 | 1730 | 1740 | 2300 | 1410 |
| 9 | 980 | 1570 | 1270 | 1790 | 1580 | 1570 | 1580 | 2100 | 1290 |
| 10 | 910 | 1480 | 1170 | 1650 | 1450 | 1450 | 1450 | 1930 | 1180 |
| 11 | 840 | 1390 | 1080 | 1530 | 1340 | 1330 | 1340 | 1790 | 1090 |
| 12 | 780 | 1310 | 1000 | 1430 | 1240 | 1240 | 1240 | 1660 | 1010 |
| 13 | 730 | 1240 | 930 | 1340 | 1160 | 1150 | 1160 | 1550 | 940 |
| 14 | 680 | 1180 | 880 | 1260 | 1090 | 1080 | 1080 | 1460 | 880 |
| 15 | 640 | 1070 | 820 | 1180 | 1020 | 1010 | 1020 | 1370 | 830 |
| 16 | 600 | 1020 | 780 | 1120 | 960 | 950 | 960 | 1290 | 780 |
| 17 | 570 | 980 | 730 | 1060 | 910 | 900 | 900 | 1220 | 740 |
| 18 | 540 | 940 | 690 | 100 | 860 | 850 | 850 | 1160 | 700 |
| 19 | 510 | 900 | 660 | 950 | 820 | 810 | 810 | 1100 | 660 |
| 20 | 480 | 860 | 630 | 910 | 780 | 770 | 770 | 1050 | 630 |
| 21 | 460 | 800 | 600 | 870 | 740 | 730 | 730 | 1000 | 600 |
| 22 | 440 | 770 | 570 | 830 | 710 | 700 | 700 | 960 | 570 |
| 23 | 420 | 740 | 540 | 790 | 670 | 670 | 670 | 910 | 540 |
| 24 | 400 | 720 | 520 | 760 | 650 | 640 | 640 | 880 | 520 |
| 25 | 380 | 700 | 500 | 730 | 620 | 610 | 610 | 840 | 500 |
| 26 | 370 | 650 | 480 | 700 | 590 | 580 | 590 | 810 | 480 |
| 27 | 350 | 630 | 460 | 670 | 570 | 560 | 560 | 780 | 460 |
| 28 | 340 | 610 | 440 | 650 | 550 | 540 | 540 | 750 | 440 |
| 29 | 330 | 600 | 430 | 630 | 530 | 520 | 520 | 720 | 420 |
| 30 | 310 | 560 | 410 | 600 | 510 | 500 | 500 | 700 | 400 |
| 35 | 260 | 480 | 350 | 510 | 430 | 420 | 420 | 590 | 340 |
| 40 | 220 | 420 | 290 | 440 | 360 | 350 | 360 | 510 | 280 |
| 45 | 190 | 360 | 250 | 380 | 310 | 310 | 310 | 440 | 240 |

*Tabla 2. Cuadro de cargas máximas, con las series de locomotoras en abscisas, la rampa característica en ordenadas y las cargas remolcables expresadas en toneladas (fuente: Adif).*

*Figura 49. Longitudes máximas permitidas en la red administrada por Adif, de acuerdo con su declaración de red. En negro las permitidas de ordinario y en rojo las autorizadas excepcionalmente.*

cías deben situarse para facilitar los cruces y adelantamientos de otros trenes (véase el apartado dedicado a la infraestructura).

Habitualmente, el gestor de la infraestructura es quien establece la limitación de longitud, y a ella deben adaptarse las empresas ferroviarias que soliciten surcos de marcha.

Estas longitudes quedan recogidas en la *Declaración de red* de cada administrador de infraestructura, y son las utilizadas por los gestores de capacidad de estas entidades a la hora de autorizar una solicitud de circulación efectuada por una empresa operadora ferroviaria.

## 2.3　La influencia del gálibo y de la carga autorizada por eje

El gálibo ferroviario se ha definido en el capítulo dedicado a la infraestructura ferroviaria, y también en ese apartado se ha analizado su impacto en la eficiencia de los trenes de mercancías.

En la práctica, las empresas operadoras se sujetan a las prescripciones de gálibo establecidas en la *Declaración de red*. En tráficos internacionales, en los que intervienen dos o más declaraciones de red, deben sujetarse al menor de los gálibos existentes para un recorrido dado.

Asimismo, como se ha comentado en capítulos anteriores, también las cargas por eje son específicas de cada línea de una red ferroviaria, por lo que la carga de los vagones debe ajustarse a la especificada en la *Declaración de red*. Con ello se pueden limitar las cargas por debajo de la máxima admisible para cada tipo de vagón, lo que perjudica su eficiencia.

## 2.4   Las características de carga del parque de vagones

La configuración de los vagones produce diferentes relaciones entre tara y carga admisible, lo cual influye también directamente en la eficiencia del vagón y, por ende, en la del tren, como en cualquier otro vehículo de transporte. Así, la relación entre un vagón plataforma con estructura y tara mínima y su carga máxima, 45 t para un vagón de dos ejes por ejemplo, es óptima. Sin embargo, debe preverse una circulación estable del vagón vacío, así como una resistencia longitudinal adecuada para su inserción en trenes aun cuando circule vacío. Por estos motivos, incluso los vagones más ligeros, de construcción moderna, suelen tener taras no inferiores a 14 t. En este supuesto, para una carga admisible de 31 t, la relación considerada como eficiente sería de 2,21.

En el caso de un vagón tolva de bogies para transportar mineral, la relación entre tara y carga oscila entre 2,5 y 3, ya que los vagones más eficientes de este tipo pueden transportar hasta tres veces su tara. En un vagón portacontenedores de 60 pies, y suponiendo una tara de los contenedores de 9 t en total, la carga útil queda limitada a 20 t, con lo que la relación carga útil/tara queda en 2, lo cual da una idea de las limitaciones del transporte intermodal, cuando de graneles se trata.

## 2.5   La resistencia de los enganches

El acoplamiento entre vagones, es decir los enganches, ha sido históricamente un factor de ineficiencia en el ferrocarril europeo. Esta es otra gran desventaja en comparación con el ferrocarril norteamericano. Mientras que Norteamérica y la mayoría de países del mundo, incluyendo gigantes como Rusia y China, adoptaron desde un principio el enganche automático, en Europa y su área de influencia se sigue utilizando el enganche manual compuesto por brida, gancho y topes. Este sistema presenta un menor esfuerzo de rotura que el automático y, por lo tanto, permite menores longitudes y tonelajes por tren, aparte de que obliga a operaciones manuales lentas y costosas en cada alteración de su composición.

La UIC ha dedicado notables esfuerzos a la investigación y al desarrollo de sistemas compatibles para la migración del enganche clásico al automático, sin conseguir una estandarización del parque de vagones, ni tan siquiera su aplicación universal.

Cabe precisar que el término *enganche automático* lleva a engaño, puesto que solo es automático el acoplamiento mecánico entre uñas de las cabezas de enganche. El desacoplamiento debe realizarse normalmente mediante una palanca de accionamiento manual, así como la conexión y desconexión de las mangas de la tubería general de freno del tren.

Conviene saber que el esfuerzo máximo para los enganches comúnmente usados en la red española es de 84 t (840 kN), a los que se aplica un coeficiente de seguridad de 2,4, por lo que el esfuerzo máximo en el arranque de un tren queda limitado a 360 kN. Estos valores aumentan considerablemente en el caso de enganches automáticos, por lo que para trenes de más de 2.500 t brutas en rampas de 12 milésimas ya pueden considerarse necesarios los enganches automáticos o, como mínimo, reforzados respecto a los descritos anteriormente.


## 3   El parque de tracción

### 3.1   *Tipos y clasificación de las locomotoras para trenes de mercancías*

El desarrollo de la tracción ferroviaria se inició con la tracción vapor, a la que siguió la tracción eléctrica de principios del siglo XX, en las modalidades de corriente continua, a 1.500 o 3.000 V en general, y de corriente alterna monofásica, primero a 15.000 V y 16,66 Hz de frecuencia, y luego de la industrial a 25.000 V y 50 Hz. La tracción diésel fue la última en llegar al ferrocarril, pero el hecho de que la red ferroviaria norteamericana apenas estuviese electrificada sentó las bases para un avance acelerado en el desarrollo de los motores diésel modernos, ampliamente aplicables a la náutica y al ferrocarril.

La tecnología tradicional efectuaba una distinción importante entre las locomotoras destinadas a remolcar trenes de viajeros y las de mercancías. Esta distinción, que ya se practicaba en los tiempos de la tracción vapor, se ha seguido practicando con la generalización de la tracción diésel y de la tracción eléctrica, hasta la llegada de las denominadas locomotoras universales.

Al igual que en la época del vapor, las locomotoras para trenes de mercancías necesitan un elevado esfuerzo tractor pero no precisan de elevadas velocidades máximas. Para obtener estas prestaciones, hay que aprovechar al máximo el peso adherente de la máquina y que este sea a su vez el máximo posible. Por ello, es muy común que las locomotoras dispongan de seis ejes motrices, del mismo modo que en los primeros modelos de principios del siglo XX todos los ejes se acoplaban mediante bielas, como en la tracción a vapor, a enormes motores de tracción.

*Figura 50. La electrificación ferroviaria precisa de instalaciones fijas costosas: la catenaria (línea de contacto) y las subestaciones transformadoras.*

El ejemplo más característico, así como el más famoso y recordado, de locomotora para trenes de mercancías apta para fuertes rampas es la Ce 6/8, popularmente conocida como *Cocodrilo*, de los ferrocarriles federales suizos, destinadas a la línea del Gotardo. Con 1,8 MW de potencia entraron en servicio en 1922 y lo prestaron regularmente hasta 1965. Dos potentes motores de corriente continua de grandes dimensiones transferían su esfuerzo mediante grupos de bielas a seis ejes en un conjunto articulado de tres cuerpos y 20 m de longitud. En España, la Compañía del Norte dispuso de ejemplares de concepción similar: la serie 7200.

El desarrollo tecnológico de los bogies tractores dio lugar a soluciones innovadoras, como los motores de tracción suspendidos sobre los propios ejes tractores engranados mediante piñón y corona, y más tarde a los bogies monomotores dotados de grupo reductor. El rodaje de las locomotoras, es decir el número y disposición de sus ejes, sigue una denominación estándar: se denominan Bo-Bo para las locomotoras de cuatro ejes y Co-Co para las de seis ejes. Estos son los tipos más comunes, aunque también pueden encontrarse modelos Bo-Bo-Bo, de seis ejes repartidos en tres bogies de dos cada uno, del que es un ejemplo muy notable la serie 251 de Renfe Operadora.

Una de las primeras series de locomotora dedicadas a servicios de mercancías de tipo Co-Co fue la E94, de 1940, con 3.240 kW, perteneciente a los ferrocarriles alemanes. Otro ejemplo notable, en este caso para las primeras líneas electrificadas en corriente alterna industrial en Francia, fue la serie CC14000, de 1955, con 3.300 kW.

En función de su finalidad, las locomotoras se clasifican en dos: de línea y de maniobras. Las primeras se emplean para remolcar trenes en las líneas principales, mientras que las segundas se utilizan para realizar movimientos de composiciones o cortes de vagones en estaciones de clasificación, derivaciones particulares o recorridos cortos dentro de redes industriales.

Las locomotoras de línea suelen partir de potencias en torno a los 950-1.200 kW para llegar hasta los máximos permitidos por la tecnología actual, los 7 MW por unidad, si bien con el empleo de unidades dobles o triples pueden conseguirse hasta 10,8 MW.

Las locomotoras de maniobras, en su mayor parte de tipo diésel, con transmisión eléctrica o más a menudo hidráulica (esta última, muy adaptada a movimientos seguidos de avance y retroceso), parten de los 159 kW de potencia y llegan hasta los 1.200 kW.

Las necesidades del servicio ferroviario han dado lugar a un tipo denominado *mixto de línea y maniobras*, inspirado en el concepto estadounidense *road-switcher;* dentro del mismo figuran locomotoras aptas para ambos tipos de servicios con potencias que oscilan entre los 520 kW y los 1.200 kW.


### 3.2   *La tracción eléctrica*

La tecnología de la tracción eléctrica, tal y como explicó el profesor Marcel Tessier en su obra *Traction électrique et thermoélectrique,* tuvo que enfrentarse en sus inicios a una paradoja: adoptar un tipo de corriente que permitiese un transporte económico, pero con gran complejidad de regulación de la marcha en la locomotora, o bien adoptar otro tipo de corriente más incómoda y costosa de transportar, con mayores caídas de tensión a lo largo de un recorrido determinado, pero con gran facilidad para su regulación en el interior de las locomotoras. La primera solución originó las electrificaciones de gran parte de Centroeuropa y la Unión Soviética, basada en corriente alterna de 15.000 V y frecuencia de 16,66 Hz monofásica. La segunda solución se plasmó en las electrificaciones de gran parte de Francia, Bélgica, Holanda, Italia y España, con corriente continua a 1.500 o 3.000 V.

La corriente eléctrica de tracción es transportada por líneas aéreas de contacto, las catenarias, que permiten que la corriente generada en una subestación transformadora (y rectificadora, en corriente continua) llegue a los vehículos tractores en movimiento. En este tendido eléctrico reside una de las diferencias fundamentales entre los sistemas de electrificación, puesto que la corriente alterna de alto voltaje (15.000 o 25.000) permite catenarias ligeras debido a la poca intensidad circulante y las menores caídas de tensión, que posibilitan también aumentar la distancia entre las subestaciones alimentadoras. En la corriente continua, por el contrario, la menor tensión va ligada a la circulación de mayor intensidad, por lo que las caídas de tensión son mayores; esto hace precisas catenarias pesadas y mayor número de subestaciones. Por este motivo, las nuevas electrificaciones suelen hacerse en todo el mundo a la tensión industrial de 25.000 V y 50 Hz de frecuencia monofásica.

La corriente de tracción es captada por la locomotora mediante el pantógrafo, y pasa al interior de la máquina por disyuntores y elementos de protección hacia el sistema de regulación que permite acelerar y desacelerar la marcha. Las locomotoras clásicas de corriente continua conseguían regular la marcha interponiendo resistencias entre la tensión de la catenaria (1.500 o 3.000 V) y los motores eléctricos de tracción. Las locomotoras clásicas de corriente alterna disponían en su interior de un gran transformador con distintas tensiones de salida, de manera que podían regular su marcha tras rectificar la corriente y transmitirla a motores de tracción de corriente continua. Con la llegada de la electrónica de potencia y la facilidad de transformar la corriente en todo momento y lugar, la tracción eléctrica ferroviaria avanzó enormemente hasta llegar a los modelos actuales de locomotoras multisistema.

El control de la moderna tracción trifásica está ligado al último desarrollo en electrónica de potencia: el tiristor IGBT. El reducido espacio que ocupan estos elementos ha permitido nuevas distribuciones interiores de la maquinaria, un pasillo central que facilita las inspecciones y la reposición de elementos, así como espacio sobrante para los sistemas embarcados de seguridad en la circulación, como el ERTMS y otros. Los enormes transformadores para corriente alterna y las baterías de contactores y resistencias para la corriente continua ya han pasado a la historia.

La moderna electrónica de tracción ha permitido, por la reducción del tamaño y del precio, que hoy se puedan construir con más facilidad locomotoras bi, tri o cuatritensión.


### 3.3   La tracción diésel

Cuando por motivos de economía de explotación o por falta de las inversiones no es posible o no es aconsejable electrificar una línea de ferrocarril, se recurre a las locomotoras diésel.

La tracción diésel se desarrolló plenamente tras la Segunda Guerra Mundial, gracias a los enormes avances que este tipo de motores lograron en la industria bélica para toda clase de vehículos militares, desde carros blindados hasta submarinos. Sin embargo, uno de los retos tecnológicos que la tracción diésel tuvo que superar para ser asimilada por el ferrocarril fue la transformación de grandes potencias en el esfuerzo de tracción adecuado. Efectivamente, los motores de gasolina y diésel eran fáciles de aplicar al movimiento de vehículos de carretera mediante transmisiones mecánicas, pero su adaptación al ferrocarril exigió el desarrollo de transmisiones especiales: la hidráulica y la eléctrica.

En cuanto a los motores empleados, puede decirse que se han consolidado dos soluciones: los motores diésel lentos, de dos tiempos, empleados preferentemente por los constructores estadounidenses y sus empresas licenciadas en otros países; y los motores diésel rápidos de cuatro tiempos, fabricados y empleados mayormente por los constructores europeos, sobre todo franceses y alemanes.

Los motores de dos tiempos son muy robustos, tienen larga vida útil y pertenecen a la misma familia que muchos motores navales. Se construyen de hasta 16 cilindros en V y pueden ofrecer potencias de 4,47 MW sin dificultad. Al ralentí, ruedan a 260 rpm, y producen un sonido pausado característico.

Los motores rápidos de cuatro tiempos tienen prestaciones muy ajustadas y muy eficientes en cuanto a consumo y potencia entregada, así como en emisiones, pero requieren de una estricta regulación y ajuste, y actualmente se recurre a la electrónica para los controles de la inyección y otros parámetros. Estos motores pueden rodar al ralentí a 600 rpm y suelen ser más delicados que los anteriores.

## 3.4   Las transmisiones

La transmisión hidráulica, hoy comúnmente empleada por trenes de mercancías y de viajeros, tiene su origen en las necesidades de los carros de combate, para los que ya no resultaba práctica una transmisión mecánica, debido a su masa.

*Figura 51. La tracción diésel, en su modalidad de transmisión eléctrica, ha sido la preferida por las grandes compañías de ferrocarril de Estados Unidos, donde se ha desarrollado dicha tecnología, que ha alcanzado una gran optimización.*

Explicada muy brevemente, consiste en interponer entre la salida del motor diésel y los ejes de tracción un convertidor de par dentro del cual dos rodetes alabeados enfrentados se hallan herméticamente cerrados y rellenos de aceite especial. Un rodete queda solidario con el motor a través de un acoplador hidráulico y el otro va unido al grupo inversor reductor que engrana con los ejes motrices. Al llenarse el convertidor de aceite, los álabes del rodete motor (o de bomba) impulsan fuertemente dicho aceite contra los álabes del rodete de turbina, de manera que se transmite el movimiento circular y se produce el movimiento del conjunto. Gracias a este sistema, la transmisión no mecánica del motor a los ejes motrices puede efectuar esfuerzos de tracción muy superiores a los de una simple tracción mecánica.

La transmisión hidráulica es muy apropiada en trenes autopropulsados de viajeros y también en locomotoras de maniobras, o mixtas de línea y maniobras, ya que permite unas inversiones de marcha que se combinan con el frenado dinámico mediante el llenado y vaciado de los convertidores de par respectivos.

Sin embargo, el rango de potencias admisibles, así como el complejo mantenimiento de este tipo de transmisiones, han ido limitando su uso en el mercado de las locomotoras para trenes de mercancías. Si bien su aplicación es prácticamente indiscutida para las máquinas de maniobras, como ya hemos citado, para potencias mayores de 1.900 kW ha dejado de emplearse tras algunos intentos en series de hasta 3.000 kW, tanto en Europa como en Norteamérica. Así pues, a partir de 1.900 kW puede afirmarse que hoy en día, en general, ya sólo se considera la transmisión eléctrica.

La transmisión eléctrica consiste, básicamente, en convertir la locomotora en una pequeña central eléctrica accionada por un motor diésel (o más, en los desarrollos recientes). A su vez, este motor acciona un generador eléctrico que suministra corriente a los motores de tracción que engranan los ejes motrices. Dicha corriente es debidamente regulada para obtener el adecuado esfuerzo de tracción y de aceleración o frenado.

La evolución de este tipo de transmisiones ha sido impresionante. Se ha pasado del modelo clásico en las locomotoras estadounidenses de las décadas de 1950 y 1960, a incorporar los últimos avances en electrónica de potencia. El funcionamiento consistía en un motor diésel lento de gran tamaño y potencia, acoplado a un generador de corriente continua que producía la energía eléctrica necesaria para impulsar los motores de tracción, también de corriente continua, acoplados a los ejes motrices, y en donde la regulación de esfuerzo y velocidad se obtenía aumentando las revoluciones del motor e interponiendo resistencias en el circuito de motores de tracción.

Si bien los motores no han evolucionado mucho en su concepción, han introducido elementos de regulación electrónica de la potencia entregada que los hacen más eficientes y minimizan sus emisiones. La parte correspondiente a la transmisión eléctrica, en

*Figura 52. La transmisión hidráulica es especialmente útil en las locomotoras de maniobras o mixtas que deben realizar a menudo cambios de sentido en su marcha, y muy adaptada a máquinas de mediana potencia.*

cambio, ha evolucionado globalmente, buscando eliminar los elementos con mayor necesidad de conservación y menor fiabilidad, es decir, las escobillas y demás partes fungibles de los sistemas de corriente continua. Los generadores han dado paso a los alternadores sin partes sometidas a desgaste, mientras que los motores de tracción a corriente continua han sido reemplazados por los motores de alterna trifásica del tipo denominado *jaula de ardilla*, los cuales apenas precisan conservación. Esto ha sido posible únicamente cuando la corriente alterna generada en el alternador ha podido ser rectificada, regulada y de nuevo convertida a alterna trifásica a través de convertidores, onduladores y sistemas de control de potencia (primero tiristores GTO y actualmente del tipo IGBT) de tecnología electrónica.

Así pues, una locomotora diésel eléctrica moderna incorpora en su cadena de tracción elementos como uno o varios motores (lentos o rápidos, según sea su concepción tecnológica estadounidense o europea, respectivamente) alternadores, convertidores, control de potencia electrónico, onduladores y motores de tracción de corriente alterna trifásica. Todo ello redunda en un bajo coste de mantenimiento, pocas necesidades de conservación y una elevada fiabilidad.

### 3.5  Tipos y características más comunes de locomotoras diésel hidráulicas

La tecnología de la tracción diésel hidráulica es casi en su totalidad de origen alemán, y prácticamente un solo fabricante, Voith Ag, acapara el monopolio de esta clase de transmisiones. Como ya se ha citado, la transmisión hidráulica es especialmente adecuada para la gama de locomotoras de maniobras y de media potencia, en las que el esfuerzo de tracción necesario impide emplear ya la transmisión mecánica, mientras que la eléctrica ocasiona demasiado peso, complejidad y coste en la concepción de la locomotora.

El tipo más sencillo de locomotora diésel hidráulica es la de maniobras de dos o tres ejes sobre bastidor rígido, accionados por un motor diésel unido a un convertidor de par hidráulico que transmite el par motor a través de árboles articulados hacia los reductores situados en los ejes, siendo todos ellos motrices. Este tipo de locomotoras las fabrican Vossloh, CZ Loko y otras industrias, por citar sólo las europeas, con potencias de hasta 0,65 MW.

El siguiente tipo, en cuanto a complejidad, son las locomotoras monocabina de bogies en las que pueden existir hasta dos convertidores de par para transmitir el esfuerzo motor hasta los bogies, que tiene también todos los ejes motrices. Los fabricantes ya indicados producen diversos modelos como el descrito para la gama de locomotoras de

Figura 53. La locomotora Voith Máxima es el máximo exponente de la tracción diésel hidráulica de alta potencia.

mediana potencia y usos en línea y maniobras. Un modelo de actualidad en Europa es la gama G1000 - 1700BB de Vossloh, con potencias que van de 1,1 MW a 1,7 MW.

Las locomotoras hidráulicas de línea se hallan representadas por la clase G2000BB de Vossloh, con 2,7 MW de potencia, y también por una novedad de Voith Ag, el modelo Máxima, con 3,6 MW, la máxima potencia conseguida en tracción hidráulica.

### 3.6    *Tipos y características más comunes de locomotoras diésel eléctricas europeas*

Las locomotoras diésel eléctricas han resultado históricamente más robustas y fáciles de mantener que las hidráulicas, puesto que estas últimas tienen un mantenimiento complejo muy especializado. En particular, la solución basada en un motor de dos tiempos unido a un alternador, cuya corriente es rectificada posteriormente y, tras ser regulada, se ondula de nuevo para alimentar motores de tracción de corriente alterna trifásica, ha resultado ser la fórmula ganadora en la mayoría de países y operadoras ferroviarias. A esta tipología corresponden dos de las más exitosas plataformas tecnológicas para locomotoras diésel modernas: las Euro 4000, de Vossloh y la clase 66 de Electro Motive, con 3,18 y 2,42 MW, respectivamente.

Fuera del concepto descrito, otros fabricantes como Bombardier, Siemens y Alstom han lanzado plataformas tecnológicas para locomotoras basadas en motores diésel rápidos diseñados según las estrictas regulaciones medioambientales de la Unión Europea, Euro III y Euro IV. Siemens presenta múltiples variantes de su gama ER20 «Eurorunner» en el entorno de los 2 MW, y Bombardier, a través de su plataforma Traxx, ofrece el modelo diésel eléctrico, del que se ha derivado un nuevo modelo de locomotora multimotor. Esta locomotora renuncia al gran motor diésel, único o en pareja, para incorporar cuatro motores de menor potencia y corte más universal (empleados en vehículos industriales en general), que están acoplados a sendos generadores eléctricos y se usan solamente cuando se precisan los requerimientos de potencia. Esto da lugar a una locomotora con prestaciones similares a un automóvil con tecnología *stop & start* de parada y arranque, ya que, en la explotación convencional, los instantes en que se requiere toda la potencia instalada suelen ser escasos, y solo en esos instantes estarán encendidos los cuatro motores diésel con que va dotada la locomotora.

Las enormes posibilidades ofrecidas por la unión de la robustez y durabilidad de los motores de origen estadounidense, fabricados en un principio por General Motors y en la actualidad por Electro-Motive Diesel, Inc. (EMD), junto a la electrónica de potencia, controlada mayormente por los fabricantes europeos (Siemens y Bombardier Europa, heredera de Asea, Brown Boveri y otros grandes de la tracción eléctrica), han provocado alianzas empresariales gracias a las cuales se han obtenido enormes avances

*Figura 54. La locomotora tipo Euro 4000, fabricada por Vossloh, que corresponde a la serie 335 de Renfe, es la máquina más utilizada en la red de ancho ibérico por los operadores privados.*

en la conjunción de las dos tecnologías. Fruto de estas uniones han sido las locomotoras estadounidenses actuales, así como las ya citadas Euro 4000 y Clase 66 en Europa.

Existen locomotoras diésel eléctricas de maniobras, pero no son muy representativas. Uno de los mayores éxitos fue una locomotora diseñada en España por La Maquinista Terrestre y Marítima, actualmente Alstom, con la que se introdujo la tracción mediante motores trifásicos. Se trata del modelo Mabi, que en el parque de Renfe Operadora ostenta la serie 311. Este mismo modelo ha sido comercializado por Alstom en Suiza, Egipto y Francia.

### 3.7  *Tipos y características más comunes de otras locomotoras diésel eléctricas*

Las locomotoras estadounidenses son las más representativas de la tracción diésel eléctrica y su evolución técnica explica el desarrollo de esta modalidad de tracción. El resto de fabricantes en Rusia, China, India u otros países han establecido sus diseños bien directamente a partir de licencias estadounidenses o siguiendo los principios de aquellas. Así pues, General Motors (hoy EMD) y General Electric han sido las marcas de las grandes series de locomotoras de gran potencia que se reparten el mercado mundial no europeo.

Como es sabido, el ferrocarril en Norteamérica opera bajo unos parámetros distintos al de Europa, tanto en pesos por eje como en longitudes y cargas admisibles en los trenes, por lo que configura un modelo de explotación mucho más eficiente en términos de productividad.

Las modernas locomotoras estadounidenses de gran potencia pueden hallarse en muchas otras partes del mundo, desde Brasil hasta Australia, pasando por Arabia Saudí, China y Nueva Zelanda. Básicamente, todas ellas responden al modelo descrito para las Euro 4000, de las cuales deriva esta, sólo que con mayor tara de hasta 190 t (31,5 t por eje) y un esfuerzo de tracción en consecuencia de hasta 890 kN, por ejemplo en las SD90MAC de EMD-Siemens. General Electric, competidora de EMD, destaca actualmente con la plataforma «Evolution Series», dentro de la que se incluye uno de sus modelos más exitosos, la ES44F. Sus prestaciones constituyen el modelo de referencia para lo que se ha dado en llamar *heavy haul*, es decir, el ferrocarril especializado en transporte de trenes muy pesados y largos, superiores a las 7.500 t remolcadas.

*Figura 55. Una locomotora fabricada en Estados Unidos que ha tenido amplia utilización mundial es la Evolution Series ES44 de General Electric.*

### 3.8  *Tipos y características más comunes de locomotoras eléctricas*

Con la liberalización del ferrocarril en Europa, se rompió la tradición establecida por las compañías ferroviarias de relacionar sus adquisiciones con los diseños de los fabricantes locales. Esta tradición tuvo su primera fractura seria en el momento en que la compañía English, Welsh & Scottish Rail, propiedad de una operadora estadounidense, se quedó con casi todo el tráfico de mercancías de Gran Bretaña y decidió la adquisición de nuevas locomotoras de origen estadounidense, puesto que las existentes no satisfacían sus requisitos de prestaciones y capacidad de mantenibilidad. Ello dio origen a la ya comentada Clase 66, de EMD.

La competencia entre las operadoras ha presionado en el mercado de las locomotoras, y particularmente en la tracción eléctrica, por lo que la demanda se ha orientado hacia las características siguientes:

- Bajos costes de adquisición y mantenimiento.
- Mecánica estructural simple y robusta, tanto en la caja como en los bogies.
- Esfuerzo tractor en arranque lo más elevado posible, cercano a los límites de adherencia.
- Potencia suficiente pero no la máxima posible, con una múltiple tracción cuando se requiera.
- Velocidades máximas inferiores a 140 km/h.
- Confort en la cabina de conducción equivalente al de otros servicios (por ejemplo, viajeros).
- Estandarización de un pequeño número de diferentes modelos a fin de obtener facilidades en repuestos, procesos de conservación y homologación en redes variadas.
- Facilidad para el mercado de segunda mano, sobre todo cuando se considere el arrendamiento financiero o *leasing*.
- Posibilidad de locomotoras multisistema: bicorriente, tricorriente, etc.
- Disponibilidad para la colocación en la locomotora de uno o varios sistemas de protección aptos para la circulación bajo diferentes sistemas de señalización de distintos países.

La conjunción de estos requerimientos en cada uno de los principales fabricantes –a saber, Siemens, Bombardier y Alstom– ha dado lugar a prototipos de locomotora para mercancías, derivadas de las primeras series de locomotoras universales, que fueron las que empezaron a incorporar el desarrollo industrial moderno de la tecnología de la tracción trifásica y su control. Estas primeras locomotoras universales, uno de cuyos ejemplos es bien conocido en España, la serie 252 antecesora de las Eurosprinter, eran

*Figura 56. La plataforma Traxx de Bombardier ofrece una de las locomotoras más utilizadas para trenes de mercancías. Es muy apreciada por su adherencia a pesar de contar con solo cuatro ejes.*

capaces de ofrecer a la vez grandes esfuerzos de tracción en el arranque junto con velocidades máximas elevadas de hasta 200 km/h.

La búsqueda de un modelo óptimo de locomotora para mercancías condujo a una potencia ideal de 4,2 MW para la mayoría de requerimientos de remolque de trenes en Europa. Esta potencia, además, era idónea para el sistema de control del rodaje que podía ser tratado en el conjunto del bogie en lugar de serlo eje por eje, lo que resultaba más económico. Una masa de 80 t podía llegar a permitir un esfuerzo en el arranque de 300 kN mediante el control electrónico de la adherencia, y una velocidad máxima inferior a 140 km/h posibilitaba adoptar soluciones sencillas en la dinámica del bogie y de las transmisiones. Estos razonamientos condujeron a las actuales plataformas presentadas por Siemens y Bombardier, las ES64U4 y ES64F4 y las Traxx, respectivamente. La serie E145/E185 de los ferrocarriles alemanes fue la primera de este nuevo tipo unificado en entrar en servicio.

Allá donde se requiere más potencia como en las líneas de montaña, las locomotoras de este tipo pueden ser utilizadas en doble tracción. Así se evita la complejidad técnica de locomotoras especiales de mayor potencia, a partir de 6 MW, y coste muy superior debido a su singularidad y complejidad en la cadena de tracción o en los sistemas auxiliares. Por ejemplo, los componentes activos en un convertidor de tracción han pasado de 72 en la locomotora universal E120 a 12 en la E185, con la consiguiente reducción de tamaño y peso de los convertidores. Suiza, tras desarrollar una de sus más famosas locomotoras universales de alta potencia, la serie Re460 con 6,1 MW (y la Re465 del ferrocarril BLS con 7 MW), conocidas porque su aspecto exterior fue diseñado por la empresa de diseño automotriz Pininfarina, también ha ido inclinándose por modelos derivados de la E185, pero en su caso con 5,6 MW de potencia, aunque con la misma masa y esfuerzo tractor.

Un caso particular en la tracción eléctrica son las locomotoras de la empresa LKAB, en Suecia, que atienden el tráfico de mineral de hierro entre las minas de Kiruna y el puerto de Narvik. Se trata de locomotoras dobles con rodaje Co-Co + Co-Co y una masa total de 360 t, gracias a un peso por eje de 30 t, permitido por la infraestructura. Con una potencia total de 2 × 5,4 MW, pueden remolcar trenes de hasta 8.200 t a 60 km/h, siendo uno de los únicos ejemplos en el mundo de transporte ferroviario pesado *(heavy haul)* en tracción eléctrica.

Alstom, por su parte, ha puesto el acento en la interoperabilidad y, con la llegada de la tecnología de tracción trifásica, ha generado la plataforma de locomotoras Prima, heredera de las primeras locomotoras universales de 6 MW correspondientes a las series 26000 y 36000. Se trata de locomotoras concebidas para poder circular en todas las redes, por lo que pueden equipar todos los sistemas de a bordo correspondientes a cada sistema de señalización de cada país, así como el futuro estándar europeo ERTMS.

En resumen, una locomotora de cualquiera de las plataformas descritas, con 4,2 MW de potencia, permitiría remolcar un tren de 1.600 t brutas en rampas de 10 º/ºº a una velocidad máxima de 70 km/h. En el caso de la red española, donde estas prestaciones pueden quedar algo insuficientes dada su sinuosidad y rampas características, puede ser interesante fijarse en el ejemplo de las locomotoras de la serie EG3100 de los ferrocarriles daneses, diseñadas para trenes de 2.000 t brutas y rampas de 15,6 º/ºº, como las que se hallan en el Gran Belt y el Oresund. A fin de cumplir con las citadas exigencias, aún en modo degradado, se dio preferencia a la adherencia y se diseñó una locomotora de seis ejes y 6,5 MW con 132 t de masa, lo que permite un esfuerzo tractor de 400 kN y una velocidad máxima de 140 km/h, aun cuando su coste resulta mayor que el de las plataformas convencionales citadas.

### 3.9  *Las locomotoras multisistema y la interoperabilidad*

La exigencia de la interoperabilidad en la Unión Europea ha llevado el mercado al diseño de lo que se ha dado en llamar las *locomotoras multisistema*, si bien desde hace mucho tiempo han existido en las redes de los ferrocarriles europeos locomotoras capaces de atravesar fronteras, para lo que se equipaban con varios sistemas de tracción y de equipo embarcado de seguridad en la circulación.

La forma más simple de locomotora multisistema es la bitensión, apta para corrientes continuas de 1.500 V y 3.000 V. Fue un modelo muy habitual en España ya que se daban estos dos tipos de electrificación, de la misma manera que entre Bélgica y Holanda. Otros modelos, en este caso para corriente alterna, eran los bitensión aptos para 15 kV-16,7 y 25 kV-50 Hz, aunque poco frecuentes. Las verdaderas máquinas multisistema fueron las tricorriente y las cuadricorriente, aptas para 1.500 y 3.000 V en continua, así como 15 kV-16,7 y 25 kV-50 Hz en alterna. Estas locomotoras ya se producían en la década de 1960 para los trenes internacionales entre Francia, Bélgica, Holanda y Alemania, como la serie 184 de los ferrocarriles alemanes o la muy conocida CC40100 francesa.

La versión moderna de este tipo particular de locomotoras trata de solucionar no solo los aspectos relativos a la alimentación eléctrica, sino también a los sistemas de seguridad embarcados y a los requisitos de homologación en diversos países. En el momento actual, tanto la plataforma Traxx (Bombardier), como la Vectron (Siemens) y la Prima (Alstom), ofrecen este tipo de locomotora, que puede adaptarse a los requisitos de cada espacio transfronterizo concreto. Pero los precios se incrementan hasta el 30 % respecto a las de serie normal.

Así, por ejemplo, una locomotora multisistema apta para circular por España y Francia debería disponer de posible alimentación en 1.500 y 3.000 V en corriente continua, así como 25 kV-50 Hz en corriente alterna. En cuanto a la señalización, debería tener a bordo captadores para el sistema KVB francés y Asfa (Anuncio de Señales y Frenado Automático) digital español, además del estándar europeo ERTMS. La tecnología de telecomunicaciones de a bordo debería ofrecer una solución para la radio tren tierra en España y otra para Francia, además del sistema GSM-R empleado para el ERTMS. Por lo demás, debería pasar por un costoso y largo proceso de homologación por parte de las administraciones ferroviarias de ambos países a fin de permitir su circulación por ambas redes. Una vez solucionado todo ello, sólo faltaría que el personal de conducción se expresase correctamente en los dos idiomas vecinos y dispusiera de formación acreditada para circular por las líneas que se determinasen. Como se puede comprobar, muchas veces resulta más factible, e incluso económico, cambiar la locomotora en la frontera.


### 3.10  *Las locomotoras duales*

En la explotación ferroviaria habitual, era normal utilizar locomotoras de línea en los trayectos largos, y los movimientos en estaciones, terminales y apartaderos se llevaban a cabo con máquinas de maniobras, todas pertenecientes a la compañía estatal de referencia. Pero con la llegada de las operadoras privadas y la separación entre operación

*Figura 57. La locomotora Bitrac de CAF es un buen ejemplo de máquina híbrida;*
*puede circular tanto en modo de tracción eléctrica como en modo diésel.*

de los servicios de transporte y gestión de la infraestructura, llegaron también las tasas por movimientos de maniobras, así como su gestión y priorización entre operadoras.

Esta situación, unida al problema conocido como «la última milla», es decir, la aproximación final desde la estación de recepción hasta el punto de destino del tren (apartadero de factoría, terminal, etc.), ha motivado el interés por las soluciones duales, en donde la misma locomotora puede circular bajo catenaria con tracción eléctrica o sin ella mediante tracción diésel eléctrica. Desde 1992, Siemens fabrica este tipo de locomotoras bajo pedido.

El fabricante español de material ferroviario CAF dispone de la gama Bitrac, que responde también a este tipo de descripción, con 4,45 MW en modo eléctrico y 2,9 MW en modo diésel. Con una masa total de 130 t y seis ejes con control independiente de la adherencia, proporciona un esfuerzo tractor de hasta 440 kN, unas prestaciones muy indicadas para la geografía española.

El concepto de base es una locomotora con dos motores diésel MTU de 1.800 kW, cada uno conectado a convertidores (uno por eje) basados en tecnología IGBT que alimentan con energía de voltaje y frecuencia variables a un motor de tracción asíncrono por eje. Puesto que las locomotoras están previstas para operar en modo eléctrico solo bajo 3.000 V CC, no hay necesidad de transformadores de alta tensión y es relativamente simple añadir un pantógrafo y la correspondiente cadena disyuntor-seccionador-resistencias de frenado (con posibilidad de recuperación de energía).

## 4   El material remolcado

### *4.1   El vagón de ferrocarril*

Para el transporte de mercancías por ferrocarril, la unidad indivisible de transporte es el vagón. No obstante, el ferrocarril ha admitido cargas inferiores a las de un vagón, siendo ello objeto de la especialidad conocida como tráfico de cargas fraccionadas o *tráfico de detalle*. El vagón es también la unidad modular a partir de la que se forma el convoy de vagones conocido como tren. El parque de vagones de mercancías forma, junto con los coches de viajeros, el parque de material remolcado.

Tradicionalmente, las compañías ferroviarias se proveían de un parque diverso de vagones, aptos para todos los tipos de mercancía que preveían transportar, siendo los más genéricos los de tipo cerrado, plataforma, y bordes altos y bajos. Luego aparecieron los vagones especializados, tales como los vagones cisterna, tolva, góndola, frigoríficos e isotermos y, más recientemente, los vagones plataforma para el transporte intermodal. Ya desde muy temprano, los criterios de fabricación, ensayo y homologación se fijaron a escala europea mediante convenios internacionales y acuerdos de unificación y normalización del material. Por este motivo, la mayor parte de vagones puede circular de forma indistinta por todo el territorio europeo, en tanto cumplan los acuerdos y sus reglamentos respectivos (Reglamento Internacional de Vagones o RIV, Europ).[2]

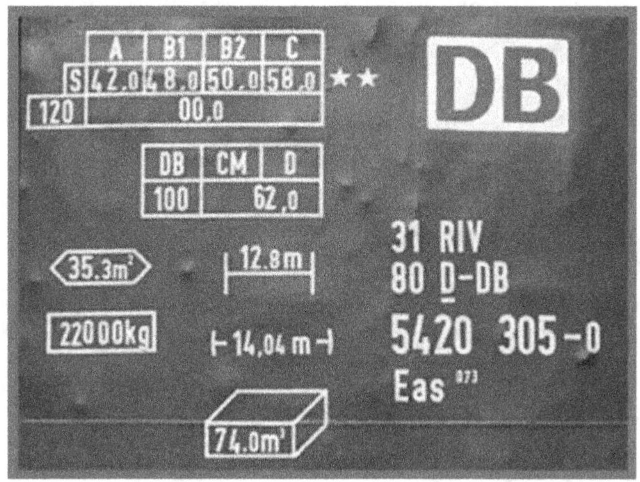


*Figura 58.*
*Los vagones van rotulados con inscripciones unificadas que muestran sus condiciones de funcionamiento (cargas admisibles, frenado y velocidades).*

---

[2] Europ es un consorcio de vagones unificados, puestos a disposición por los operadores ferroviarios estatales de diversos países de Europa, cuya principal característica es que se dedican al tráfico internacional y no precisan retornar a su país y estación domiciliaria al finalizar un servicio determinado, sino que pueden ser empleados sin caducidad por el operador receptor.

*Figura 59. El tipo de vagón de ferrocarril más utilizado ha sido históricamente el vagón cerrado.*

Los vagones de mercancías de dos ejes y longitud corta han dado paso a los vagones de bogies de mayor longitud y carga útil, lo que ha permitido construir vagones de techo y paredes correderas muy aptos para carga paletizada, o los modernos vagones *poche* para transporte de semirremolques de carretera.

Suele establecerse una clasificación de los productos que se han de transportar para establecer a continuación una asignación del tipo de vagón a cada grupo de productos:[3]

- Vagones plataforma: productos siderúrgicos y manufacturados de gran tamaño.
- Vagones tolva: calizos (balasto), cereales, minerales y pulverulentos.
- Vagones cisterna: líquidos (inflamables o no), gases licuados a presión.
- Vagones cerrados: productos agrícolas (agrios), carga paletizada, transporte de detalle.
- Vagones góndola: transporte de cargas de grandes dimensiones (por ejemplo, transformadores).

Para diferenciar inequívocamente los distintos tipos de vagones, la Unión Internacional de Ferrocarriles (UIC) creó una notación única que se describe en la ficha UIC 438-2.

Los vagones de cada administración tutelar están sometidos a lo que se denomina un régimen de cambio. En función de este régimen, deben cumplirse distintas condiciones económicas y técnicas cuando el vagón sale de las vías de la administración de tutela. Las modalidades más frecuentes de cambio son las ya citadas:

---

[3] López Pita, 1984.

- **RIV**

  Los vagones con este marcaje pueden circular por Europa, pero deben regresar a su estación domiciliaria después de cada viaje.

- **Europ**

  Los vagones con este marcaje pueden circular libremente por Europa y ser cargados y descargados en cualquier punto sin regresar a su estación domiciliaria.

*Vagón plataforma con teleros en los laterales y testeros.*

*Vagón portabobinas.*

*Vagón de bordes altos.*

*Vagón de bordes bajos.*

*Vagón de tolva abierta.*

*Vagón plataforma para portacontenedores de 40 pies.*

*Figura 60. Los clásicos vagones de carga general, desde el inicio del ferrocarril,*
*han sido los cerrados, los de bordes altos o bajos y los vagones plataforma.*

Las administraciones tutelares, actualmente los estados, se identifican por un código de dos números que figura en los vagones, tanto de las compañías estatales como de las privadas.

## 4.2   *Tipología y dimensiones de los vagones*

En la concepción de un vagón de mercancías, el volumen de la carga y el peso útil transportable constituyen el punto de partida de cualquier proyecto constructivo. La longitud máxima de un vagón viene determinada desde 1965 por la exigencia de ser aptos para equipar en el futuro enganches automáticos, entre otras circunstancias:

- Posibilidad de efectuar un enganche (automático o no) en curva.
- Seguridad de marcha.
- Influencia sobre los circuitos de vía de los sistemas de bloqueo y seguridad en la circulación.
- Intercambiabilidad de la caja respecto al bastidor.

La ficha UIC 530-1 OR precisa que los vagones deben poder engancharse en curvas de radio de 135 m y la alineación recta subsiguiente. En vagones de bogies, dado que la distancia mínima entre el pivote del bogie y el extremo del chasis es de 1,9 m a fin de alojar un enganche automático, se obtiene que la longitud máxima de los vagones puede ser en torno a los 22 m entre enganches. En detalle, los cálculos establecidos por las fichas técnicas de unificación del parque de la UIC arrojan los siguientes resultados:

- Longitud máxima entre ejes (vagones de ejes): 14 m (excepcionalmente 17,5 m).
- Longitud máxima entre pivotes de bogies: 15,8 m (excepcionalmente 19,3 m).
- Longitud máxima del voladizo (pivote–testero): 2,545 m.
- Longitud máxima entre topes del vagón: 21,7 m.

Una de las condiciones más importantes para garantizar la seguridad de marcha de los vehículos ferroviarios es que respeten el gálibo de carga correspondiente. En concreto, el gálibo de carga es estático y se establece para la posición parada del vagón, en alineación recta. Los movimientos del vehículo durante la marcha (por ejemplo, el balanceo debido a la suspensión) quedan cubiertos por la separación existente entre el gálibo de carga y el perfil libre de obstáculos. Antiguamente, en las estaciones era posible observar gálibos de cargamento formados por perfiles metá-

*Figura 61. Los vagones especializados suelen estar fabricados y gestionados por compañías privadas*
*que los alquilan a cargadores o a operadores ferroviarios.*

licos a fin de determinar el volumen máximo de carga en los vagones descubiertos. Actualmente, dicho control puede efectuarse allí donde proceda mediante el uso de infrarrojos o láser.

La carga máxima que puede transportar un vagón depende directamente del peso por eje admisible en la línea, así como de la tara del vagón. Como se ha comentado en el apartado relativo a la infraestructura, las líneas se clasifican por parte del ente administrador de la misma en función de su armamento y de la carga admisible por eje y por metro lineal en los puentes. En términos generales, las líneas principales de la red europea soportan el valor estándar de peso por eje, establecido en 22,5 t para Europa. Así pues, un vagón de dos ejes con una tara de 14 t solo podrá transportar la diferencia entre su tara y las 45 t máximas admisibles, es decir 31 t, algo más que un camión con semirremolque.

En el caso de un vagón de bogies, con cuatro ejes y unas 20 t de tara, la carga admisible será de 70 t.

Es evidente que, en líneas donde el peso por eje y metro lineal sea inferior, debería reducirse la carga que se haya de transportar hasta cumplir con las limitaciones impuestas por el tipo de línea que se va a recorrer. En la práctica, la carga límite se inscribe en los laterales del vagón para cada tipo de línea dentro de unos recuadros rotulados al efecto.

### *4.3  Partes constitutivas de los vagones y su dinámica*

En los vagones, al igual que en cualquier vehículo ferroviario, cabe distinguir entre rodaje y suspensión, bastidor y caja. El rodaje incorpora los ejes (o bogies), sus puntos de apoyo (cajas de grasa o cojinetes), la suspensión y los elementos para el frenado (zapatas y timonería). Por su parte, el bastidor, que es la estructura portante y resistente del vagón, incorpora los elementos de tracción y choque (topes y enganche). En vagones de ejes, la suspensión es primaria y está dotada solo de muelles, generalmente de ballesta, a razón de uno por rueda. En los vagones de bogies, aparece la suspensión secundaria entre bogie y bastidor, y ambas pueden ser de muelles helicoidales.

A fin de permitir la libre circulación de vagones por las distintas redes europeas, la UIC ha establecido unos regímenes de velocidad conocidos como S y SS, para designar las velocidades de 100 y 120 km/h respectivamente. Las condiciones de carga y circulación de cada vagón para los regímenes S y SS se establecen mediante inscripciones rotuladas en el lateral de los vagones, a fin de cumplir los requisitos de estabilidad y resistencia lateral especificados, así como las condiciones exigidas de tara, frenado, geometría y características técnicas (cajas de grasa y diámetro de ruedas).

La circulación de los vagones de mercancías se efectúa con arreglo a ciertas disposiciones estructurales que se derivan de la posición relativa de la carga en el vagón. Todo ello se recoge en las respectivas instrucciones de cargamento que publican las operadoras o el administrador de infraestructura ferroviaria.

En lo que se refiere a la distribución de cargas por eje, debe evitarse a toda costa una estiba inadecuada que motive un exceso de carga sobre un eje determinado. Eso es peligroso, ya que podría provocar la rotura de las manguetas (extremos de los ejes que se introducen en la caja de grasa) y el consiguiente descarrilamiento, o como mínimo provocaría un aumento de los efectos dinámicos perniciosos sobre la vía. Para controlar el peso real que soportan ejes y ruedas, especialmente en el transporte de áridos y graneles, suelen emplearse básculas de pesaje situadas en la vía, capaces de efectuar mediciones al paso del tren a una velocidad de 20 km/h.

### *4.4  Coste y utilización de los vagones*

A pesar de todos los avances, el parque actual de vagones sigue constando de vagones de bogies y de vagones a ejes. Se trata de una característica peculiar de Europa, puesto que en Norteamérica, por ejemplo, se generalizaron hace muchos años los vagones de bogies. En el caso europeo parece que para determinados cargamentos y tonelajes sigue siendo preferible el vagón de ejes, como por ejemplo el transporte de cajas móviles, cuya masa y volumen permiten que el vagón plataforma de dos ejes siga siendo la alternativa más eficiente económicamente.

El coste aproximado de un vagón de dos ejes oscila desde los 70.000 € hasta los 150.000 € de un vagón especializado de bogies. Considerando el coste de adquisición y mantenimiento de los vagones de ejes y los de bogies, la UIC realizó un estudio para determinar el ámbito óptimo de utilización de cada tipo. Se considera habitualmente que los costes de adquisición de un vagón de bogies son de 1,4 a 1,8 (en función del tipo) respecto a su homólogo de ejes, siendo los costes de conservación de 1,40 a 1,53 veces los del de ejes. A partir de esta hipótesis, precisar el ámbito en que el coste de transporte es inferior sobre bogies que sobre ejes requiere sobre todo considerar la densidad de la mercancía que se ha de transportar:

- **Para mercancías de gran densidad**

    El vagón de ejes, con un coste de transporte aproximadamente inferior en un 30 % al de bogies, se presta bien para el transporte de lotes de mercancía que no agoten la capacidad de 28-31 t, o el volumen admisible. Sin embargo, si para el transporte de una determinada cantidad de mercancía fuesen precisos dos vagones de ejes, el empleo de un vagón de bogies puede proporcionar ahorros del 15 % al 25 % en función de la distancia a recorrer.

- **Para mercancías de pequeña densidad**

    En este caso, la capacidad en volumen resulta determinante e interesa utilizar vagones de bogies para el transporte de mercancías de baja densidad. Una consecuencia de ello ha sido el desarrollo de vagones tolva de gran longitud para transportar graneles ligeros.

Por otra parte, las dimensiones de la mercancía imponen también una elección determinada del vagón que se ha de utilizar (véase, por ejemplo, el transporte de tubos o vigas de cierta longitud). Desde el punto de vista estrictamente técnico, los vagones de bogies se inscriben mejor en las curvas, ya que ofrecen menor resistencia, reducen la longitud de tren para una carga máxima determinada y presentan mayor facilidad para la posible incorporación del enganche automático, aunque tienen mayor peso por metro lineal.

Un aspecto sorprendente en el ferrocarril de mercancías es el enorme grado de unificación conseguido en los componentes del material móvil. Mientras que en otros aspectos, muy especialmente las instalaciones de seguridad en la circulación, la interoperabilidad no deja de ser un horizonte más o menos lejano, en los vagones se ha conseguido un grado admirable de unificación, gracias a la UIC y a sus oficinas de ensayos e investigación, con especial hincapié en:

– Posibilitar, ya en el propio proceso de fabricación, la intercambiabilidad de piezas y elementos constitutivos más usuales.
– Unificar las características más esenciales de los vagones.
– Alcanzar la normalización completa, es decir, la estandarización de los vagones.

En el marco de estos trabajos de unificación se ha logrado plenamente la intercambiabilidad de los principales elementos constructivos, así como la definición de hasta 17 tipos de vagones unificados, cubiertos, volquetes, plataformas, refrigerados, para el transporte de automóviles en dos pisos, tolvas con y sin techo abierto y vagones de techo abierto, todos recogidos en la ficha UIC 571.

### 4.5  El cálculo de las necesidades de parque

Hasta la llegada de las operadoras privadas, la administración ferroviaria establecía, a través de su dirección comercial, los objetivos de tráfico que darían lugar posteriormente al plan de transporte. A continuación se distribuía el citado tráfico entre los distintos tipos de material aptos para cada producto y se determinaba la carga media, atendiendo a si se iban a introducir vagones de mayor capacidad. Conocido el ciclo de rotación de cada vagón, es decir, el plazo de tiempo entre dos trayectos, a ello habría que añadir una cierta cantidad de reserva, un 10 % normalmente, y otro 8 % para conservación y averías, con lo que se obtenía el total necesario para la flota.

Las operadoras privadas han captado tráfico selectivamente, y por ello han establecido líneas determinadas allá donde captaban un tráfico y no un servicio en red. Por este motivo, el cálculo del parque de vagones necesario difiere notablemente en una operadora privada. El número de vagones necesario se determina una vez conocido el volumen de mercancía que se ha de transportar, el tipo de vagón que se debe emplear y el ciclo de rotación de la composición, que a su vez depende del tiempo empleado en el trayecto sumado al tiempo de operaciones en terminales, más un margen de seguridad. En determinados casos, puede ser necesario, al igual que en el transporte por carretera, realizar una triangulación, es decir, desplazar la composición vacía una vez descargada a otro punto de carga para regresar al origen a continuación.

### 4.6  Vagones de carga general: ejemplos más usuales

Se denominan vagones de carga general a todos aquellos no especializados, es decir, los que no están diseñados expresamente para un tipo determinado de mercancía. Los vagones de carga general más comunes son los cerrados, dotados de puertas correderas, y los abiertos. Estos últimos pueden ser de bordes altos, para el transporte de chatarra, remolacha o madera, y de bordes bajos, para el transporte de mercancías inmunes a la intemperie. Una variante de los vagones de bordes bajos son los vagones plataforma, en los que no existe caja formada por los bordes, y los vagones dotados de teleros (soportes verticales abatibles en forma de viga que permiten sujetar un toldo para cubrir la carga), que también se emplean para sujetar lateralmente troncos de madera o tubos. Todos ellos existen en versión de ejes y de bogies.

Como consecuencia de un estudio realizado por la UIC en 1967, y ante la demanda de los clientes, aparecieron los vagones con paredes y techo deslizantes, los de apertura telescópica, muy usados para transportes de material siderúrgico. Asimismo, con la generalización de la carga paletizada, y a fin de no perder tiempo estibando el vagón a través de una única puerta corredera central, se diseñó un vagón con dos semiparedes deslizantes que permitían la carga y descarga del vagón por un toro desde el propio suelo sin necesidad de muelles. Estos vagones tienen gran demanda en el transporte de electrodomésticos de línea blanca, por ejemplo. Otra variante del mismo concepto son los vagones de techo corredero, con dos semitechos deslizantes uno sobre el otro, los cuales permiten la carga y descarga de mercancías voluminosas con puente grúa.

## 4.7   *Vagones especializados: ejemplos más usuales*

Los vagones especializados aparecen generalmente asociados a sus empresas propietarias. Estas basan su modelo de negocio en fabricar o adquirir vagones aptos u optimizados para un determinado tráfico y alquilarlos a la empresa operadora ferroviaria, a la cargadora o al operador logístico. También pueden optar ellas mismas por realizar la tarea de operador logístico y organizar el tráfico por cuenta de la cargadora, alquilando los servicios de tracción y gestión de la circulación a la empresa ferroviaria.

Quizá el caso más conocido en España sea Transfesa, la cual inició su andadura con los vagones especiales para transporte de agrios hacia Europa, para pasar posteriormente al transporte de automóviles y también al intermodal de dimensiones especiales. Existen otras empresas, denominadas *vagoneras*, como VTG, Ermewa, de orígenes alemán y francés, respectivamente, o plenamente españolas como Saltra o Ivexa, que se dedican a los vagones para productos químicos y minerales.

Los vagones semiabiertos con toldo corredizo, o de cubierta con apertura telescópica aptos para el transporte de bobinas de chapa de acero, son un primer tipo de vagón especializado y pueden ser de diferentes dimensiones, siendo todos ellos de bogies, debido al enorme peso del material que transportan.

Otra familia de vagones especializados son los vagones tolva, de los que existen tipos muy distintos según el granel a tratar. Así, existen tolvas específicas para el balasto de

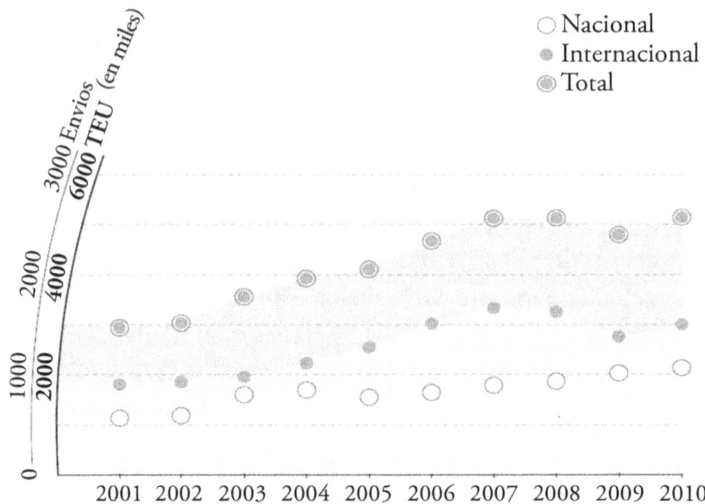


*Figura 62. El auge espectacular en Europa del transporte combinado con participación del ferrocarril se ha debido en gran parte al papel protagonista de la UIRR en el sector.*

la propia vía férrea, con aperturas inferiores *ad hoc*. También existen diversos tipos de tolva para cereales, piensos y mineral de granulometría fina, que pueden ser cerrados o abiertos en su parte superior y con distintos tipos de compuerta para su vaciado, en la parte inferior o en las paredes laterales. Los vagones tolva para materiales muy pulverulentos tienen forma de cisterna y varias bocas centrales de vaciado.

La tercera familia de vagones especializados más conocida son los vagones cisterna, aptos para transporte de líquidos a granel: combustibles, aceites, vino o agua, y otros productos químicos como, por ejemplo, lejía o derivados del petróleo.

Los vagones cerrados frigoríficos e isotermos pueden considerarse especializados, aunque, como en la mayoría de los otros casos, tienden a sustituirse por el transporte intermodal, mediante cajas móviles con temperatura controlada.

Los vagones cisterna para gases licuados y otras materias peligrosas son un campo muy particular de los vagones especializados, dada la importancia que tiene el transporte de mercancías peligrosas en el ferrocarril. En ellos se transporta butano, cloruro de vinilo y, por ejemplo, oxígeno líquido.


# 5    El transporte intermodal

## 5.1    Tipos de transporte combinado e intermodal

Es preciso dedicar un capítulo aparte al transporte intermodal. El transporte combinado (ferrocarril y carretera o ferrocarril y marítimo) puede y debe ser considerado, en palabras de Rudy Colle, como una historia de éxito espectacular, ya que ha logrado pasar de 0 a 170 millones de toneladas transportadas en cuarenta años. La historia del transporte intermodal en Europa está estrechamente ligada a la de la Unión Internacional Raíl Ruta (UIRR), que se ha configurado como la UIC del transporte intermodal.

Este tipo de transporte nació a finales de la década de 1960, cuando una serie de empresas ferroviarias se asociaron para realizar transportes combinando la carretera y el ferrocarril, realizando acarreos cortos por carretera en origen y destino hasta o desde terminales ferroviarias y el trayecto de largo recorrido en tren de mercancías. Este sistema se importó de Estados Unidos, donde los semirremolques se cargaban sobre vagones plataforma para terminar en acarreos cortos por carretera, mediante cabezas tractoras. Al no poder aplicarse el sistema en Europa por los consabidos problemas de gálibo, fueron generándose diversas soluciones que han dado lugar a los tipos de transporte combinado existentes en la actualidad.

Por otro lado, el término intermodal abarca todos los sistemas que combinan al menos dos modos de transporte diferentes, por ejemplo el marítimo o fluvial y el ferrocarril, o el ferrocarril y la carretera. Se puede ejecutar de dos maneras: bien porque la parte que contiene la carga puede ser separada de un vehículo de un modo y traspasada al vehículo del otro modo, o bien una parte completa del vehículo de un modo es cargada y transportada en el otro modo. En la práctica, el primer caso recurre al contenedor y en el segundo a la caja móvil o al propio semirremolque, debidamente adaptado para trasbordo intermodal.

Debido al problema del gálibo, en Europa también se ha desarrollado una técnica consistente en el transporte del camión completo con la tractora e incluso con su conductor, especialmente para los pasos alpinos en países centroeuropeos como Suiza, Austria e Italia.

Ante estas modalidades de transporte combinado, la UIRR estableció una clasificación que es la que vamos a seguir en esta obra para describir las distintas técnicas existentes:

- Transporte de contenedores, cajas móviles y semirremolques (combinado no acompañado).
- Transporte de vehículos completos (combinado acompañado o carretera rodante).

Efectivamente, solo en el segundo caso el conductor del vehículo de carretera acompaña al mismo en su recorrido por ferrocarril, de ahí el adjetivo *acompañado*.

Desde el punto de vista de la nomenclatura UIRR, debe recordarse que el transporte de semirremolques por ferrocarril se considera transporte combinado no acompañado. Sus equivalencias son: en francés *ferroutage*, en inglés *piggy-back* y en alemán *hückepack*. El término «carretera rodante» *(route roulante, rolling highway, rollende landstrasse)* solo se reserva para el transporte combinado acompañado. En este sentido, algunas denominaciones comerciales como las lanzadas por la empresa francesa Lorry Rail (actualmente VIIA) son equívocas, puesto que los medios de comunicación han denominado *autopista rodante* a una modalidad que en esencia es transporte combinado no acompañado, es decir, *ferroutage*.

## 5.2 *El transporte de contenedores y cajas móviles*

En este tipo de transporte, al igual que en el de semirremolques, son necesarias las instalaciones de trasbordo y manutención ya descritas en otros capítulos, en forma de grúas pórtico o bien de apiladoras sobre ruedas (tipo *reach stacker)*, en las terminales intermodales, ya que son estas los puntos de intercambio modal entre el tren y la carretera.

En conjunto, el subsistema ferroviario consta de los siguientes elementos:

- Red de trenes completos directos.
- Medios de manutención para el trasbordo modal de las UTI.
- Plataformas intermodales especializadas.

En cuanto al primer punto, si bien al principio los vagones de transporte combinado se mezclaban y encaminaban con otros del plan general de vagón disperso, pronto se establecieron relaciones directas formando una red de trenes completos solo de transporte intermodal y multicliente. El material ferroviario utilizado consiste en vagones plataforma para contenedores ISO de 20, 40 y 45 pies (cajas móviles), y se pueden transportar en un mismo vagón hasta tres contenedores de 20'.

El vagón más económico es el de dos ejes, por ejemplo el MC4E de Renfe Operadora, con un coste de adquisición próximo a los 70.000 € o un alquiler de unos 27 €/día, en España. Con 14 m de longitud y 12,9 t de tara, permite cargar dos contenedores de 20 pies (dos TEU), uno de 40 pies (un FEU) o una caja móvil de 45 pies, siempre y cuando la carga total, incluida la tara de los contenedores, no supere las 31 t.

El vagón plataforma de bogies de 60 pies, como el modelo MMC de Renfe Operadora, permite diversas combinaciones (3 × 20', 1 × 20' + 1 × 40'), pero solo es eficiente si se aprovecha toda su longitud, pues al cargar un vagón de este tipo con sólo dos TEU o un FEU, por ejemplo, se desaprovecha longitud de tren. Es el modelo más popular en transporte combinado no acompañado.

Como el reparto de cargas provoca en numerosas ocasiones que no se aproveche toda la carga admisible en vagones de 60 pies (70 t), han aparecido los vagones articulados de 80 y 90 pies para aprovechar mejor la longitud útil. Se trata de dos bastidores de 40 o 45 pies dispuestos sobre tres bogies de dos ejes, formando un conjunto articulado inseparable, con seis ejes y una tara de unas 36 t, el cual permite por tanto cargas máximas de 99 t a repartir entre las dos plataformas, lo que resulta óptimo para dos contenedores de 40 pies, cuatro de 20 pies o dos cajas móviles de 45 pies. Estos vagones tienen un gran éxito en Europa y las operadoras privadas en España los utilizan regularmente.

Una parte sustancial del servicio y de su coste corresponde al acarreo terrestre de los contenedores desde la fábrica o almacén hacia la terminal o viceversa. Así, según estudios efectuados por Renfe Operadora, para un trayecto intermodal de 400 km, el

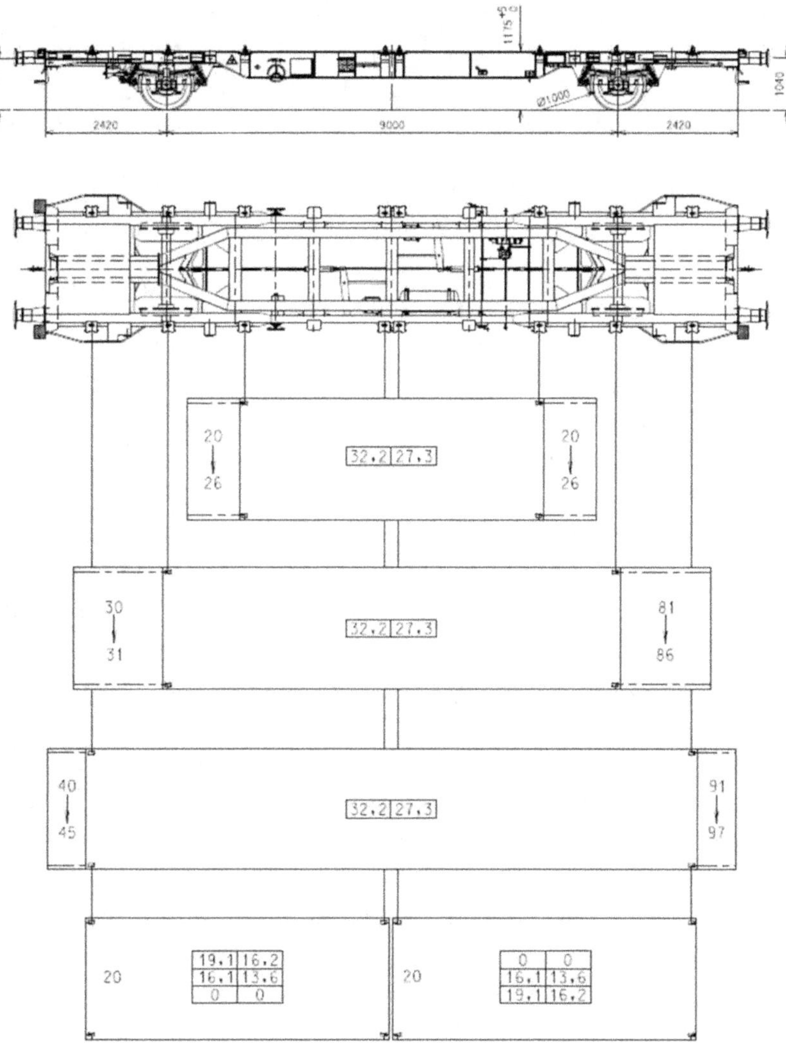

*Figura 63. El vagón plataforma de dos ejes, como el tipo MC4E de Renfe, es la solución más económica para contenedores con cargas máximas de 25 toneladas.*

*Figura 64. El modelo de vagón articulado Sggrss 7733.2, empleado por los ferrocarriles alemanes, dispone de tres bogies para soportar dos plataformas con capacidad para dos cajas móviles de 45 pies.*

acarreo puede suponer hasta un 45 % del precio total, mientras que para un trayecto de 1.200 km solo supone un 31,6 %.

Para determinados casos en que deben realizarse servicios de lanzadera entre terminales intermodales, o bien en el caso particular de las cargas aéreas, se han diseñado trenes portacontenedores de tipo lanzadera mediante la motorización de los vagones extremos, en los que se ha dispuesto sendas cabinas de conducción. Este proyecto, denominado *Cargoshuttle*, tuvo su origen en Alemania, pero no ha sido de aplicación universal. En España, Renfe Operadora tomó ese modelo para diseñar el denominado *tren de media distancia* (TMD) y dispuso dos locomotoras de las serie 310 reformada en los extremos y nueve vagones plataforma de 60 pies entre ambas. De ese modo, la composición evitaba los cambios de locomotora de un extremo a otro del tren, en las inversiones de marcha y las maniobras, de modo que se podían agilizar las operaciones en instalaciones sin vías de sobrepaso. Las dos composiciones TMD existentes en España fueron adquiridas por Ferrocarrils de la Generalitat de Catalunya para prestar el servicio Cargometro, en el que transporta componentes de automoción para SEAT-VW, entre su planta de la Zona Franca de Barcelona y la de Martorell.

Sin embargo, el hecho de utilizar dos locomotoras de mediana potencia resulta más costoso en cuanto a gastos de conservación que asignar una sola locomotora de la potencia requerida al tren, por lo que los costes de operación de los trenes TMD resultan elevados.

El incremento de eficiencia en los trenes de transporte combinado no acompañado sólo puede contemplarse si se aumentan la longitud y la carga remolcable. En Europa, dadas las restricciones de gálibo existentes y el hecho de que la mayor parte de las líneas principales de la red se hallan electrificadas, solo podrá trabajarse en la adopción de enganches automáticos, que evitarán la limitación de longitud por límite de rotura de los enganches clásicos de brida y husillo, así como en la autorización de mayores longitudes por parte de los entes administradores de las redes, lo cual va ligado a intervenciones en la infraestructura para alargar las vías de apartado de las estaciones. En Francia, se han iniciado ensayos con trenes de 850 m de longitud en el eje Perpiñán-Metz.

Allá donde no existen restricciones de longitud por enganches o por longitud de vías de apartado, y solo existen problemas de gálibo, así como una gran demanda a largo plazo de transporte intermodal, se han efectuado cuantiosas inversiones a fin de adecuar el gálibo ferroviario para transportar los contenedores en doble altura, en lo que se denomina *double stack*. Esa ha sido la actuación en toda Norteamérica, donde las grandes compañías ferroviarias privadas han empleado recursos propios para dotar de gálibo ampliado a la mayor parte de líneas transcontinentales, a fin de poder establecer los *land bridge*, es decir, los servicios de trenes intermodales de doble altura y gran tonelaje que unen los puertos del Pacífico con los grandes centros de consumo del Este.

*Figura 65. En Norteamérica se ha generalizado el uso de la doble estiba en los trenes de contenedores que constituyen los servicios de* land bridge *entre los puertos del Pacífico y los centros de consumo del Este.*

### 5.3  *Los servicios de transporte ferroviario de semirremolques (piggy-back)*

La otra modalidad de transporte combinado no acompañado contemplada por la UIRR es el transporte de semirremolques completos, es decir con el bastidor y el tren de rodaje. Como ya hemos visto, esta modalidad nació a la par que el transporte de contenedores, aunque con anterioridad se habían hecho diversas pruebas en Francia, Alemania y Suiza. Este tipo de transporte resulta especialmente interesante para las empresas de transporte por carretera, que disponen de parque propio y desean evitar los remolques de larga distancia dentro del ámbito europeo, asegurando además que la mercancía no sufre rupturas de carga ni manipulaciones intermedias. Los acarreos inicial y final se realizan por carretera, pero es el propio semirremolque el que viaja en tren hasta la terminal intermodal más próxima al destino. Para obtener un funcionamiento ágil, la empresa operadora de carretera que expide una carga debe contar con corresponsales en la terminal de destino que aseguren el acarreo final.

El servicio de transporte ferroviario de semirremolques presenta dos exigencias importantes: en primer lugar las terminales deben disponer de equipos de manutención adaptados, es decir, los bastidores de las grúas pórtico o las apiladoras sobre ruedas deben disponer de pinzas de prensión extensibles a fin de poder tomar los semirremolques por abajo (y no por arriba como los contenedores). Por su parte, los semirremolques deben disponer de unas cartelas de refuerzo del bastidor para que puedan ser levantados desde cuatro puntos de prensión sin que se deforme la caja.

El segundo requerimiento obliga a que los semirremolques para transporte ferroviario sean diferentes a los demás. Eso es uno de los factores que explica la dificultad de penetración en el mercado, puesto que, según algunos estudios, parece que menos de un 3 % del parque carretero se halla adaptado para la intermodalidad. Si bien las modificaciones que se han de realizar en un semirremolque normal no comprometen en exceso la carga máxima admisible, ya que pueden suponer a lo sumo unos 250-300 kg de sobrepeso en el conjunto bastidor-caja, el hecho de tener que modificar los vehículos frena poderosamente la decisión de las empresas de transporte por carretera. Sólo algunas, normalmente usuarias avanzadas de las redes de terminales intermodales, como Hangartner, Ewals o Mainsped, disponen de la totalidad del parque adaptado.

#### 5.3.1  *El vagón* poche

Consiste en un vagón plataforma, con una parte en forma de cuna rebajada a la mínima altura posible sobre el carril, donde se alojan las ruedas del semirremolque de carretera. Este se carga con los medios de manutención ya descritos y se sujeta por la quinta rueda del semirremolque, quedando inmovilizado como si fuese unido a una cabeza tractora.

*Figura 66. Un clásico modelo de vagón* poche *estacionado en Barcelona-Morrot. Obsérvese el piso rebajado de la cuna donde se alojan las ruedas de los semirremolques de carretera y los pestillos abatibles para posibilitar el transporte de contenedores en el mismo vagón.*

## 5.3.2   El sistema Modalohr

Las características y la operativa de los vagones no se describen en detalle, por su complejidad y originalidad.[4] La mayor aportación de la técnica Modalohr, y su principal criterio de diseño, ha sido conseguir una altura de suelo a sólo 150 mm del plano de carril utilizando bogies normales dotados de ruedas de diámetro normal (920/840 mm). Ello permite el transporte de tráileres con una altura en el costado de hasta 3,96 m y cisternas de hasta 4 m en vagones con bogies de serie, que no sufren los desgastes y el costoso mantenimiento de los bogies especiales para vagones de carretera rodante con pequeño diámetro.

El uso de bogies de serie permite además elevar la velocidad máxima a 120 km/h, en lugar de los 100 km/h que alcanzan la mayoría del resto de carreteras rodantes. Por

---

[4] Para mayor detalle, se puede hallar una descripción técnica completa en la revista *RGCF,* octubre de 2004.

*Figura 67. Los vagones Modalohr han permitido el establecimiento de servicios de autopista rodante entre Francia (Aiton) e Italia (Orbassano) a través del túnel de MontBlanc, así como en la relación Le Boulou-Bettembourg.*

las mismas razones, el recorrido anual puede alcanzar hasta 300.000 km, frente a los 150.000 km que habitualmente realizan los vagones de ruedas pequeñas.

En las terminales, la carga y descarga es simultánea para cada vagón, frente al trasbordo horizontal clásico, por el efecto de pivotar la caja del vagón a 45° respecto a la vía.

Las desventajas del sistema se sitúan fundamentalmente en el coste de las terminales y sus elementos mecánicos, que se hallan en estas en lugar de a bordo para no encarecer los vagones, como ya se apuntó anteriormente. Otra desventaja es la reducida longitud de las cajas, que obliga a separar la tractora del semirremolque. Algunos sectores argumentan, no obstante, que esto induce a potenciar una intermodalidad más efectiva, ya que se posibilita el transporte del semirremolque sin mantener improductivos la tractora y el conductor a bordo.[5]

Por su parte, las terminales adaptadas al sistema Modalohr presentan, frente a la ventaja de la carga simultánea en el tren de los camiones, el gran inconveniente de una infraestructura costosa, constituida por una superficie que se dedique a ello ex-

---

[5] Por este hecho, el sistema Modalohr puede ser a la vez clasificado como transporte combinado acompañado y no acompañado.

clusivamente y por instalaciones necesitadas de conservación (debe recordarse que el mecanismo de pivotaje de las plataformas se halla en la terminal y no en el vagón). Como ejemplo, la terminal de Aiton ha tenido un coste estimado de 11,14 M€, frente a 2,14 M€ que puede costar una terminal habitual de carretera rodante en Centroeuropa.[6]

### 5.3.3   El sistema Megaswing

Con posterioridad al sistema Modalohr, y debido a los altos costes de las instalaciones fijas, han aparecido otros cuyo denominador común es que el abatimiento de la caja del vagón, a 45° respecto a la vía, para permitir la carga y descarga de los semirremolques, se ejecuta mediante dispositivos hidráulicos embarcados en el mismo. Esto incrementa el coste de los vagones, pero flexibiliza su uso totalmente, ya que no los hace depender de terminales determinadas.

Diversos proyectos, entre los que destacan CargoBeamer y Flexiwaggon, aunque no llegaron a su aplicación a gran escala, favorecieron que la empresa sueca Kockums Industrier desarrollara otro tipo de vagón intermodal que supone una alternativa real al sistema Modalohr: se trata del proyecto Megaswing. La gran originalidad de este vagón consiste en que permite con medios propios cargar y descargar semirremolques ordinarios no adaptados al servicio *piggy-back*. Este vagón ya ha sido homologado para su circulación por la red transeuropea de transporte (TEN-T) y podría constituir una alternativa para captar tráfico de la carretera al ferrocarril.

Para permitir el desplegado de las guías sobre las que la caja central del vagón, donde se aloja el semirremolque, se desplaza 45°, así como la elevación y el descenso de la misma, se emplea una fuente externa de energía eléctrica a 380 V ca. Esta energía alimenta grupos de presión hidráulicos que accionan las partes móviles del vagón.

Como inconveniente principal encontramos el coste, superior en casi un 100 % al de un vagón *poche* clásico sin dispositivos adicionales, que se aproxima a unos 90.000 €.

El futuro de esta interesante solución técnica va ligado a obtener unos precios atractivos para las empresas operadoras de transporte por carretera, sin subvenciones por parte de ninguna administración, lo que permitiría competir con Modalohr, que sí tiene subvención para sus infraestructuras y por eso ofrece precios competitivos. De poderse llegar a tarifas competitivas, se podrían establecer autopistas ferroviarias, transportando o no las cabezas tractoras, entre diversos nodos de tráfico europeos.[7]

---

[6] C. Jullien, 2003.

[7] En el momento de editar este libro, FGC está analizando un posible servicio entre Barcelona y París, empleando la línea de ancho UIC hasta la frontera francoespañola.

*Figura 68. Como alternativa a las costosas instalaciones fijas del sistema Modalohr, la siderúrgica sueca
Kockums ha desarrollado el modelo Megaswing, muy flexible al disponer sobre el mismo vagón
los equipos necesarios para la carga y descarga del semirremolque.*

### 5.3.4   El sistema RoadRailer / Kombitrailer / Transtrailer[8]

El concepto original del de RoadRailer® fue desarrollado por Kenneth A. Brown, en
el ferrocarril Chesepeake & Ohio, hacia 1952. La compañía C&O empezó utilizando
un tráiler convencional de 29 pies y eje sencillo para servicios entre Detroit y Grang
Rapids (Michigan). Los tráileres se enganchaban a trenes expresos de viajeros y se usa-
ban para el transporte de correo y paquetería urgente. Este sistema se desarrolló sobre
todo para procurar un servicio ferroviario a los clientes que no disponían de apartadero
propio. En los inicios de los años sesenta, debido a la desaparición de los servicios de
viajeros, también dejaron de utilizarse estos tráileres bimodales.

La recuperación del sistema se produjo en la década de 1980 a través de diversas
alianzas entre las empresas Seaboard Lines, Family Lines, Illinois Central Gulf, Conrail y
Union Pacific. En 1986, Norfolk & Southern inició el servicio RoadRailer a gran escala
con su filial Triple Crown. Más tarde, en 1993, Conrail se unió como segundo socio.

---

[8] Aun tratándose de transporte combinado no acompañado, las especiales características de esta
tecnología recomiendan incluirla en el concepto amplio de *carretera rodante*.

Aunque Triple Crown es el mayor usuario de los RoadRailer, Amtrak también los usa para transporte postal y Union Pacific realiza un tren dedicado semanal. La mayor parte de los tráileres transportados son furgones cerrados, pero se ha incrementado el número de furgones refrigerados, así como el de portaautomóviles adaptados.

Norfolk & Southern y Conrail mueven normalmente trenes con cien tráileres. Tras las locomotoras se dispone un bogie adaptador con enganche denominado *couplermate*. Ocasionalmente, también se acopla otro al final de la composición para poder enganchar vagones normales.

Ice Cold Express realiza servicios con 185 RoadRailer frigoríficos mediante dos trenes semanales de 60 a 65 tráileres cada uno, aun cuando se ha estimado que la composición máxima está en 120 RoadRailer.

Desde el punto de vista técnico, conviene señalar que un tren de RoadRailer posee unas características aerodinámicas mucho más eficientes que un tren clásico, así como una capacidad de frenado mucho más eficaz, por lo que se consideran trenes más seguros y manejables que los formados por vagones. En el arranque y en las detenciones, destaca la ausencia de juegos entre los acoplamientos al no existir enganches en toda la composición (salvo el de cabeza), por lo que el tren completo arranca como un solo vehículo.

*Figura 69. Los servicios de tráiler bimodal, como el de tecnología RoadRailer®, han tenido aceptación en Estados Unidos para ciertos tráficos, pero en Europa no se han generalizado por el momento, debido a la singularidad de los semirremolques empleados y al complejo proceso de composición del tren.*

El RoadRailer ofrece otra gran ventaja respecto a los trenes clásicos. Al circular tan cerca del carril, disponen de un centro de gravedad bajo, muy distinto al de los tráileres dispuestos sobre un vagón *poche* intermodal, por lo que no se ven sometidos a los balanceos propios del movimiento de lazo, proporcional a la altura sobre el plano de la vía. Por ello, el desplazamiento de cargas es prácticamente imposible.

En comparación con el transporte intermodal clásico de contenedores sobre vagón plataforma, el RoadRailer presenta una ventaja de peso apreciable ya que la tara se limita a la del tráiler y al peso de los bogies sin vagón.

El tiempo de ensamblaje de un tren depende de la longitud de vía disponible. La terminal de Naperville, de la compañía BNSF (EEUU), dispone de dos vías y puede tener de 15 a 17 tráileres en composición cada hora. Se tarda de cuatro a seis horas en componer un tren y todavía menos en descomponerlo.

Desde hacía mucho tiempo existía interés en Europa por el producto, pero ninguna compañía había iniciado su explotación en serio, hasta que a instancias de RoadRailer USA y su empresa materna Wabash National se creó BTZ mediante una alianza con el Estado de Baviera, la Cámara de Comercio alemana, el Deutsche Bank y la Asociación Alemana de Transportistas. La flota de semirremolques bimodales Kombitrailer ha funcionado hasta hoy con normalidad, habiendo sido homologados por las respectivas administraciones ferroviarias para su circulación, no sin numerosos trámites y conversaciones entre los promotores y dichas administraciones. Bayerische Trailerzug (BTZ) opera un tren diario entre Múnich y Verona, cargado con productos siderúrgicos, rollos de papel, componentes de automóvil y prendas de vestir, desde 1995. Dos o tres veces a la semana, el recorrido se extiende a Hamburgo y Colonia.

En España, un proyecto conjunto de Tafesa, Renfe Operadora y la Fundación de los Ferrocarriles Españoles permitió desarrollar el TransTrailer, con tecnología muy similar al RoadRailer, que fue probada y puesta en servicio por la operadora de carretera Olloquiegui para el transporte de componentes de automoción entre Valladolid y Douai (Francia). También Transportes José Carrillo experimentó dicha fórmula para transportar productos refrigerados. Sin embargo, la necesidad de aumentar la tara de los semirremolques para reforzar su resistencia longitudinal y la falta de estandarización derivada de ello provocó un cierto rechazo en el sector que no consolidó la solución técnica, por otra parte muy brillante.


### 5.4   *La carretera rodante*

La carretera rodante moderna es una tecnología desarrollada sobre todo por Suiza y Austria que permite la travesía de macizos montañosos, accidentes naturales o estrechos marítimos, zonas especialmente sensibles a las externalidades del transporte terrestre,

*Figura 70. La carretera rodante, en el sentido definido por la UIRR como transporte combinado acompañado, tiene notable éxito en las rutas que cruzan algunas regiones europeas.*

o pasos fronterizos delicados por motivos de congestión o de discontinuidad en las infraestructuras de carretera. Consiste en cargar los camiones con su cabeza tractora sobre vagones diseñados especialmente para este fin y disponer coches de viajeros en el convoy para los conductores.

El interés de este producto consiste en posicionarse entre el transporte combinado clásico y el transporte por carretera. Desde la óptica de la economía del transporte, se ha considerado como un sistema aberrante, opuesto al concepto clásico de transporte combinado, ya que junto al peso neto de las mercancías transportadas hay que transportar una considerable cantidad de peso muerto, el semirremolque con su tractora, además de la propia tara del vagón. Sin embargo ofrece un interés innegable, ya que no precisa inversiones para adaptar los vehículos de carretera, por lo que es apto para la ingente cantidad de transportistas autónomos que no disponen de capacidad de adaptación a tecnologías especiales.

Por otro lado, al no precisar más que de leves adaptaciones de la infraestructura, es un sistema relativamente fácil de aplicar frente a otras soluciones que requieren mayor planificación y acuerdo institucional. También ofrece la ventaja de computar el tiempo de recorrido ferroviario como tiempo de reposo para el conductor, así como beneficios adicionales si se compara con la necesidad de ampliar infraestructuras de carretera saturadas.

El éxito de la carretera rodante en Suiza está íntimamente ligado a la política de transportes helvética, a la tasa aplicada a los vehículos pesados *(redevance sur le trafic des poids lourds liée aux prestations* o RPLP), a las propias dificultades de los pasos montañosos de los Alpes y al rechazo expresado por la ciudadanía suiza ante el impacto en sus valles de nuevas autopistas destinadas sobre todo al tráfico de tránsito. Sin olvidar que las carreteras rodantes subsisten gracias a subvenciones federales, a pesar de canalizar las principales corrientes de tráfico pesado en los corredores más estratégicos de los Alpes suizos (Gotardo y Lötschberg).

En Francia, la primera carretera rodante se puso en servicio para descongestionar el tráfico pesado entre Lyon y Turín, a través del valle de Maurienne, conectando las terminales de Aiton, en el lado francés, con Orbassano en Italia. Este proyecto responde a la típica carretera rodante de corto recorrido, según había definido en la década de 1990 la comisión interministerial francesa para carreteras rodantes, destinada a superar obstáculos naturales o cuellos de botella de especial dificultad.

Sin embargo, otro de los grandes interrogantes sobre la utilidad de la carretera rodante es su capacidad para retirar ostensiblemente tráfico pesado de las carreteras. En Francia se planteó como ejemplo la situación de la autopista A1 con un tráfico diario superior a 12.000 camiones pesados, para los que serían necesarios entre 500 y 600 trenes diarios de entre 20 y 25 vagones, es decir un tren cada dos o tres minutos y una línea específicamente dedicada a ellos. Este ejemplo refleja muy bien el problema de la travesía de los Pirineos, de similares proporciones.

La utilización de la carretera rodante permite a los transportistas de carretera un ahorro del 100 % en los costes evitables del transporte: neumáticos, combustible, peajes y mantenimiento (en gran parte). Una estimación reciente sitúa estos costes en un promedio de 0,33 €/km.[9] El uso de determinados vagones de carretera rodante podría llegar a situarse, en unas condiciones determinadas de volumen crítico, en 0,17 €/km, por lo que el trasvase modal resulta de interés para los propios transportistas de carretera.

### 5.4.1   *Los vagones clásicos de carretera rodante*

Hasta los años sesenta del siglo xx, el criterio adoptado en materia de vagones era que la unidad de carga debía adaptarse al vagón disponible, o en el límite al vagón especial disponible, pero siempre dotado de rodaje estándar. Esto se aplicó a los pequeños semirremolques UFR utilizados en Francia desde 1946 hasta 1975, o a los contenedores especiales de 5 m de los que se podían cargar hasta cinco en un vagón especial. Los

---

[9] Flexiwaggon, 2005.

trenes de carretera embarcados por la DB entre los años cincuenta y sesenta, así como por las sociedades Stema-Novatrans en Francia, también obedecían al mismo criterio.

La novedad más notable del período citado consistió en la introducción de un vagón rebajado, con altura de carga a solo 45/41 cm sobre la cara superior del carril. Gracias a este vagón se pudo desarrollar la carretera rodante a partir de 1966-67 tal como la conocemos en la actualidad, permitiendo la travesía de los Alpes. Bajo la responsabilidad del ingeniero M. Pelz, la factoría austriaca Simmering Graz Pauker desarrolló este vagón de 13,5 m con dos bogies y cuatro ruedas en cada uno de un diámetro de solamente 36 cm. Unos testeros abatibles de acero permitían a los camiones pasar de un vagón a otro sobre los topes y enganches, de forma que los camiones podían recorrer uno tras otro los vagones del tren entrando por un extremo hasta estacionarse sobre el vagón asignado. Un tren de 405 m formado por 30 vagones, podía admitir hasta 20 camiones con remolque.

Entre 1969 y 1971, la empresa suiza Hupac se dotó de 38 vagones de ese tipo y la DB de 65 unidades. La primera estableció con ese parque la carretera rodante entre Basel y Melide (Lugano), y la segunda las relaciones entre Colonia y Stuttgart (Ludwigsburg) con viaje de ida y vuelta en una misma noche, con tiempos en terminal de sólo veinte minutos para la carga y descarga del tren completo.

Por iniciativa de Hupac, la factoría Talbot de Aachen diseñó en 1980 un vagón mejorado para los trenes de carretera rodante (tipo Saadkms 690). Con una longitud de 19,09 m y dos bogies de cuatro ejes, podía albergar un tren de carretera de 38 t e incluso de 40 t, con una tara de 17 t. Con el nuevo tipo de vagón se economizaban cuatro ejes por cada camión con remolque transportado, en relación con los vagones existentes. Tras los ensayos, fueron fabricados 200 vagones en 1981 para la DB y Hupac. DB encargó 40 unidades adicionales en 1985 y la ÖBB (ferrocarriles austriacos) 120 vagones.

La capacidad de los trenes se elevó con el nuevo vagón de 20 a 25 camiones, e incluso hasta 28 en líneas de perfil llano. Pero aun con estas mejoras, la explotación de la carretera rodante se mostró falta de rentabilidad, por lo que la DB decidió en 1994 cerrar todas las relaciones. Por su parte, los gobiernos suizo y austriaco decidieron mantener el servicio a través de subvenciones. Así, Hupac y Ökombi aumentaron el parque de vagones hasta poseer a principios del año 2000 unos 230 y 550 respectivamente, con recorridos anuales próximos a los 200.000 km.

Aún en 1995-96, la DB examinó la factibilidad de transportar un tren de carretera de 4 m de altura sobre dos vagones de dos ejes de 9,6 m de longitud y altura de plataforma de 90 cm sobre el carril, lo que se calificó de posible, aunque se consideró más ventajoso el empleo de un vagón de 19 m con bogies de cuatro ejes y altura de 73 cm. Para ello, se dotaba de ruedas pequeñas y se conseguía un reparto equilibrado de la carga sobre las mismas de 16 t. En la fase de análisis, solo apareció el inconveniente de la altura de la catenaria. La distancia mínima entre esta y el techo de los camiones debe ser de 15 cm (para una tensión monofásica de 15 kV, 16 2/3 Hz), incrementada en

7 por margen de seguridad, siendo en total de 22 cm. Ello da una altura de catenaria de 5,12 m sobre el plano superior del carril (90 cm del carril a la plataforma, 400 cm de altura del camión y 22 entre camión y catenaria). En Alemania, solo se alcanzan alturas de entre 5,60 y 5,30 m en líneas de alta velocidad, y resulta normal en líneas convencionales hallar alturas de 4,90 m. La adaptación de un tramo de 300 km entre Seddin (Berlín) y Lehrte (Hannover), rebajando la cota de la vía, se presupuestó en 5,5 M€, por lo que la DB suspendió el proyecto, temerosa de no poder recuperar la inversión en la explotación del servicio.

En 1999, Ökombi decidió adquirir vagones de cinco ejes por bogie, con una carga máxima de hasta 48,4 t. Asimismo, han proseguido las investigaciones sobre nuevos tipos de vagón. El nuevo vagón rebajado de Hupac se caracteriza esencialmente por sus bogies de cuatro ejes dotados de ruedas de muy pequeño diámetro: de 380 a 400 mm.

En relación con los vagones convencionales, estas ruedas giran tres veces más deprisa y alcanzan una velocidad máxima de 100 km/h. Además, realizan recorridos intensivos de 200.000 km por año frente a los 80.000 o 100.000 km de un vehículo ordinario. Este último modelo de vagón para carretera rodante fue desarrollado por Bombardier en 2002, en cierto modo para competir con el nuevo vagón Modalohr, y admite alturas de 4 m en las esquinas. Hupac se ha dotado de 60 vagones de este tipo.

Las ruedas pequeñas presentan el problema técnico de recalentarse con facilidad durante un largo recorrido de frenado en pendiente. En Suiza esta eventualidad se ha superado mediante el recurso al frenado eléctrico y la técnica aplicada por los maquinistas del frenado «en diente de sierra» consistente en apretar los frenos neumáticos para reducir la velocidad de 75 a 40 km/h y luego aflojar completamente la composición, de lo que resultan tiempos de aplicación del freno muy cortos.

El problema del calentamiento de las ruedas pequeñas ha sido uno de los principales argumentos sostenidos por la SNCF para inclinarse a favor del vagón Modalohr, pero debido, en gran parte, a que en Francia se recurre poco al frenado eléctrico.[10]

Para los nuevos túneles de base del Lötschberg y el Gotardo se está proyectando un nuevo vagón para carretera rodante, a medio camino entre los actuales y las lanzaderas de Eurotunnel, con una altura de plataforma sobre el plano de carril de 60 cm.

### 5.4.2   Terminales de trasbordo

La gran ventaja de la carretera rodante radica precisamente en la sencillez de sus terminales de trasbordo, así como en la reducida inversión que se precisa para su puesta en marcha,

---

[10] Ploujoux, 2004.

muy a menudo aprovechando solares de las propias estaciones de mercancías existentes. Buenos ejemplos de ello se hallan en Freiburg (RalpinAG) o en Wels (Ökombi).

Sin embargo, suele plantearse el problema de la longitud de las composiciones, por lo que a menudo hay que dividirla en dos, y se requieren maniobras y dos rampas de acceso. La carga y descarga en dos cortes aumenta también la rapidez y facilita la supervisión.

Otra posible ventaja es poder disponer en cada corte de tipos de vagones diferentes; un lote se dedica a vagones de carretera rodante y otro a vehículos de altura normal, aptos para automóviles o furgonetas de reparto.

El trasbordo horizontal, en el que los camiones acceden a los vagones desde un extremo del tren por medio de una rampa, uno detrás de otro, fue introducido por Kombiverkehr, que dispuso facilidades de este tipo en las terminales de transporte combinado no acompañado, recurriendo a soluciones de tipo provisional o prefabricado para edificios de servicio (por ejemplo, controles aduaneros). Esta técnica sustituye a la del trasbordo vertical practicado habitualmente en el transporte combinado no acompañado, en contenedores, cajas móviles y semirremolques aislados.

Todo lo dicho no es de aplicación, sin embargo, al caso de Le Shuttle, en el Canal de la Mancha, donde por sus especiales características de transporte masivo las terminales son verdaderos complejos intermodales en las que se produce la separación entre vehículos ligeros y pesados, entre viajeros y mercancías, y donde se realizan todas las formalidades y controles transfronterizos, además de las típicas funciones de acogida y peaje.


### 5.4.3   *Características exigibles a los vehículos de carretera*

En casi todas las relaciones de carretera rodante existentes, los vehículos articulados y trenes de carretera con una altura en las esquinas de 4 m pueden ser transportados. Solo las rutas de Hupac, que emplean el túnel actual del Gotardo en Suiza, tienen limitada la altura a 3,80 m. La autopista ferroviaria francesa entre Aiton y Orbassano (eje Lyon-Turín) se halla prácticamente adaptada para admitir vehículos de carretera de 4 m de altura en las esquinas.

Un ligero exceso del peso máximo autorizado de 40 t, no penalizado por los estados, puede ocasionar problemas en la carretera rodante, ya que los vagones construidos hasta 1999 se dimensionaron para el peso máximo admitido en la época, 38 t. El sobrepeso hasta 40 t no afecta a la seguridad, pero incrementa el desgaste de los bogies.

Para pesos superiores a 40 t, como los ya autorizados en Escandinavia, Italia o el Benelux, solo existen algunos vagones propiedad de Ökombi, provistos de doce ejes, y los construidos entre 1999 y 2000 por Hupac y Ökombi.

Por lo demás, las condiciones exigidas a un camión para que pueda ser embarcado en la carretera rodante son una altura libre desde el suelo de 20 cm, frenos de mano apretados, antenas de radio retractadas y calces colocados delante y detrás de una rueda de cada lado.


### 5.4.4   El parque móvil de Le Shuttle (Eurotunnel)

Por sus especiales características, resulta de interés repasar el parque móvil de Le Shuttle, que presta servicio a través del túnel bajo el canal de la Mancha, puesto que configura el modelo de la futura carretera rodante en líneas de altas prestaciones.

La flota total de vehículos de Eurotunnel comprende más de 900, incluyendo locomotoras, coches de los trenes lanzadera y vehículos biviales. En el año 2005, el parque se componía de:

- 58 locomotoras eléctricas para el servicio de Le Shuttle (25.000 V-50 Hz).
- 9 composiciones lanzadera para automóviles y autocares.
- 16 composiciones para lanzaderas de camiones.

Las locomotoras de Le Shuttle son las más potentes del mundo, pues desarrollan actualmente hasta 7 MW (7.500 HP) y pueden arrastrar hasta 2.400 t a velocidades de 140 km/h. Las composiciones de lanzadera para coches, autocares y camiones se forman con dos de estas locomotoras, en cabeza y cola, de manera que originan una composición plenamente reversible. Todas las locomotoras presentan una configuración de tipo Bo-Bo-Bo, es decir equipada de tres bogies, comprendiendo cada uno dos ejes motrices. Este sistema ofrece la doble ventaja de una adherencia excelente y mejor aprovechamiento del peso adherente, minimizando la agresión a la vía derivada de los bogies de tres ejes, con mayor base rígida.

Las características y la funcionalidad de las lanzaderas para camiones son las siguientes:

- **Composición tipo Breda**
  - 2 locomotoras (una en cada extremo).
  - 1 coche club para albergar a los conductores.
  - 1 rama formada por un vagón de carga/descarga y 15 vagones portacamiones.
  - 1 vagón central de carga/descarga tipo Arbel.
  - 1 segunda rama formada por un vagón de carga/descarga y 15 vagones portacamiones.

- **Características técnicas de los vagones portacamiones (*Jumbo*)**
  - Masa: 35,5 t.

*Figura 71. Los trenes lanzadera del Eurotunnel, a través del Canal de la Mancha, son actualmente la referencia para futuras soluciones de autopista rodante, aunque requieren de un gálibo especial.*

- Longitud: 20 m.
- Anchura: 4,10 m.
- Altura: 5,60 m.
- Carga máxima admisible: 54,5 t.
- Material: acero inoxidable en el techo y acero CortenB para el bastidor.

Los vagones de carga/descarga tienen una masa de 54,5 t, y miden 25 m de largo por 4 de ancho. Se utilizan para dar entrada y salida a los camiones con una masa máxima de 44 t. Para estas operaciones, un sistema hidráulico estabiliza el vagón y otro sistema de bordes laterales abatibles hidráulicamente se apoya sobre los muelles.

- **Composición tipo Arbel**
  - 2 locomotoras (una en cada extremo).
  - 1 coche club para albergar a los conductores.
  - 1 rama formada por un vagón de descarga y 15 vagones portacamiones.
  - 1 vagón central de carga/descarga.
  - 1 rama de 15 vagones portacamiones.
  - 1 vagón de carga.

- **Características técnicas de los vagones portadores**
  - Masa: 34 t.
  - Longitud: 20 m.
  - Anchura: 4,10 m.
  - Altura: 5,59 m.
  - Carga máxima admisible: 56 t.
  - Material: acero inoxidable en el techo y acero CortenB para el bastidor.

- **Características técnicas de los vagones centrales de carga/descarga**
  - Masa: 52,2 t.
  - Longitud: 24,8 m.
  - Anchura: 4,40 m.
  - Altura: 1,45 m.
  - Carga máxima admisible: 56 t.

El coste de una composición lanzadera como las indicadas, con la tracción incluida, se hallaba en 2004 alrededor de los 10,07 M€.

# Capítulo 5

# Los costes de operación de los trenes de mercancías en España

Íñigo Peñaranda

## 1 Ámbito y metodología

En este capítulo estableceremos una forma simple y resumida de calcular los costes de un transporte ferroviario de mercancías.

Para empezar, se deben considerar una serie de elementos que fijan los parámetros para trabajar:

- Locomotora diésel o eléctrica.
- Plan de mantenimiento de la locomotora, que limita su utilización anual.
- Optimización de la locomotora según los tráficos existentes.
- Potencia de la locomotora (capacidad de arrastre).
- Restricciones de la línea ferroviaria: longitudes de trenes, rampa característica de la línea, sistemas de seguridad instalados en la línea, calidad del surco.
- Apartaderos de origen y destino. Restricciones físicas y diferencias de costes entre las terminales del ente administrador de la infraestructura ferroviaria, las de puertos de interés general y otras privadas.
- Tipo de mercancía y, por tanto, de vagón.

Las múltiples combinaciones de estas variables conllevan que el cálculo de los costes de un transporte ferroviario de mercancías sea un ejercicio de estudio de cada tráfico en concreto.

Para poder simplificar en este capítulo una metodología práctica, vamos a referir el estudio a un tráfico en España para un tren que circule con máquina diésel de última generación, que pueda llevar una carga bruta de 1.250 t, aproximadamente. La longitud del tren estaría limitada, bien por los apartaderos intermedios o bien por la capacidad de arrastre, a 500-550 m. El origen y el destino sería entre terminales del Administrador de Infraestructuras Ferroviarias (Adif), con un surco mayoritariamente en tarifa valle.

En el documento solo se incluyen los costes directos de la explotación de una empresa ferroviaria en España en líneas de la red ferroviaria de interés general (RFIG), además de las tasas y cánones del Ministerio de Fomento y Adif que son necesarios para operar como empresa ferroviaria. Así pues, no se consideran los costes de estructura ni los costes generales.

La exposición se desarrolla siguiendo los conceptos de una hipotética cuenta de explotación, donde una locomotora constituye una unidad de negocio y los kilómetros que recorre en un año indican el nivel de actividad.

## 2   La locomotora como unidad de negocio

Para una empresa ferroviaria las locomotoras constituyen unidades de negocio en sí mismas y su nivel de actividad viene reflejado por los kilómetros que puedan realizar en un año.

La actividad de una locomotora la definen diferentes factores como son la regularidad de los tráficos asociados a la misma, su plan de mantenimiento preventivo y las averías o incidentes que sufra.

Las locomotoras facturan al hacer transportes y tienen costes fijos y variables, directos e indirectos.

Una actividad anual satisfactoria para una locomotora diésel debe alcanzar los 150.000 km/año, como mínimo. Por tanto, los costes unitarios se basarán en este nivel de actividad.

## 3   Los costes de energía

La energía es el concepto de coste más importante en el transporte ferroviario. Las locomotoras más versátiles son las de tracción diésel, que pueden circular con independencia de la electrificación de la línea. En este tipo de locomotoras, el coste energético se puede calcular de una manera fácil y con cierta exactitud, al contrario de una locomotora eléctrica.

### 3.1   *El consumo*

El consumo depende de una serie de variables, como son:

- La rampa característica de la línea ferroviaria del tráfico que se debe estudiar. En los países montañosos y en largos recorridos es habitual encontrar rampas significativas.
- El peso del tren, incluyendo el del combustible. Una locomotora puede cargar hasta 7.000 l de combustible en el depósito.
- El tipo de conducción del maquinista, que es el factor más importante y más controlable por parte de la empresa. Una conducción eficiente puede llegar a ahorrar hasta un 10 % del consumo para un mismo trayecto.

La experiencia adquirida en este tipo de locomotoras sugiere un consumo medio que oscila entre los 5 y los 5,5 l/km. Este consumo se puede medir de una forma exacta, tanto con dispositivos a bordo como con mediciones entre repostajes.

### 3.2   *El precio*

El repostaje de una locomotora se lleva a cabo en las terminales ferroviarias, portuarias, etc.

Una empresa ferroviaria puede firmar un acuerdo de suministro con una empresa de distribución de combustible o con el ente que administra la infraestructura ferroviaria, lo que se considera autoprestación si el repostaje se lleva a cabo dentro de una terminal de esta última. En relación a ello, todos los detalles se han de encontrar en la declaración de red que regula este servicio.

La cotización internacional del gasóleo es el punto de partida del precio de combustible. Sobre esta cotización, el administrador de la infraestructura o cualquier empresa que pueda suministrar combustible tiene unos gastos de distribución que se suman a la cotización. En cambio, las empresas ferroviarias están exentas de impuestos en el gasóleo. Por consiguiente, aunque el precio es por naturaleza variable, tomando la referencia de los últimos años, puede considerarse cercano a los 0,7 €/l, incluyendo los gastos de distribución.

### 3.3   *Coste de la energía diésel*

Con las dos variables anteriores se obtendría un primer valor. El coste de la energía diésel puede estimarse en: 5,25 l/km × 0,7 €/l = 3,68 €/km.

### 3.4   *Coste de la energía eléctrica*

Aunque no vamos a utilizar el coste de la energía eléctrica en este resumen para calcular el coste de operación de un tráfico ferroviario, hay que decir que el coste de la tracción eléctrica en el sistema español se estima y no se calcula.

Para empezar, las locomotoras no suelen tener vatihorímetros que puedan dar un consumo por trayecto. Por tanto, el gestor de la infraestructura carga un coste a la operadora ferroviaria en función de las toneladas/kilómetro brutas remolcadas por cada tren. Además, la tarifa cargada se revisa periódicamente y, a final de año, se regulariza para actualizar las variaciones en el precio de la energía eléctrica. Las tarifas se explican en la declaración de red correspondiente.

La experiencia sugiere que, con este sistema de tarificación, la energía eléctrica para un tren de características similares es un 30 % más barata, como mínimo, que la energía diésel.

## 4   Los costes de personal de conducción

El coste de personal es complicado de calcular cuando lo asignamos a la unidad de producción, la locomotora.

El personal tiene un coste fijo y otro variable. Por ejemplo, el sueldo anual es un coste fijo, mientras que las dietas, el transporte y las pernoctaciones son un coste variable.

Muchas veces el personal se vincula directamente a la producción de una locomotora específica, porque son necesarias determinadas habilitaciones para cada tipo de locomotora.

Normalmente, en España solo es necesario un único agente de conducción o maquinista, salvo en los casos donde los sistemas de seguridad exigen llevar dos agentes.

Aceptando un nivel de actividad de la locomotora de unos 150.000 km/año, un ratio suficiente de maquinistas por locomotora debería estar en el entorno de 4,5 agentes/locomotora. Esto cubriría los períodos vacacionales, el absentismo, las incidencias, etc.

Es preciso tener en cuenta que un maquinista realiza también labores de tierra, como las maniobras y otras. Pero lo más importante es que debe cumplir estrictamente la jornada máxima de conducción.

Otro factor que afecta al coste del personal es la regularidad de los tráficos. No es lo mismo que los tráficos de una locomotora sean muy regulares, y además encajen perfectamente entre los descansos de los maquinistas, a que no lo sean, pues la dificultad de optimizar un gráfico de personal influye en el coste.

Por tanto, la optimización de la actividad de un maquinista depende de diferentes factores y la experiencia indica que una ratio de 4,5 maquinistas por locomotora es aceptable.

*Figura 72. Locomotora s/251 encabezando un tren vagones de bobinas tras una copiosa nevada.*

## 4.1   Los costes fijos de personal

El coste para la empresa de un maquinista que posea el título B, que es el autorizado en España para circular por la RFIG, puede estar en torno a 50.000 €/año. Este coste suele depender de la antigüedad de la plantilla y de su experiencia.

Además, el maquinista recibe una formación continua en seguridad en la circulación y en prevención de riesgos laborales. Asimismo, debe pasar chequeos médicos periódicos. En total, se estiman unos 6.000 €/año adicionales.

Sin embargo, no podemos olvidar lo más importante: cada maquinista debe habilitarse para cada línea ferroviaria y para cada locomotora que quiera utilizar, es decir, con el título B no puede conducir por toda España ni con cualquier locomotora. A lo largo de su vida laboral, tendrá que ir obteniendo habilitaciones para cada línea y para cada locomotora. Haciendo un símil con la carretera, cuando un maquinista obtiene su «carnet de conducir» tiene que ir sacando permisos individuales para cada tipo de vehículo o incluso marca de automóvil, y para cada carretera por donde haya de conducir.

Como se puede comprender, estas habilitaciones representan una gran inversión en tiempo y dinero pero son necesarias para cada maquinista. Su coste medio anual en la vida de un maquinista se sitúa en torno a los 3.000 €/año.

Por tanto, el coste fijo total de un maquinista sería de 59.000 €. Si son necesarios, de promedio, 4,5 agentes, resultará un coste global de personal por locomotora de 265.500 €, lo que supone un coste por kilómetro de 1,77 €/km.

## 4.2  *Los costes variables de personal*

Cada vez que un agente entra en servicio se le deben abonar las dietas de manutención (5.000 €/año, aproximadamente), además del hospedaje y el transporte (15.000 €/año). Ha de tenerse en cuenta que, para realizar su actividad, un maquinista debe descansar en establecimientos hoteleros o bien desplazarse para regresar a su residencia habitual. Por todo ello, hay que añadir 90.000 €/año para el promedio de 4,5 agentes que intervienen en una locomotora, lo que por kilómetro supone otros 0,6 €. En resumen, el coste total de un maquinista es de unos 2,37 €/km.

## 5  El coste de mantenimiento de las locomotoras

Se trata de un coste muy complicado de calcular y que depende de muchas variables:

- Los planes de mantenimiento aprobados por el gestor de la infraestructura ferroviaria para cada locomotora.
- La antigüedad de la locomotora.
- El tipo de motor, diésel o eléctrico.
- El tipo de mantenimiento, propio o subcontratado.
- El número de locomotoras en contrato.
- Los servicios incluidos en el contrato.
- La cantidad de proveedores en el mercado.
- Las incidencias.
- La averías de piezas.

En España existen muy pocas empresas de mantenimiento de locomotoras y, normalmente, se trata de compañías participadas entre la constructora de la locomotora y Renfe Operadora, donde la primera aporta tecnología específica y la operadora talleres y mano de obra. El resto de las empresas ferroviarias no tienen la actividad suficiente, ni de manera individual ni conjunta, para montar talleres o empresas mantenedoras que den cobertura nacional.

En mercados tan estrechos siempre hay oportunidad de reducir costes.

Además, las locomotoras nuevas tienen unos planes de mantenimiento extremadamente restrictivos. Aunque la operadora ferroviaria puede proponer un plan de mantenimiento propio, de acuerdo con la legislación, debe ser aprobado por el ente administrador de la infraestructura ferroviaria. Si una locomotora no lleva muchos años de operación en España, tendrá un plan restrictivo que contribuya a garantizar la seguridad.

Valga como ejemplo que una locomotora diésel de última generación con un coste superior a los tres millones de euros tiene que pasar por el taller cada 12.500 km para realizar un control de niveles. Las consecuencias de ello son retirar la locomotora temporalmente del tráfico, trasladarla al taller más cercano y esperar la estadía de la intervención programada. Una locomotora con este plan de mantenimiento significa varios meses de no disponibilidad de uso, lo que afecta a la productividad y rentabilidad de la actividad de la empresa propietaria.

Por tanto, la capacidad de ahorro por este concepto de coste es significativa. Para el nivel de actividad mencionado, suponiendo una locomotora nueva y según los servicios negociados, el coste del mantenimiento puede oscilar entre 1,2 y 1,4 €/km. En este coste no estarían incluidas las grandes reparaciones que hay que efectuar cada millón de kilómetros; si prorrateamos este coste, que supone una gran intervención, al menos habría que añadir unos 0,4 €/km.

Como estimación válida, podemos asumir un coste total de 1,8 €/km en concepto de mantenimiento.

## 6   Los costes fijos de amortización/alquiler de las locomotoras

El coste de compra o alquiler de una flota de locomotoras varía en función de la capacidad de negociación, el volumen del pedido, la serie y la potencia, entre otros factores.

En España pocas empresas pueden hacer grandes pedidos, ya que no gestionan un gran volumen de tráficos. Además, hay pocas alternativas de locomotoras homologadas para circular. En este hecho influyen las pocas empresas ferroviarias privadas existentes, su reducida cuota de mercado y el diferente ancho de vía con otros países de Europa.

En el supuesto de la compra directa al fabricante, una locomotora diésel de última generación, con una potencia de alrededor de 4.000 CV, homologada en el mercado español, puede adquirirse en el mercado por unos 3,2 M€. Si los auditores permiten una amortización lineal de la misma a lo largo de veinte años (la vida útil debería ser algo mayor), se obtendría el coste siguiente: 3,2 millones/20 años = 160.000 €/año. Por tanto, y para el nivel de actividad de 150.000 km, el coste supone 1,07 €/km.

Sin embargo, este cálculo no incluye el coste de las máquinas de reserva que se puedan necesitar para cubrir incidencias, averías, intervenciones de mantenimiento, etc. El coste de reserva depende del tamaño de la flota, pero en condiciones de optimización puede suponer un 10 % adicional. En consecuencia, se pasaría a un coste de locomotora de 1,17 €/km.

En todo ello no está incluido el coste financiero de la adquisición de la locomotora. Como este coste puede depender de factores como la propia capacidad de endeudamiento de la empresa, a efectos de cálculo puede tomarse como referencia el coste de arrendamiento financiero o alquiler, que se ha de considerar neutral para cualquier empresa.

El coste de arrendamiento financiero anual de la locomotora estaría situado en torno a los 1,92 €/km.

## 7  Los cánones y las tasas

### 7.1  Las tasas

Toda empresa ferroviaria tiene una serie de costes fijos por el hecho de ser empresa ferroviaria y querer circular por la red ferroviaria de interés general.

El Ministerio de Fomento grava con unas tasas anuales a las empresas ferroviarias por la obtención o actualización de la licencia y los certificados de seguridad, sin los que ninguna empresa puede circular.

En la actualidad existe un certificado de seguridad nacional que supone un coste anual aproximado de 10.000 €/año en concepto de tasas.

Anteriormente, el certificado de seguridad y las habilitaciones de los maquinistas se debían obtener línea a línea. Cada ampliación del mismo costaba aproximadamente 6.000 €, con independencia de si se pedía una ampliación de certificado de seguridad para 10 o para 2.000 km.

Esta situación hizo que, salvo la empresa estatal Renfe, que por definición tenía certificado de seguridad de ámbito nacional, todas las nuevas empresas ferroviarias sufrieran grandes gastos para ir ampliando su certificado de seguridad y su ámbito de operación.

### 7.2  El canon de acceso

Además de estas tasas, cada empresa ferroviaria debe declarar al administrador de la infraestructura la actividad anual que prevé realizar en una base kilométrica. Según los kilómetros declarados, la empresa ferroviaria pagará un canon de acceso a la circulación por uso de la infraestructura. Estos cánones de acceso se publican en la declaración de red del administrador.

Las nuevas empresas ferroviarias normalmente solicitan el canon que les permite recorrer entre uno y cinco millones de kilómetros, por lo que se puede tomar como válido un canon de acceso de unos 160.000 €/año. El valor unitario por kilómetro de este coste se va reduciendo exponencialmente cuanto más producción pueda realizar la empresa ferroviaria.

## 7.3   *El canon de reserva y el de utilización*

El canon de reserva de capacidad se genera por la petición de asignación de surco y el canon de circulación cuando tiene lugar la circulación de un tren.

Los importes de estos dos cánones están reflejados en la declaración de red del gestor de la infraestructura. Su tarificación depende de las horas punta y valle de los surcos, pero como media se puede establecer un coste conjunto de 0,27 €/km.

Así como los costes derivados de las ampliaciones de los certificados de seguridad fueron una barrera para dar entrada a nuevas operadoras, en comparación con otros países europeos los cánones han intentado fomentar el transporte de mercancías por ferrocarril.

El coste total de los cánones y las tasas rondaría los 0,4 €/km.

## 8   Los servicios en las terminales

La mayoría de las terminales españolas son propiedad de Adif, que las gestiona ofreciendo una serie de servicios a las empresas ferroviarias, segmentados en dos grupos. Por un lado, los servicios definidos en la declaración de red como adicionales o complementarios, por los que cobra unas tarifas que se actualizan anualmente y que figuran en dicha

*Figura 73. Operaciones de carga de contenedores en una terminal ferroviaria intermodal.*

declaración de red. Por otro lado, los servicios auxiliares, con precios acordados mediante convenio con cada empresa ferroviaria, donde se incluyen todo tipo de condicionantes de calidad, indemnizaciones por incumplimientos, actuaciones en caso de incidencia, etc.

De entre los distintos servicios del primer grupo que pueden generarse en las terminales, los más significativos son las maniobras con o sin motor de maniobras, y la recepción y expedición de trenes. El peso relativo de estos servicios depende mucho de la distancia del trayecto.

Al ser unos costes gravosos, las operadoras ferroviarias cada vez utilizan más la autoprestación en las maniobras para optimizar así costes de personal y locomotora.

De media, una locomotora puede incurrir en un coste de 1 €/km por estos conceptos para el desarrollo de sus tráficos.

Hasta aquí se han enumerado los costes de tracción del transporte ferroviario de las mercancías, pero para completar el estudio se deben añadir aún otros costes.

## 9    Los costes de los vagones

Para transportar mercancías es necesario contar con vagones. En el mercado existen diferentes tipos de vagones destinados a distintos tipos de productos. Normalmente se clasifican en:

- Vagones plataforma, que transportan contenedores o cajas móviles.
- Vagones cerrados para mercancía convencional (cada vez más en desuso por el incremento de los transportes intermodales logrados por el uso de contenedores).
- Vagones para graneles, tipo tolva, cisterna, etc.
- Vagones para automóviles.

Para obtener una visión comparativa de los costes del transporte ferroviario en relación con otros modos de transporte, parece adecuado elegir el vagón plataforma, que es capaz de transportar contenedores, al igual que los buques o los camiones.

Una locomotora como las descritas anteriormente puede arrastrar una media (recuérdese las diferentes rampas características que influyen en la carga) de treinta contenedores de 40-45 pies.

Para transportar esta cantidad de contenedores se necesitarán treinta vagones plataforma o quince vagones dobles plataforma (más utilizados actualmente en el transporte ferroviario). También se debe asumir al menos un vagón de reserva por composición para cubrir posibles incidentes, reparaciones, etc.

Por tanto, en una optimización total donde los vagones hicieran los mismos kilómetros que la locomotora y se pudiera por tiempos de carga o descarga usar una sola composición de vagones por tráfico, se necesitaría comprar o alquilar dieciséis vagones dobles. Si no se pudiera usar una composición por tiempos se debería adquirir dos composiciones. En este caso, se puede tomar una media representativa de 1,5 composiciones por tráfico para calcular el coste del vagón, es decir, 24 vagones dobles plataforma.

Para incluir el coste de financiación del vagón se puede tomar como referencia el coste de alquiler de uno de bogies de 90 pies, que es posible alquilar por unos 40 €/día/vagón. Un total de 24 vagones dobles costarían al año 350.400 € y, si recorren 150.000 km, su coste sería de 2,34 €/km.

## 10　El coste de mantenimiento de los vagones

Estos mismos vagones necesitan un mantenimiento anual. En este caso, es más fácil encontrar distintas empresas de mantenimiento de vagones a lo largo de la geografía.

Según sea el vagón y su plan de mantenimiento, se puede establecer un coste aproximado de 10 €/día/vagón. El coste anual para 24 vagones sería de 87.600 €/año, lo que supone 0,58 €/km para el nivel de actividad definido.

*Figura 74. Taller de mantenimiento de vagones plataforma para el transporte de contenedores.*

## 11   Las manipulaciones de las UTI en las terminales

Para cargar o descargar los contenedores de los trenes en las terminales de origen y destino, tanto el gestor de infraestructuras como las terminales privadas utilizan unas tarifas. Tomando como representativas del mercado las de las terminales del gestor de infraestructuras, una media válida para un tren sería:

- Coste por movimiento: 30 €/UTI (unidad de transporte intermodal), es decir, con independencia del tamaño del contenedor o caja móvil. En este coste está incluida una franquicia de almacenamiento de siete días.
- Número de movimientos por UTI para carga o descarga en terminales: 30 contenedores × 2 = 60 movimientos.
- Coste por tren = 1.800 €.
- Número de trenes para hacer 150.000km/año = 200 trenes.
- Número de trenes × coste por tren = 360.000 €.
- Coste por kilómetro: 2,4 €.

Como se puede comprobar, el coste de las manipulaciones en las terminales encarece el transporte por ferrocarril cuando se trata de llevar contenedores para aplicar criterios de intermodalidad.

En consecuencia, es importante hacer cuantas menos intervenciones de carga o descarga sean posibles en los contenedores para que el transporte ferroviario no resulte demasiado costoso. A mayor distancia de recorrido, menor repercusión tiene este concepto en el total de los costes.

## 12   Resumen de los costes de transporte de los trenes de mercancías en España

De toda la exposición anterior se concluye:

- Los costes de tracción son de 11,17 €/km.
- Los costes por vagón ascienden a 2,92 €/km.
- Los movimientos de grúas representan 2,4 €/km.

El coste total para un tren que recorra aproximadamente 750 km (o 1.500 kilómetros, en ida y vuelta) durante cincuenta semanas al año y dos veces por semana, es decir, optimizando el nivel de producción, debería ser de 16,49 €/km, aproximadamente, incluyendo las operaciones de carga y descarga en las terminales.

El equivalente en UTI sería de 0,55 €/km por unidad, por lo que es posible concluir que el transporte de mercancías por ferrocarril es más competitivo que la carretera para distancias largas.

# Capítulo 6

# Cadenas del transporte ferroviario y su comercialización

Jordi Mas

## 1   Las cadenas de transporte

Se conoce como cadena de transporte a la secuencia de modos y nodos de transporte para el movimiento de la carga desde un origen hasta un destino, incluyendo los posibles transbordos de la misma entre un medio de transporte y otro.

En una cadena integrada de transporte, los modos se conectan entre sí a través de los nodos, y destacan tres niveles básicos:

- *Nivel físico o infraestructural,* por el cual se dota de capacidad a espacios, infraestructuras e instalaciones para acoger diferentes tipos de tráfico de material móvil.
- *Nivel funcional,* por el cual se compatibilizan servicios con sus propios costes, tiempos, frecuencias y modelos de gestión y organización.
- *Nivel del conocimiento,* por el cual se ordena, genera y difunde la información asociada a la cadena y su entorno.

Los nodos centrales o estaciones nodales constituyen el punto central para la recogida, clasificación, trasbordo y redistribución de mercancías en una zona geográfica determinada, utilizando el modelo centro-radial *(hub & spoke),* que consiste en la recogida y posterior distribución desde un solo punto en una zona geográfica determinada.

## 2   Agentes de la cadena de transporte

Con el fin de conocer ampliamente el funcionamiento y las posibilidades de una cadena de transporte, es conveniente definir las figuras responsables del transporte intermodal y su función en el mismo.

### *2.1   Agentes de relación directa*

- *Cargadora*, empresa que hace entrega de las mercancías al medio de transporte, o bien quien solicita el transporte a la empresa porteadora (agencia de transportes, empresa transitaria, operadora de transporte, transportista, etc.) con el fin de que sean entregadas al destinatario.

- *Mandante*, empresa que confía a una tercera la realización de ciertas actuaciones.

- *Destinataria*, empresa o persona física a quien van dirigidas las mercancías objeto de un transporte.

- *Transportista*, empresa responsable del movimiento de mercancías, ya sea directamente o a través de una tercera parte.

- *Subcontratista*, tercera parte a la que una empresa operadora de transporte ha encargado la ejecución del transporte, completamente o solo una parte del mismo.

- *Naviera o armadora*, empresa propietaria real de un buque registrado a su nombre que lo acondiciona y pertrecha para la navegación.

- *Fletadora*, empresa que alquila (fleta) un buque para su explotación en la manera que estime conveniente.

- *Agencia marítima o consignataria*, empresa representante de la armadora o de la fletadora del buque en el puerto. Realiza las gestiones necesarias para el despacho documental frente a las autoridades locales, da atención a la tripulación y al buque, así como los suministros que precise. La consignataria, por cuenta de la naviera, negocia, gestiona, liquida los fletes y gastos ocasionados por las mercancías y firma los conocimientos de embarque *(bill of lading)* de las mercancías de exportación y recibe los conocimientos canjeables por las mercancías descargadas de importación.

- *Estibadora*, empresa que efectúa las operaciones de manipulación de las mercancías en tierra, y la carga y descarga de los buques.

- *Operadora ferroviaria*, empresa que gestiona de forma directa o indirecta el material móvil ferroviario.

- *Terminalista*, empresa que gestiona los procesos de carga y descarga en las terminales ferroviarias.

## 2.2  Agentes de implicación indirecta

Normalmente efectúan el servicio por medio de terceros, aunque en algunos casos pueden realizarlo directamente.

- *Transitaria*, empresa intermediaria que toma las disposiciones necesarias o proporciona servicios complementarios para el transporte de mercancías y otros servicios en representación del emisario.

- *Agencia de transportes*, empresa que interviene en la contratación del transporte nacional o internacional, realizando la gestión y contratación del mismo. Puede desarrollar su actividad contratando los medios de transporte que necesite, ya que no disponer de vehículos es condición indispensable para efectuar esta gestión. Actúa como transportista frente a la empresa exportadora o importadora y de cargadora frente a las transportistas cuando contrata sus servicios.

- *Operador de transporte multimodal*, persona física o jurídica, compañía naviera, operadora ferroviaria, transitaria, transportista de carretera, etc., que adquiere el compromiso frente a la empresa exportadora o importadora como transportista principal y es la emisora del documento unificado de todos los medios y modos de transporte utilizados, asumiendo todas las responsabilidades de la ejecución del contrato.

- *Agente de aduanas*, persona física o jurídica, facultada por la Administración pública para tramitar la documentación necesaria en los despachos de exportación e importación de las mercancías, así como efectuar los pagos de aranceles, impuestos, obtención de licencias y certificados, frente a las autoridades aduaneras, por cuenta de la empresa usuaria, exportadora o importadora.

*Figura 75. Operaciones de carga de un vagón en la nave de un operador logístico multimodal.*

## 3   Infraestructuras relacionadas con el transporte ferroviario

Para el desarrollo de la intermodalidad, existe un aspecto infraestructural importante, que es la red ferroviaria, su mantenimiento y la tipología de la misma.

La orografía es uno de los factores que determinan las características y capacidades de la red ferroviaria. Algunas regiones, como la península Ibérica, por ejemplo, poseen pendientes importantes en determinadas zonas que impiden que circulen trenes lo suficientemente largos como para que el transporte de mercancías sea suficientemente rentable.

Otros dos aspectos importantes en las infraestructuras ferroviarias son el gálibo y el ancho de vía, que se han tratado ampliamente en el capítulo 2. Veamos ahora las infraestructuras relacionadas con los otros modos de transporte.

### 3.1   *Transporte por carretera*

Para conocer las infraestructuras que forman parte de la cadena de transporte ferroviario y la hacen posible, debemos referirnos en primer lugar a los centros de transporte, plataformas logísticas centradas en el transporte por carretera. Su ámbito suele ser metropolitano o provincial. En la práctica, implican a todas las empresas del sector del transporte, por lo que cuentan con un área logística consolidada y un área de servicios que incluye tanto los dirigidos a personas y vehículos, como a oficinas de las empresas de transporte.

Inicialmente, los centros de transporte se centraban exclusivamente en las empresas de transporte. Con una visión más moderna, tienen ahora en cuenta los espacios logísticos propios de las empresas cargadoras y, sobre todo, la conexión ferroviaria.

Un ejemplo de ello son los centros logísticos de la empresa pública Cimalsa. El primero que construyó, la CIM Vallès, en las proximidades de Barcelona, no dispone de conexión ferroviaria; en cambio, no ocurre así en los nuevos centros proyectados por la compañía, Logis Intermodal Empordà, Logis Intermodal Penedés y Logis Intermodal Montblanc, zonas de gran atractivo estratégico por su posición en el territorio de Cataluña y, por tanto, del sur de Europa y el arco mediterráneo, pero que incrementan el interés debido a su conexión ferroviaria.

Por otro lado, se encuentran las zonas de actividades logísticas (ZAL), conocidas también como *distriparks,* áreas habitualmente de carácter regional, con los servicios y equipamientos necesarios para llevar a cabo las actividades de almacenamiento y distribución. En ellas se implantan tanto los departamentos logísticos de las empresas cargadoras como las empresas prestadoras de servicios logísticos.

*Figura 76. Vista aérea de la CIM Vallès, con entrada y salida directa a grandes vías de comunicación.*

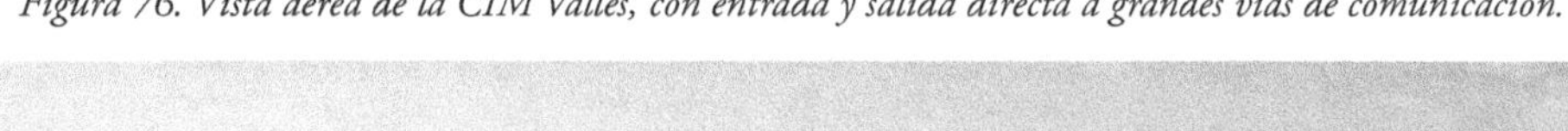

*Figura 77. Vista aérea del Centro de Carga Aérea de Barcelona, situado en un área de elevada densidad de infraestructuras logísticas, junto al puerto, a terminales ferroviarias y centros de actividades logísticas para empresas operadoras y cargadoras.*

## 3.2   Transporte aéreo

Las infraestructuras dedicadas al transporte aéreo de mercancías se conocen como centros de carga aérea. Se trata de espacios habilitados donde se facilita el intercambio modal tierra-aire y el tratamiento de mercancías de carga aérea.

Estos centros constan de un área multimodal de primera línea, que consta de terminales de carga general para los servicios que prestan las empresas *courier* o integradoras. En ocasiones existe una zona para actividades de segunda línea que comprende todas las destinadas a prestar servicios adicionales al despacho de carga, con zona de almacenamiento para empresas transitarias, operadores logísticos y oficinas operacionales, además de una zona de servicios integrales. En otros casos, también es posible encontrar un área de distribución para empresas cargadoras que formarían la tercera línea.

Cuando este tipo de centros cuenta con conexiones ferroviarias, se incrementa el área de influencia terrestre del aeropuerto, lo que ayuda a optimizar sus infraestructuras.

En el caso de España, un plan que centralizara la carga aérea en cinco centros, con conexión ferroviaria en todos ellos, optimizaría los servicios aéreos y las infraestructuras que les dan soporte. Estos centros, situados estratégicamente en Cataluña, País Vasco, Madrid, Galicia y Andalucía, garantizarían la cobertura a todo el Estado, facilitando el acceso al transporte aéreo y una importante disminución de costes logísticos.

## 3.3   *Transporte marítimo*

En el ámbito del transporte marítimo internacional se ha desarrollado el concepto de puerto concentrador o *hub*, ligado a la contenerización y al tamaño de los buques. Este modelo de puerto oceánico aglutina grandes volúmenes de contenedores, unos para ser distribuidos en su zona de influencia mediante buques alimentadores o *feeder*, y otros para su posterior distribución, mediante buques oceánicos, a los puertos de destino final.

Los factores clave de un puerto *hub* son:

— Situación geográfica, con buenos accesos terrestres, fluviales o aéreos.
— Traspaís o *hinterland,* con mercados y servicios que los puedan satisfacer en el área de influencia terrestre del puerto.
— Infraestructuras multimodales para tráficos locales e internacionales.
— Calidad y rapidez en los servicios con unos costes competitivos.
— Economías de escala.

Figura 78. *Vista aérea del puerto de la Bahía de Algeciras, con la terminal de contenedores en primer término.*

### 3.4 *Centros logísticos*

Un centro de actividades logísticas o, de manera abreviada, centro logístico, se puede definir como «un parque de actividades económicas especialmente diseñado para acoger labores logísticas, que ofrece condiciones en gran medida ventajosas para el desarrollo de dichas actividades. Generalmente, este tipo de centros logísticos está asociado a uno o varios ejes o infraestructuras de comunicaciones».[1]

Los centros logísticos actúan como áreas de ruptura de las cadenas de transporte, donde se concentran actividades y funciones técnicas y de valor añadido (carga y descarga, intercambio modal, etiquetado, paletización, preparación de pedidos, almacenamiento, etc.).

La función de los centros logísticos ha experimentado una evolución funcional, que no es homogénea ni equiparable en los distintos países, por lo que existe una superposición de tipologías (véase la tabla 3).

Uno de los tipos de centros logísticos que más interactúa con el transporte ferroviario es el puerto seco. Se denomina así a una terminal intermodal de mercancías situada en el interior de un país y que dispone de un enlace ferroviario directo con uno o más puertos marítimos. Consta de un área intermodal ferrocarril/carretera, como área funcional principal, si bien puede tener asociadas otras áreas funcionales (distribución, servicios aduaneros, etc.).

Uno de los ejemplos es el puerto seco de Madrid, habilitado como recinto interior aduanero marítimo, lo que convierte a esta infraestructura en aduana marítima interior de la Unión Europea (UE).

| TIPOLOGÍA DE CENTROS LOGÍSTICOS | |
|---|---|
| *Centros logísticos con un solo modo de transporte* | *Centros logísticos multimodales* |
| Centro de carretera o centro de servicios de transporte | Zona de actividades logísticas portuarias |
| Centro de distribución urbana | Centro de carga aérea |
| Parque de distribución | Puerto seco |
| Centro de transporte | Plataforma logística multimodal |

*Tabla 3.*

---

[1] Ignasi Ragàs, *Centros logísticos,* Marge Books, Barcelona, 2012.

*Figura 79. Vista aérea de la terminal en fondo de saco de Villafría, junto al Centro de Transportes Aduana de Burgos.*

| TIPOLOGÍA DE ÁREAS FUNCIONALES EN CENTROS LOGÍSTICOS | | |
|---|---|---|
| *Áreas logísticas* | *Áreas intermodales* | *Áreas o centros de servicios* |
| Área de transferencia y distribución | Área intermodal ferrocarril-carretera | Área de servicios especializados<br>– Área de mercancías peligrosas<br>– Área de servicios centrales |
| Área de logística y distribución urbana | Área intermodal aéreo-carretera | Servicios a empresas, transportistas y vehículos |
| Área de almacenamiento y distribución | Área intermodal marítimo o fluvial-terrestre | Servicios aduaneros |
| Área logística especializada o monofuncional<br>– Plataforma agroalimentaria<br>– Plataforma logística de graneles<br>– Área logística de mercancías peligrosas<br>– Área de logística de automóviles<br>– Área en régimen aduanero | | |

*Tabla 4.*

En cada país, la Administración tributaria desarrolla los medios telemáticos necesarios para facilitar los trámites documentales a los que están obligados las empresas operadoras que desarrollan su actividad en este tipo de centros. El procedimiento se aplica a las mercancías que llegan al puerto seco por ferrocarril, así como a las que parten de la instalación hacia un destino portuario.

Los centros logísticos multimodales están equipados para el almacenamiento y transbordo y las UTI de un modo de transporte a otro. Estas zonas también existen en puertos con terminales de contenedores. Las plataformas con mayor complejidad funcional suelen constar de diversas áreas funcionales, en las que son clave las áreas intermodales ferrocarril/carretera.

## 4   Las cadenas de transporte ferroviario

Tomando como referencia el desarrollo de este sector en España, existen cuatro tipos de cadenas de transporte ferroviario:

- Provenientes de puertos.
- Provenientes de minas o canteras.
- Gestoras de mercancía continental.
- Específicas de un tipo de mercancía.

### *4.1   Cadenas de transporte desde los puertos*

Estas cadenas de transporte combinan el transporte marítimo con el ferroviario y tienen alcances relativamente cortos, no más allá del área de influencia terrestre del puerto de origen.

Estos servicios no suelen estar optimizados, ya que no suelen coincidir los movimientos de importación (hacia el interior) con los de exportación (hacia el puerto), con lo cual existen excesivos movimientos de posicionamiento de contenedores vacíos.

En ningún caso existe servicio ferroviario con origen en un puerto que combine la mercancía marítima con la continental.

La mayoría de los puertos tienen servicios ferroviarios a distancias no superiores hasta el centro de la península Ibérica, donde las terminales interiores son el centro receptor de la mayoría de los servicios originados en puertos.

Para mejorar la eficiencia de los servicios desde los puertos es imprescindible utilizar la mercancía continental para aumentar servicios, optimizar los movimientos de posicionamiento de contenedores e incrementar las frecuencias de los trenes.

*Figura 80. Tren de vagones tolva para el transporte de carbón entre el puerto de Gijón
y la Central Térmica de La Robla, en León.*

Es importante que, para acceder al puerto o salir de él, se efectúe el menor número de maniobras posible, ya que estas encarecen el coste ferroviario.

Por otro lado, es vital disponer de una tercera vía para combinar los servicios con ancho UIC y con ancho ibérico en todos los puertos del litoral mediterráneo, considerando que es un enorme error eliminar tramos de ancho ibérico para suplirlos con ancho UIC. Este planteamiento supone que un tren de Tarragona a Sevilla deberá hacer unos 150 km más de recorrido, con el perjuicio que ello supone.

## 4.2   Cadenas de transporte desde minas y canteras

Las primeras y más rentables cadenas de transporte ferroviario fueron las creadas desde las minas y canteras, la gran mayoría situadas en el norte de España o en Cataluña (sal y potasa), con un ancho de vía normalmente métrico y con dirección a los puertos.

La gestión de las empresas FGC (Cataluña) y Feve (norte de España) ha permitido incrementar la eficiencia de sus servicios y, como consecuencia de la rentabilidad obtenida, el volumen de carga.

Una de las muestras es el envío de sal y potasa desde las minas de Súria y Sallent hasta el puerto de Barcelona, por medio de FGC, volumen que permite a la empresa ferroviaria pública situarse como la número uno en movimiento de mercancías en el puerto de Barcelona.

Debemos indicar que todos los servicios que provienen de minas se efectúan con vagón tolva, lo cual dificulta la interacción con otros modos que no sean el marítimo después de descargar en un silo portuario.

Por otro lado, el hecho de que la mayoría de estos servicios se realicen en vías de ancho métrico dificulta enormemente otras relaciones ferroviarias eficientes con otros puntos que no sean el propio puerto al que se dirige la línea de ancho métrico.

### 4.3   Cadenas de transporte de mercancía continental

Se trata de servicios que tradicionalmente se efectuaban con camión y hoy se transportan ferroviariamente debido a su mayor eficiencia.

La gran mayoría de mercancías transportadas siguiendo esta fórmula son recambios de la automoción, un sector más acostumbrado al mundo ferroviario; pero también existen experiencias de gran interés en otros sectores industriales y de distribución comercial.

*Figura 81.*
*Tren formado por vagones*
*portavehículos encabezado por*
*una locomotora 269 a su paso*
*por el viaducto de Duesaigües.*

Un ejemplo de ello es la cadena de supermercados Mercadona que, por medio de su empresa proveedora de transporte, está utilizando unos setecientos trenes anuales entre sus centros logísticos y sus proveedores, lo que pone fin a una gran dependencia del camión en la larga distancia.

Otro ejemplo de transporte multimodal con participación ferroviaria consiste en servicios de transporte de mercancía hortofrutícola entre Murcia, en el levante español, y Bilbao, en el norte de la península Ibérica, con destino final al Reino Unido. Combina el camión desde los centros de producción hasta la terminal ferroviaria de Nonduermas, el ferrocarril hasta el puerto de Bilbao y el barco hasta las islas británicas.

Un escenario logístico óptimo consistiría en unir las cadenas de origen continental y las de origen portuario.

Para alcanzar cadenas de transporte ferroviario dotadas de la máxima eficiencia, es necesario disponer de centros multimodales (o aprovechar las terminales portuarias, siempre y cuando tengan accesos adecuados para los camiones, que eviten colapsos, o se encuentren cercanas a puertos y autopistas) que funcionen como un «pulmón» logístico para los puertos, y permitan la subida al tren de las cargas continentales, sea por el sistema de autopista ferroviaria o por medio de caja móvil.

## 4.4  *Cadenas de transporte de mercancías específicas*

Podríamos haber incluido las cadenas de productos específicos en las cadenas de origen continental, pero es evidente que el tratamiento de los productos químicos y de los vehículos acabados requiere de una especial atención.

Estas cadenas de transporte inician su camino en una terminal propia o externalizada dentro de la factoría, o bien en una terminal muy cercana a la misma para evitar un largo recorrido por carretera. En el mundo de la automoción, en todos los casos es así, pero no tanto en el sector químico.

El coste de una terminal es relativamente elevado, con lo cual se debe justificar la presencia de trenes enteros. Mientras la industria de la automoción alcanza volúmenes suficientes, en el mundo de las empresas químicas requiere unir esfuerzos entre varias empresas para crear trenes enteros, salvo en determinadas ocasiones.

En ambos casos, existe una tendencia clara. En la industria química, las antiguas empresas de transporte por carretera se han reconvertido en intermodales, preparándose con nuevos contenedores adaptados a este tipo de industria.

Para la automoción es evidente la utilización de portavehículos, si bien deben aparecer nuevas alternativas que eviten que las empresas de automoción tengan que costear servicios de ida y vuelta.

## 4.5  *Tipología de servicios ferroviarios*

Los tipos de servicios ferroviarios que se desarrollan se dividen básicamente en dos modalidades:

- Monocliente, los que contrata una sola empresa cargadora.
- Multicliente, los ofrecidos a varias empresas.

Los servicios monocliente permiten el acceso al ferrocarril tan solo a las grandes compañías con capacidad de fletar un tren completo. En consecuencia, la mayoría de empresas tienen pocas posibilidades de acceder al transporte ferroviario, ya que son pocas las que pueden alcanzar estos volúmenes de carga.

Por este motivo, los sectores que más utilizan el transporte ferroviario de mercancías tienden a estar relacionados con la minería, los graneles, la siderometalurgia, la automoción (producto acabado y suministro de piezas a fábricas), el sector químico y aquellos que precisan de importación o exportación marítima.

Es importante indicar que son pocos los servicios multicliente rentables ya que, en el mejor de los casos, tienen carga para el 70 % del tren, por lo que generan un déficit

*Figura 82. Tren maniobrando para entregar vagones en una fábrica de abonos con apartadero propio, junto a la estación de Féculas de Navarra, donde coincide con el tren Alvia Barcelona-Bilbao, de CAF.*

importante a la empresa ferroviaria. Las experiencias de las operadoras privadas en tren multicliente han fracasado en su totalidad.

Otro escenario diferente es la propuesta de FGC, que permite a empresas sin capacidad de completar un tren entero asociarse y conseguir un servicio multicliente a precio de monocliente, optimizando recursos y costes. Este modelo está siendo observado por las compañías ferroviarias para adoptarlo y dar un impulso definitivo al transporte ferroviario.


## 5   La comercialización en el sector ferroviario

Antes de analizar detenidamente las fórmulas de comercialización, debemos conocer qué ha sucedido en el sector ferroviario español para entender las premisas que han determinado las políticas actuales de comercialización.

Durante la dictadura franquista (1939-1975), se incrementaron progresivamente los servicios ferroviarios relacionados con mercancías, pero posteriormente decrecieron. Los gobiernos españoles se han apropiado sistemáticamente del lema «la mercancía no genera votos en las urnas, pero los pasajeros sí» y han desarrollado políticas contrarias al desarrollo del transporte ferroviario de mercancías. Han dado prioridad absoluta al transporte de viajeros en vez de promover un tipo de transporte que habría generado mayor inversión extranjera por parte de las empresas productoras y mayor número de puestos de trabajo estables.

En la tabla 5 se puede apreciar que el transporte de mercancías interior, a pesar de encontrarse en altos volúmenes durante períodos de bonanza económica, deja de confiar en el transporte ferroviario. Ello es debido a la mala gestión que se ha efec-

| TRANSPORTE DE MERCANCÍAS INTERIOR | | | | |
|---|---|---|---|---|
| | *2005* | *2006* | *2007* | *2008* | *2009* |
| Carretera | 2.148.186 | 2.006.060 | 2.344.762 | 2.053.392 | 1.651.694 |
| Ferrocarril | 26.766 | 26.712 | 26.375 | 23.623 | 18.220 |
| Marítimo | 87.996 | 87.058 | 98.892 | 86.015 | 76.662 |
| Aéreo | 277 | 264 | 252 | 245 | 179 |
| Tubería | 12.658 | 63.374 | 59.668 | 62.531 | 58.756 |
| Total | 2.275.883 | 63.374 | 2.529.949 | 2.225.806 | 1.805.508 |

*Tabla 5.*

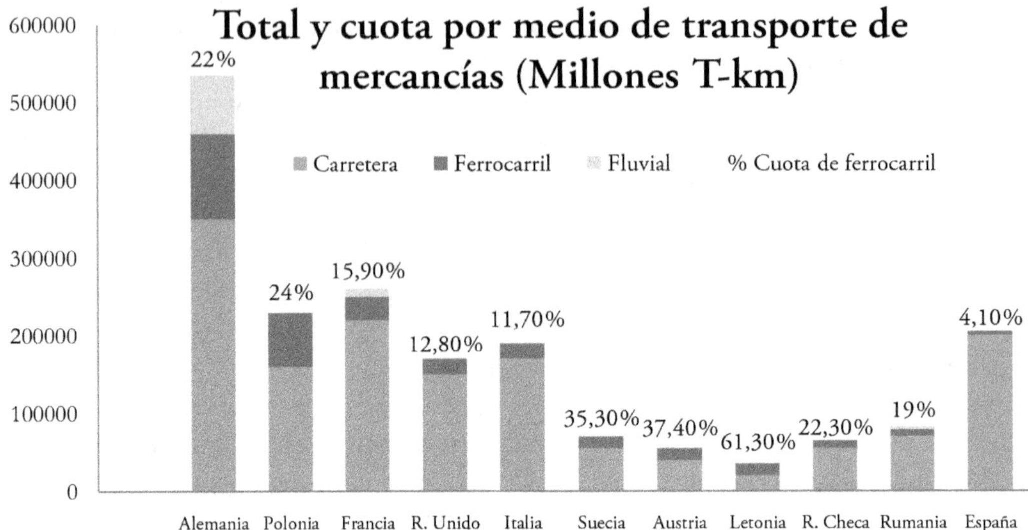


*Figura 83. Volumen total de toneladas por kilómetro transportadas en Europa
y cuota de cada modo de transporte (fuente: Ministerio de Fomento, 2011).*

tuado de este modo por parte del Gobierno español, tanto por falta de inversiones como por su permisividad en la mala calidad de servicio, aunque esta haya mejorado en los últimos años.

Comparativamente, en la figura 83 se observa que en España el transporte ferroviario de mercancías representa tan solo el 4,1 % de cuota de mercado y se sitúa en la cola de los países europeos.

En cuanto al modelo de liberalización del sector ferroviario, desde que en el año 2004 se aprobó el segundo paquete de medidas, se produjeron los primeros movimientos empresariales para lograr un mejor posicionamiento en el nuevo escenario de competencia. En esos movimientos desempeñó un papel relevante la compañía pública que ostentaba el monopolio, Renfe, que tras la entrada en vigor de la Ley del Sector Ferroviario actúa como Renfe Operadora.

Hasta aquel momento, Renfe tenía una actitud completamente pasiva en cuanto a la comercialización del transporte ferroviario, sin un departamento comercial activo, que solo esperaba la llegada del cliente.

En 2005 tuvo lugar el primer movimiento de gran calado en el sector del transporte de mercancías por ferrocarril. Se trató de la creación de una sociedad encargada de gestionar los tráficos ferroviarios de mercancías entre Aragón y Barcelona, por parte de Renfe Operadora, Acciona y la Autoridad Portuaria de Barcelona, con participación mayoritaria (51 % del capital social) de Acciona.

Este primer movimiento fue sintomático, pues muestra que las empresas interesadas en entrar en el mercado del transporte ferroviario de mercancías trataban de acceder de la mano del operador dominante y no de hacerle frente, al menos inicialmente, conscientes de que el mercado no estaba lo suficientemente abierto a la competencia ni era razonablemente maduro para cambiar unas prácticas o hábitos de manera rápida.

Estas participaciones o colaboraciones con Renfe Operadora hicieron que las nuevas empresas ferroviarias siguieran un modelo comercial parecido al de aquella, quizás algo más activas, pero sin capacidad para incrementar las cuotas de transporte ferroviario de mercancías en España.

A día de hoy existen diecisiete operadoras con licencia en España, pero es Renfe Operadora quien controla la mayoría de los tráficos de mercancías. El resto inició experiencias con trenes multicliente, pero las abandonó ante las pérdidas que les generaba y pasó a operar exclusivamente en trenes monocliente, donde obtenía rentabilidad.

Estas operadoras se limitan a atender una serie de empresas, pocas, que requieren de servicios ferroviarios. El resto de compañías de múltiples sectores de actividad, a pesar de ser susceptibles de utilizar el transporte ferroviario, difícilmente entran en este modo por la incomodidad que puede suponer un cambio de hábitos logísticos.

El motivo principal de esta actitud por parte de las operadoras ferroviarias, con estructuras más técnicas que comerciales y con tendencia a entablar contactos siempre con las mismas empresas, es la falta de formación sobre el transporte ferroviario por parte de las personas responsables de tomar decisiones en el ámbito logístico, tanto entre las empresas que prestan los servicios logísticos como entre las fabricantes y distribuidoras de productos.

Por otro lado, el objetivo de las operadoras ferroviarias se centra en captar el máximo número de cargas posible, y para ello se dirigen directamente a las empresas cargadoras, sin tomar en consideración a las operadoras de transporte terrestre. Evidentemente, esto no sucede así en todos los sectores. En el caso del transporte de productos químicos, la visión de quienes detentan la responsabilidad logística y las limitaciones en el transporte por carretera ayuda a que sus transportistas por carretera reconviertan y modernicen sus servicios ofreciendo la intermodalidad como factor determinante para ser competitivas.

Este conjunto de circunstancias favorece que, sobre todo en las áreas próximas a los puertos, surjan o se reconviertan empresas dedicadas a contratar trenes enteros para su posterior comercialización.

Con ello, podemos concluir que los sistemas de comercialización del transporte de mercancías por ferrocarril que se utilizan, han sido uno de los responsables del descenso de la cuota que representa este modo con respecto al resto. A nuestro entender, deben adoptarse tres medidas para que se incremente la cuota de transporte ferroviario:

- En primer lugar, es imprescindible aumentar la formación en materia de transporte ferroviario, tanto entre las empresas cargadoras como las transportistas. Esta formación supone dos ventajas importantes: poder utilizar el modo ferroviario en beneficio de la empresa cargadora y dotar a sus profesionales de la formación necesaria para poder trabajar con los departamentos comerciales de las operadoras ferroviarias.

- En segundo lugar, se deben fortalecer las estructuras comercializadoras de las compañías ferroviarias, con comerciales logísticos que puedan aportar soluciones a las empresas contratadoras.

- En tercer lugar, debe existir una estrecha cooperación entre las empresas ferroviarias y las de transporte por carretera y los operadores logísticos. Cabe recordar que estas últimas son las que aseguran los servicios puerta a puerta y optimizan los medios para que las empresas cargadoras no deban costear viajes de ida y vuelta. Para que exista esta cooperación, es imprescindible que el sector transportista por carretera sea el que contrate el transporte ferroviario, el cliente de la operadora ferroviaria, y así conseguir que la empresa cargadora tenga las máximas garantías de calidad de servicio.

## 6    Logística multimodal de la empresa del siglo XXI

Existe todavía un cierto desconocimiento por parte de las empresas sobre las capacidades del transporte ferroviario de mercancías, cuando no prejuicios que le atribuyen ineficiencias o costes innecesarios.

Como hemos visto en apartados anteriores, es verdad que las políticas gubernamentales y los monopolios pueden significar servicios ferroviarios de mercancías de calidad muy deficiente, que lleven a perder cuotas de mercado significativas, como en el caso de los servicios de vagón disperso (se desenganchan los vagones de un tren y a cada uno de ellos se le asigna un destino diferente), un servicio que ha representado un fracaso en España, por ejemplo, pero que en cambio funciona perfectamente en Europa central.

Por otro lado, es erróneo pensar que se han de efectuar muchos cambios en la logística de una empresa para poder acceder al tren.

Para empezar a conocer los cambios precisos que se necesitan vamos a evaluar cómo las empresas transportan sus mercancías. En su mayoría emplean el transporte por carretera y suelen utilizar una medida común, el tráiler. Evidentemente, también pueden gestionar grupajes, pero de ello ya se encarga su transportista.

El tráiler de una empresa utiliza semirremolques adaptados a sus necesidades, en función del tipo de carga o descarga de la mercancía y del tipo de mercancía que se debe transportar. Así, existen multitud de tipos de semirremolque: *tautliner,* frigorífico, isotérmico, mega, etc.

| | Vel. media | 3,75 h | 4,5 h | 7,5 h | 9 h | 13 |
|---|---|---|---|---|---|---|
| Camión | 80 km/h | 300 km | 300 km | 600 km | 600 km | 600 km |
| Tren | 60 km/h | 225 km | 270 km | 450 km | 540 km | 690 km |

*Tabla 6. Velocidad media del camión y del tren en trayectos largos.*

Para todos ellos existe su versión en caja móvil, con lo que la empresa puede acceder al transporte ferroviario, por medio de su transportista, utilizando directamente el semirremolque si existe autopista ferroviaria o bien la caja móvil, que es el caso mejor y más económico.

Es decir, en cuestión del receptáculo que utilizan las empresas para transportar, no existe ningún cambio por parte de la empresa cargadora.

Vamos a analizar otro punto importante para las empresas, el tiempo de tránsito. En la tabla 6 se puede apreciar la velocidad media del camión y la del tren para trayectos largos.

En la parte superior vemos el tiempo pasado desde el origen y, en cada columna, los kilómetros que ha recorrido cada modo. El camión tiene una ventaja sobre el tren, que es la velocidad media, situada en 80 km/h frente a los 60 km/h del ferrocarril.

Pero los períodos de descanso obligatorios forzarán al camión a efectuar una serie de paradas reglamentarias (de 45 minutos cada 4,5 horas y con un máximo de conducción de 9 horas diarias, en el caso de España). En cambio, el tren no tiene más limitación que la que marca el ente gestor de infraestructuras.

Por otro lado, se ha de tener en cuenta que el tren precisa de un tiempo de carga en la terminal de origen y otro de descarga en el destino. El tiempo máximo estipulado no debe superar las dos horas de manipulación en cada terminal.

En el cuadro podemos apreciar que, después de las nueve horas, el camión ya no puede recorrer más kilómetros, mientras que el tren puede seguir tantas horas como tenga estipuladas en su trayecto. Al analizar el máximo kilometraje recorrido por el camión en la jornada, apreciamos que es de 600 km, mientras que el tren puede seguir circulando.

Por ello, podemos afirmar que, siempre que la distancia sea superior a los 600 km, el tren ganará tiempo al camión. En cambio, para distancias más cortas, el camión será más rápido.

Evidentemente, los cálculos se han efectuado para camiones conducidos con un solo conductor ya que, con dos conductores, no existe la obligación de efectuar las paradas reglamentarias.

Las empresas que transporten sus productos por ferrocarril a más de 600 km, encontrarán, por regla general, que mejoran su tiempo de tránsito con respecto a la carretera.

*Figura 84.
Tren cargado con
semirremolques mediante
el sistema Modalhor.*

En el caso de que la distancia sea menor a 600 km, si la empresa quisiera cambiar su servicio de carretera por el ferroviario, tendría una penalización en tiempo con lo que el departamento comercial de la empresa debería comunicar a sus clientes que existe un incremento de tiempo en el plazo de entrega, pero, a cambio, dispondrá de un suministro de forma sostenible (logística comercial).

Otro aspecto importante es tener en cuenta que el tren sale siempre a la misma hora; no se puede retrasar esa hora de salida, con lo que si la empresa no tiene una logística eficaz, difícilmente podrá acceder al transporte ferroviario.

En otras palabras, el hecho de que una empresa utilice el transporte ferroviario le obliga a trabajar cumpliendo unos horarios determinados.

Por este motivo, la automoción, sector que ha sido copiado por el resto debido a su eficiencia logística en la mayoría de procesos, se encuentra cómoda con el transporte ferroviario. Otras empresas, como algunas cadenas de supermercados, han mejorado su logística gracias al uso del transporte ferroviario, ya que les ha requerido una puntualidad que el camión no precisaba en ningún caso.

Normalmente, los servicios ferroviarios de mercancías se realizan durante la tarde-noche y, de acuerdo con los aspectos analizados, lo que resulta más idóneo es utilizar a una empresa transportista para el transporte ferroviario (ella garantiza un retorno que la empresa cargadora no puede garantizar y aporta fiabilidad al proceso), con lo que esta debe ir a recoger la mercancía a la empresa cargadora a mediodía o primera hora de la tarde, obligando a que concentre su actividad logística en la mañana, con modelos más parecidos a los centroeuropeos, que evitan el coste de los turnos de tarde.

Hasta el momento no hemos propuesto ningún cambio importante a la empresa cargadora y esperamos haber conseguido su acceso al transporte ferroviario, mejorando su logística interna y aplicando una logística comercial, una logística sostenible que aportará valor a sus productos.

Pero el ferrocarril permite todavía superiores márgenes de mejora.

En primer lugar, hasta el momento, la carga neta permitida para el transporte terrestre es menor que para el transporte ferroviario. En el caso de 45', o semirremolque, es posible, en el transporte ferroviario, incrementar la carga en 4 t netas y está admitido su arrastre desde el punto de origen hasta la terminal o de la terminal al punto de destino.

Pero las verdaderas mejoras las encontramos cambiando la filosofía de la logística de las empresas. En Europa, en general, se emplea el europalé (1,2 m × 0,8 m) como base de elemento de transporte, ya que permite optimizar el espacio dentro de los camiones plataforma.

El caso cambia cuando se han de efectuar envíos marítimos ya que, normalmente, se utiliza el palé americano (1,2 m × 1,0 m), porque permite la optimización del espacio en los contenedores marítimos, siempre y cuando estos no sean contenedores europalé.

En el transporte ferroviario, el peso que se puede transportar en un vagón depende del número de bogies y, en los vagones de 60', existen más bogies que en los de 45', con lo que se puede transportar más carga.

Un vagón de 60' podría transportar 70 t brutas divididas en tres contenedores de 20', en dos contenedores de 20' o en un contenedor de 40' más otro de 20'.

Para mercancías pesadas o disminuyendo el volumen de las entregas (de 45', un tráiler, a 40'; o de 22,5', medio tráiler, a 20'), se podrían reducir los costes logísticos de las empresas.

En mercancías pesadas, no se aprovecha todo el espacio de un tráiler, con lo que, según la densidad de la mercancía, se puede optar por contenedores de 40' o de 20', optimizando espacios y, por tanto, reduciendo costes.

Para que las empresas puedan cambiar su medida actual de tráiler a la de contenedor deben producirse algunos cambios en la mentalidad empresarial.

Se debe considerar que las empresas, mientras utilicen medidas superiores al 40', pueden beneficiarse de todas las ventajas del transporte ferroviario de contenedores, sin realizar cambios en su logística interna.

De hecho, utilizar los 40' facilita el transporte a las empresas de mercancías pesadas, pero también les ayuda a adaptarse al modelo justo a tiempo que se necesita para entregar menor cantidad de mercancía.

En el caso de que tengan que acudir a modelos en que se emplean contenedores menores (20'), las empresas han de adoptar cambios importantes, pues se necesita el palé americano.

Una de las preguntas que se hacen los equipos directivos antes de acceder al transporte ferroviario de mercancías es si se precisa de terminal ferroviaria o disponer de una junto a la empresa.

El hecho de tener una terminal ferroviaria propia solo se justifica por un gran volumen de mercancías, si no, esta no tiene ninguna viabilidad económica.

Evidentemente, cuanto más cerca se esté de una terminal ferroviaria, mucho mejor. Dependiendo de la distancia, se pueden obtener mejoras en mayor o menor grado en la logística ferroviaria, pero, para todos los casos, en aquellos trayectos superiores a 1.200 km, mientras la terminal ferroviaria se encuentre a un radio de 150 km (o dos horas de trayecto), el transporte ferroviario será completamente viable.

Los horarios de actividad logística en el centro de Europa son muy claros y están pensados, sobre todo, para optimizar recursos y costes. Esta actividad logística se concentra entre las siete de la mañana y las tres de la tarde. Un horario más que propicio para el ferrocarril, ya que permite las entregas y las recogidas por las mañanas.

Si el lector es un responsable de logística, seguramente piense que sería su gran deseo pero que depende de su departamento de producción y de su departamento comercial. Evidentemente, si la producción del centro no se detiene por la tarde ni por la noche, necesita disponer de una zona de almacenamiento de la mercancía y del aprovisionamiento, además de dar exclusivamente ese servicio. En cuanto al departamento comercial, el hecho de comunicar que la empresa tiene, además de un buen producto, una logística ecológica (recordemos, logística comercial), aunque se requiera una diferente hora de cierre de recogida de pedidos, funciona: el comprador no solo lo asumirá, sino que se adaptará a esta metodología y la implantará por ser más fiable y menos costosa.

El principal objetivo logístico de las empresas consiste en tener el coste lo más estable y más bajo posible sin perder calidad de servicio. Por ello, el ferrocarril se transforma en la única opción capaz de garantizar los objetivos anteriormente citados en las entregas al cliente y en los suministros.

En este capítulo, hemos visto dónde podemos utilizar el transporte ferroviario, pero también es importante tener muy claro dónde no debemos utilizarlo.

Podemos exigir que los suministros de materiales sean transportados en ferrocarril, pero siempre con una lógica detrás. Si el proveedor envía la mercancía por barco y la empresa destinataria se halla a un radio de menos de 50 km del puerto, no será viable, a no ser que esté situada en un gran polígono industrial donde exista mucha demanda, o bien que los pedidos sean muy elevados. En resumen, solo es viable si la mercancía procede del puerto, y si entre la empresa y las del entorno se genera suficiente movimiento de mercancías para movilizar un tren.

Si los suministros de materiales se remiten por carretera, siempre y cuando sean distancias de más de 200 km y existan volúmenes suficientes en ese trayecto para formar un tren, entre los que genera la última empresa y los que se encuentran en el itinerario, entonces siempre será viable económicamente.

Si una vez examinados los flujos de importaciones, de compras, no se encuentran empresas operadoras ferroviarias que ofrezcan servicios, se puede promover que las de transporte por carretera los incentiven, o bien requerirlo a la empresa proveedora para que lo solicite a sus transportistas.

En cuanto a las entregas a los clientes, nunca será posible utilizar el ferrocarril para una distribución capilar, pues sería inviable. En cambio, se puede utilizar el tren para abastecer a los almacenes que, posteriormente, realizarán el servicio capilar.

Por otro lado, nunca se debe considerar el ferrocarril para aquellas entregas denominadas urgentes, si estas no coinciden con los horarios establecidos, al igual que tampoco para aquellas mercancías que requieran el recurso de dos chóferes para efectuar el transporte por carretera.

No se debe confundir estas urgencias con los flujos tensos. Estos se pueden seguir aplicando en el mundo ferroviario, y, de hecho, permiten mejorar los índices de cobertura de servicio en el departamento logístico. Si en alguno de los casos esos flujos tensos, en transporte por carretera, conllevan un tiempo de tránsito menor al del ferrocarril, siempre se hallará una solución en el almacén propio o en el de la empresa cliente para incrementar el tiempo de tránsito y mantener ese flujo tenso. Cabe recordar que

*Figura 85. Vagón del servicio Cargometro que conecta la factoría de la fábrica de automóviles Seat con la terminal especializada en carga rodada en el puerto de Barcelona.*

ese esfuerzo puede realizarse para expediciones a menos de 600 km, pero nunca a mayor distancia, ya que el tren será más rápido que un camión con un conductor.

En definitiva, el ferrocarril no es solo una propuesta de futuro sino una opción de presente. Las empresas evolucionan y se adaptan a las mejoras logísticas que aparecen. El ferrocarril es una mejora logística disponible, pero no siempre se utiliza de manera coherente, adaptada a la logística de las empresas.

Su utilización, no obstante, debe tener siempre en cuenta el soporte de las empresas de transporte por carretera, de aquellas que garantizan un coste adecuado gracias a su trabajo para conseguir cargas de retorno y que tienen, como única opción, responder a las necesidades y transformarse en transportistas multimodales, ofreciendo los servicios de carretera cuando estos sean los óptimos y los servicios multimodales en la mayoría de los casos.

## 7   La cooperación multimodal como objetivo

Vamos a finalizar este capítulo presentando una novedosa estrategia que permite el acceso de las empresas al transporte de mercancías por ferrocarril.

Anteriormente hemos analizado los diferentes modos, su utilización, los costes y sus riesgos para el futuro. Es evidente que el modo que estará más penalizado, es decir, que tendrá mayor incremento de costes, será el transporte por carretera, con lo que se deben aportar soluciones, no para suplir el modo sino para mejorarlo y minimizar sus costes.

Hemos visto que el transporte marítimo requiere de servicios terrestres pero que, debido a la ubicación de los puertos cerca de grandes ciudades y a las congestiones que puede acarrear un exceso de tráfico de mercancías, es esencial emplear el transporte ferroviario.

De hecho, para potenciar y explotar eficazmente los puertos marítimos, sería conveniente su conexión con puertos secos que actuaran a modo de «pulmón» a distancias prudenciales del puerto, fuera del área de influencia de las grandes ciudades, con una conexión viaria eficiente y donde se pudieran efectuar los trámites aduaneros durante el tránsito de la mercancía. De esta forma, los puertos no precisarían de grandes zonas de almacenaje que podrían pasar a ser zonas operativas, y unir los volúmenes de mercancía marítima con los de mercancía continental o de carretera.

La fórmula óptima para enviar la mercancía a estos nuevos puertos secos pulmón es, evidentemente, el ferrocarril, utilizando trenes lanzadera que envíen suministros constantemente al puerto de contenedores destinados a la exportación y que recojan los que provengan de la importación.

El hecho de juntar la mercancía continental con la marítima facilita la creación de más servicios y frecuencias, lo que mejora la logística de las empresas que los utilizan.

*Figura 86. La compañía ferroviaria FGC propone un modelo colaborativo con empresas operadoras de transporte por carretera, que permite a empresas cargadoras sin capacidad de completar un tren entero conseguir un servicio ferroviario multicliente a precio de monocliente, optimizando recursos y costes.*

Pero, para llevar a término este cambio de mentalidad, hace falta tiempo y que las instituciones apuesten por él claramente. Por ese motivo, debemos contar con los puertos como puntos de salida de mercancía ferroviario, tanto de origen marítimo como continental.

Respecto del transporte continental, que se produce en su mayoría mediante la carretera, se debería, como hemos dicho, minimizar los riesgos de este modo en cuanto a los incrementos de coste que previsiblemente sufrirá en los próximos años, si se quiere que las empresas productoras y comercializadoras dispongan de servicios logísticos eficaces y puedan colocar sus productos en los mercados de manera eficiente. Para ello, habría que conseguir que el trayecto principal se efectuara por ferrocarril, ya que es el que garantiza estabilidad en el coste.

El problema es que, en transporte por carretera, las empresas suelen contratar un tráiler y no 30 o 31, que es lo que puede arrastrar un tren, es decir, en teoría, no se puede ofrecer un servicio monocliente, ya que muy pocas empresas tienen esa capacidad.

Ya hemos visto que, en los trenes multicliente, en la mayor parte de los casos, las operadoras ferroviarias generan resultados negativos en su gestión que hacen inviable esta opción.

Pero existe una solución. El planteamiento que se propone permite imaginar que cada vagón de 45' es un tráiler «propiedad» de una empresa transportista. Son muchas las que tienen necesidades diarias entre un mismo origen y un mismo destino, con lo que esta asociación es interesante.

La empresa operadora ferroviaria, junto con las transportistas, idea un servicio con un origen y un destino determinados. Aquella, en contra de lo realizado históricamente por alguna empresa ferroviaria, debe optimizar sus recursos, es decir, intentar efectuar el máximo número de servicios entre ese origen y ese destino para que disminuya el coste de amortización de los elementos móviles. Por ejemplo, para efectuar un servicio con una composición de tren Barcelona-Madrid, se ha de contar con tres idas y tres vueltas, ya que sería la máxima rotación que se podría dar a los activos.

En el ejemplo anterior, las empresas transportistas «asociadas» en esta aventura, deberían reservar el número de vagones necesarios en la primera ida y la primera vuelta, los de la segunda ida y vuelta y los de la tercera: la reserva de cada rotación podría ser completamente diferente.

El mismo planteamiento se puede realizar con vagones de 60', para las empresas que deseen utilizar el contenedor, o con vagones portavehículos.

Si treinta transportistas mueven un camión diario entre Barcelona y Madrid, por ejemplo, entre todas ellas están moviendo un tren.

Por lo tanto, se ofrece a cada empresa transportista que efectúe una reserva de ida y vuelta del número de vagones que precisa cada día durante un período de tiempo inferior a un año. Cabe recordar que las empresas cargadoras acostumbran a realizar anualmente concursos para la presentación de ofertas de transporte.

Esto garantiza que el tren se optimice, ya que irá y volverá completamente lleno con las cajas de las transportistas. Por lo tanto, el servicio se iniciará en el momento en que todos los vagones de todas las rotaciones se encuentren comprometidos.

Debemos recordar que uno de los grandes problemas de las empresas ferroviarias ha sido, históricamente, encontrar cargas de retorno, lo cual, en las numerosas ocasiones en que no se consigue, obliga a sus clientes a pagar la ida y la vuelta.

Entre todas las transportistas y la empresa operadora ferroviaria deben determinar cómo se puede realizar el servicio, qué tipo de vagones (los que permiten la carga del semirremolque siguiendo el modelo Megaswim de Kockums Industrier por ejemplo, vagones convencionales de 45' para cajas móviles o vagones convencionales de 60' para contenedores), las terminales de origen y destino, los horarios en origen y destino, las frecuencias, etc.

A la vez, es importante que exista una cooperación de las empresas transportistas, tanto en origen como en destino, para los arrastres de origen a terminal y de terminal a destino, tanto con cabezas tractoras como con camiones plataforma (en caso de cajas móviles y contenedores), a fin de garantizar una optimización de los recursos en origen y destino, y, por lo tanto, una reducción de coste en el arrastre.

Vemos que, con este modelo, la empresa operadora ferroviaria evita el riesgo de los servicios multicliente de la actualidad, pues elimina esas pérdidas por falta de ocupación; compensa los retornos (problema importante de todas las empresas ferroviarias, ya que no tienen una estructura comercial correcta) y permite ofertar precios de monocliente a las empresas de transporte.

Las empresas de transporte consiguen tener costes estables en la larga distancia, lo que las hace mucho más competitivas y más fiables para sus clientes, porque aseguran sus márgenes para todo el ejercicio y no ponen en peligro su subsistencia. Por otro lado, se transforman en operadoras de transporte ecológico con las ventajas que les reportan los certificados de emisiones de $CO_2$ no emitidas, altamente apreciadas en otros países y que les permiten acceder a cargas con mayor facilidad.

Las empresas fabricantes, distribuidoras, importadoras y exportadoras (todas ellas cargadoras) pueden garantizar un coste logístico estable, una transportista que no pone en riesgo su subsistencia, y gozar de una logística comercial, aquella que permite incrementar las ventas debido a su valor añadido. En este caso, una logística sostenible es una logística comercial.

Es importante conocer que, por ejemplo, FGC, gracias a un convenio firmado con el Departament de Medi Ambient de la Generalitat de Catalunya, facilitará a las empresas cargadoras etiquetar sus productos con la Eco Rail Transport. Se trata de la primera etiqueta de transporte sostenible con sello oficial de una agencia de medio ambiente, que permite al comprador final conocer la trazabilidad ferroviaria y las emisiones de $CO_2$ no liberadas al medio ambiente gracias al transporte ferroviario. Con este servicio, los productos obtienen un valor añadido e incrementan su competitividad.

Además de la etiqueta ecológica, también permite, tanto a empresas transportistas como cargadoras, emitir certificados de emisiones de $CO_2$ no liberadas en un período de tiempo, con el sello oficial del mencionado departamento de la Generalitat. Se trata del primer certificado de este tipo con sello oficial de una agencia medioambiental.

Vemos que, con esta estrategia, todos los sectores se benefician del transporte ferroviario, pero además es importante tener en cuenta que esta acción permite garantizar la viabilidad de las empresas de transporte de carretera. Cabe recordar que, solo en 2010, desaparecieron veinte mil empresas de transporte en España fruto de la crisis económica. Si en 2012 hubieran existido los volúmenes de mercancías del 2008, no se habría podido dar el servicio por falta de camiones, lo que supone un riesgo para la economía.

Por otro lado, una gran red de servicios ferroviarios, siguiendo esta estrategia, permite modificar las vías de entrada de los flujos logísticos marítimos de importación de mercancías de Asia a Europa. Los barcos provenientes de Asia cruzan el estrecho de Suez, atraviesan el Mediterráneo, bordean las costas de España y llegan a los puertos de Amberes, Róterdam y Hamburgo para enviar, posteriormente, los contenedores a otros países de Europa, incluso España, siempre por medio de ferrocarril.

Si estos barcos atracaran en puertos del litoral mediterráneo, podemos imaginar que existiría un importante ahorro en coste y en tiempo (cinco días).

El hecho de que las navieras no se lo hayan planteado se debe a la inexistencia de servicios ferroviarios desde los puertos del litoral mediterráneo, que, en cambio, existen en los puertos del norte de Europa anteriormente mencionados.

En resumen, con esta estrategia se garantiza la intermodalidad para todo tipo de empresas cargadoras, independientemente de su tamaño, gracias a la participación de la empresa de transporte por carretera. Estas mismas empresas pueden gestionar los contenedores de exportación e importación y, en caso de que alguno de los trayectos se efectúe con un contenedor vacío, pueden optimizarlo.

Uno de los posibles problemas de esta estrategia es que obliga a la empresa transportista a ser «propietaria» de un vagón los días de la semana que haya decidido, por un período de un año. Esto puede suponer un problema para aquellas compañías de pequeño volumen que no pueden garantizar de forma estable su actividad y, por lo tanto, no pueden comprometerse por períodos de un año. Las empresas consolidadoras de cargas pueden dar una solución a este problema, facilitando el acceso al ferrocarril a esas pequeñas empresas; como también la asociación entre ellas facilitaría su acceso, evitando el lógico margen comercial que aplicaría la consolidadora de cargas.

Por otro lado, es importante la presencia de la empresa transportista para los arrastres hasta la terminal de salida y desde la terminal de llegada hasta el destino final, ya que el servicio multimodal mejora su calidad.

Con todo lo expuesto, se abre una nueva estrategia que, además de permitir la optimización de los trenes gracias a las empresas de transporte por carretera, ayuda a unir las cargas procedentes de los modos marítimo y carretera para incrementar los servicios ferroviarios y sus frecuencias, un hecho fundamental para el desarrollo logístico de cualquier país y que contribuirá a la eficiencia de las empresas.

# El futuro del ferrocarril en la organización de la logística

Miguel Ángel Dombriz

El ferrocarril desempeña en la actualidad un papel secundario en la logística de la economía española. El transporte marítimo, para los tráficos intercontinentales, y el transporte por carretera, para los peninsulares y europeos, se llevan la parte del león del mercado del transporte terrestre de mercancías, mientras que dejan al ferrocarril una cuota de mercado que apenas llega al 4%. Aunque con una participación más elevada (del orden del 10% en Francia y del 20% en Alemania), en otros países de Europa el ferrocarril no juega tampoco un papel protagonista en la logística.

Las causas que provocan esta situación son diversas:

- El ancho de vía de la red de la península Ibérica, diferente del ancho de vía del resto de Europa, ha imposibilitado la interoperabilidad entre las redes. Es cierto que se han desarrollado tecnologías para poder atravesar la frontera con Francia (transbordo de la mercancía, cambio de ejes de los vagones, y hasta un cierto desarrollo de ejes de ancho variable), pero estas tecnologías solamente han interesado en la península Ibérica sin que se hayan extendido al conjunto de la red europea. Situación lógica, pues a nadie más que a españoles y portugueses afecta esta situación. Una vez superada la barrera del ancho de vía, sea por la construcción de las nuevas vías de ancho internacional o por la instalación de un tercer carril que permite la circulación de trenes de ancho ibérico e internacional, habrá que superar otras barreras que impiden la interoperabilidad (desde la tensión eléctrica de alimentación hasta los sistemas de señalización) para convertir las diferentes redes ferroviarias nacionales en una red europea interoperable. La iniciativa de la Unión

Europea de la Trans European Network, con estándares comunes al conjunto de la red, es una buena noticia que se completará el día en que la Unión convierta la propuesta de estándares en normativa de obligado cumplimiento.

- Escasa orientación al cliente y a la comercialización por parte de las compañías ferroviarias. Mientras su competencia, especialmente el transporte por carretera, ha mantenido permanente contacto directo con sus clientes, intentando conocer sus necesidades logísticas y adaptando su servicio para satisfacerlas de la manera más eficiente, las empresas ferroviarias han mantenido una actitud alejada del cliente y se han esforzado muy poco en comercializar sus servicios.

- Un modelo de negocio basado en la competencia con las empresas de transporte de mercancías por carretera. El discurso tradicional ha sido preguntarse: «¿qué precio se ha de poner al transporte por ferrocarril para que sea más barato que el transporte por carretera, y ofrecer este precio a la empresa cargadora para quitar tráfico al transporte por carretera?». Este enfoque tiene dos dificultades. Por un lado, es muy difícil que una sola empresa tenga flujos compensados de ida y vuelta, con lo que debería pagar un precio elevado para cubrir los costes de los dos sentidos; y por el otro, la capacidad comercial del transporte por carretera es mucho mayor y se encuentra mejor organizada que la de las empresas ferroviarias.

Y sin embargo, el desarrollo de la economía necesita que los servicios ferroviarios de mercancías desempeñen un papel más importante, para ampliar los mercados de exportación hacia el este y hacia el norte de Europa, y para que los puertos mediterráneos obtengan mejor cuota de mercado en uno de los flujos comerciales más importantes, el que conecta Europa con Extremo Oriente, un mercado del orden de veinte millones de TEU llenos al año.

Los servicios ferroviarios de mercancías solamente podrán competir si son eficientes en coste y tiempo de tránsito, y para serlo necesitan que un tren pueda circular sin barreras por la red europea principal. El programa Trans European Network y la inclusión de los principales corredores ferroviarios, entre ellos el Mediterráneo, y los principales puertos, abre un escenario en el que se puede prever el incremento de eficiencia que el ferrocarril necesita. Este incremento requiere imperiosamente la interoperabilidad en el conjunto de la red europea, reduciendo los costes de transición de una red ferroviaria nacional a la siguiente.

Es urgente que la UE establezca los estándares que deben cumplir las infraestructuras ferroviarias para permitir la interoperabilidad, o lo que es lo mismo, que los trenes puedan circular sin barreras en las fronteras. Es urgente que las inversiones en las redes ferroviarias tengan como principal objetivo esta interoperabilidad. No es un camino fácil ni corto, al contrario, las inversiones necesarias son elevadas y el periodo transitorio es difícil de gestionar, pero si no se propone el objetivo y si no se mantiene este rumbo durante un período largo de tiempo, nunca se conseguirá una red interoperable.

Es imprescindible que los entes gestores de las redes ferroviarias nacionales se muestren generosos para permitir la interoperabilidad y posibilitar que nazca el nuevo ferrocarril europeo, aun a costa de los viejos ferrocarriles nacionales. Todas las barreras que tiene que superar un tren cuando pasa una vieja frontera nacional (en el espacio Schengen, las fronteras nacionales han desaparecido para los viajeros y las mercancías, pero no para los ferrocarriles) son escalones que el ferrocarril desciende en su eficiencia y, por tanto, en su competitividad.

Además de la interoperabilidad, el transporte ferroviario de mercancías necesita estandarización y versatilidad. La gran revolución del transporte marítimo ha sido la contenerización, la utilización de un recipiente de transporte de medidas estandarizadas que, además, facilita la intermodalidad gracias a la eficiencia del transbordo entre modos diferentes. Actualmente, se encuentran contenedores que pueden transportar prácticamente cualquier tipo de mercancía. Es previsible que en un futuro muy cercano el contenedor amplíe su influencia en el transporte terrestre, de manera similar a como lo ha hecho en el transporte marítimo. Tradicionalmente, el ferrocarril ha buscado la máxima eficiencia del material móvil mediante la especialización (tolvas, vagones portavehículos, vagones cisterna, etc.). Sin embargo, el futuro estará dominado por la versatilidad: vagones que en un sentido lleven un tipo de mercancía y que sean capaces de llevar otro tipo de mercancía diferente en el viaje de regreso. Esta versatilidad solo es posible buscando la estandarización en lugar de la especialización, y los vagones con plataformas portacontenedores desempeñarán un papel protagonista en la mejora de la eficiencia del ferrocarril de mercancías.

Las autopistas ferroviarias pueden ser una situación intermedia para que las empresas de transporte «suban» al ferrocarril, de la misma manera que los servicios de «autopistas del mar» o transporte marítimo de corta distancia están obteniendo buenos resultados en la captación de algunos tráficos (por ejemplo, entre la península Ibérica y el centro y sur de Italia). En la autopista ferroviaria, la empresa de transporte por carretera no tiene que invertir nada, solamente tiene que subir el semirremolque al tren para hacer el trayecto más largo.

En 2013 está funcionando con éxito una autopista ferroviaria entre Perpignan (El Voló) y Luxemburgo (Battemburg). La empresa operadora ofrece cuatro frecuencias diarias para semirremolques, contenedores o cajas móviles, y solo la escasa capacidad de la terminal impide la ampliación de este servicio, ocupado fundamentalmente por semirremolques cargados con productos hortofrutícolas procedentes del sur y el este de la península Ibérica. La tecnología utilizada (Modalohr) necesita de terminales especialmente equipadas con plataformas a la misma cota que las plataformas de los vagones.

Este equipamiento requiere inversiones importantes y presenta la limitación de que el semirremolque solo puede subir o bajar del vagón en las terminales equipadas.

En el resto de Europa, son frecuentes los servicios operados con vagones *poche*, con una parte de la plataforma rebajada en la que se instalan las ruedas de los semirremolques con el fin de ajustar el gálibo. En ellos, los semirremolques son cargados y descargados de los vagones mediante movimientos verticales realizados con la ayuda de grúas.

También ha aparecido un nuevo vagón, el *megaswing*, que permite la carga y descarga de los semirremolques desde una plataforma sin otro requerimiento que una capacidad portante suficiente y que no necesita que el semirremolque se despegue del suelo.

Todas estas técnicas, que permiten transbordar de un modo a otro de manera eficiente, tienen que servir para potenciar la cooperación entre modos diferentes con el fin de poder ofertar a las empresas cargadoras la cadena logística más adaptada a sus necesidades en términos de precio, de tiempo de tránsito y de fiabilidad. En definitiva, sería muy útil superar el planteamiento tradicional de competencia entre modos por un planteamiento de colaboración, donde cada uno asume la parte de la cadena para la que es más competitivo.

En este sentido, el concepto de multimodalidad adquiere relevancia en el futuro de la logística y, para que pueda desarrollarse, necesita de plataformas de intercambio modal eficientes, donde los costes del transbordo sean reducidos, tanto en términos económicos como de tiempo. Plataformas con amplios periodos de operación que permitan el transbordo rápido de las UTI, sean contenedores, cajas móviles o semirremolques.

Es muy probable que en el futuro cercano se produzcan los cambios siguientes en la organización logística:

- El incremento del precio de los combustibles fósiles, asociado con la dificultad para mantener el ritmo de consumo de productos petrolíferos.

- La incorporación de los criterios de sostenibilidad ambiental a las decisiones logísticas, especialmente las relacionadas con las emisiones de gases de efecto invernadero, y su inclusión en la factura del transporte bajo el criterio de «quien contamina, paga».

- La extensión a toda la UE de la «euroviñeta» o peaje por uso de las infraestructuras.

Todos estos cambios conducen al incremento del coste del transporte de mercancías por carretera y, consecuentemente, incentivan las soluciones de cooperación con otros modos de transporte, tanto el ferroviario como el marítimo. Para que el cambio sea posible, el sistema de transporte ferroviario tiene que estar preparado, y esa preparación pasa por la multimodalidad, por la interoperabilidad, por la cooperación con empresas de transporte y operadores logísticos, por orientar las empresas ferroviarias a la comercialización y a la satisfacción de las necesidades del cliente, y por la divulgación de las características del transporte ferroviario.

Contribuir a esa preparación ha sido el objetivo de los autores de este libro, si lo hemos conseguido o no lo tendrán que decidir los lectores.

**Logística urbana. Manual para operadores logísticos y administraciones públicas**
*Ignasi Ragàs*

**Título de transportista. Competencia profesional para el transporte de mercancías por carretera**
*Francisco Martín, M. Teresa Maza, María J. de la Maza*

**Manual del transporte en contenedor**
*Jaime Rodrigo de Larrucea*

**Manual del transporte marítimo**
*Agustín Montori Díez, Carlos Escribano Muñoz, Jesús Martínez Marín*

**Técnicas logísticas para innovar planificar y gestionar. Aurum 1**
*Luis Carlos Hernández Barrueco*

**Técnicas de mejora continua en el transporte**
*Lander Tolosa*

**Transporte en contenedor**
*Jaime Rodrigo de Larrucea, Ricard Marí, Álvaro Librán*

**Técnicas para ahorrar costos logísticos. Aurum 2**
*Luis Carlos Hernández Barrueco*

**El Convenio CMR**
*Francisco Sánchez-Gamborino, Alfonso Cabrera Cánovas*

**Transporte de mercancías por carretera. Manual de competencia profesional**
*José Manuel Ruiz Rodríguez*

**Normativa de estiba en carretera. Claves, soluciones y modelos para estibar y trincar cargas**
*Eva María Hernández Ramos*

**Gestión documental del transporte por carretera**
*Eva María Hernández Ramos*

**Transporte ferroviario de mercancías**
*Miguel Ángel Dombriz*

**Transporte marítimo de mercancías. Los elementos clave, los contratos y los seguros**
*Rosa Romero, Alfons Esteve*

**Manual del transporte de mercancías**
*Jaime Mira, David Soler*

**Lean Energy 4.0. Guía de Implementación**
*Luis Socconini, Juan Pablo Martín*

**Manual de prevención de riesgos laborales**
*Blas Gómez*

**Estiba y trincaje de las mercancías en contenedor**
*Francisco Fernández Sasiaín*

València, 558 – 08026 Barcelona – Tel. +34-931 429 486 – marge@margebooks.com – www.margebooks.com